JOHN LOCKE
nach dem Bild von Kneller im Christ-Church College zu Oxford
aus dem Jahre 1672

LOCKE, BERKELEY, HUME

Von

ROBERT REININGER
o. ö. Professor an der Universität Wien

Geschichte der Philosophie in Einzeldarstellungen
Abt. V. Die Philosophie der neueren Zeit II
Band 22/23

Mit Bildnissen der drei Denker
nach Porträts aus der Zeit

VERLAG ERNST REINHARDT IN MÜNCHEN

1922

Copyright 1922
by Ernst Reinhardt Verlag
München

INHALTS-VERZEICHNIS

	Seite
EINLEITUNG	9

LOCKE:

I. Allgemeines 16
  1. Die Persönlichkeit 16
  2. Werke 19
  3. Das Problem Lockes 19
  4. Die Methode 21

II. Der Ursprung unserer Vorstellungen . . . 23
  1. Die Fragestellung 23
  2. Die Widerlegung der Lehre von den eingeborenen Ideen 25
  3. Die wahren Quellen unseres Wissens 27
  4. Die einfachen Vorstellungen 29
  5. Die zusammengesetzten Vorstellungen 31
  6. Die Entstehung der zusammengesetzten Vorstellungen 32

III. Wahrheit und Wissen 35
  1. Die Logik und ihre Aufgabe 35
  2. Der immanente Wahrheitsbegriff 35
  3. Die logischen Qualitäten unserer Vorstellungen . . 36
  4. Urteil und Schluß 39
  5. Der Einfluß der Sprache auf das Denken 41
  6. Arten und Grade des Wissens 43
  7. Der Bereich unseres Wissens 45
  8. Die Mathematik 46
  9. Die Grenzen unseres Wissens 48
  10. Vom Erwerb des Wissens 49

IV. Die Realerkenntnis 50
  1. Das Problem 50
  2. Die Kritik des Substanzbegriffes 51
  3. Die Existenz der endlichen Geister 54

		Seite
4.	Die Existenz der Körperwelt	56
5.	Primäre und sekundäre Qualitäten	58
6.	Bemerkungen zur Naturphilosophie	61
7.	Die Existenz Gottes	63
8.	Lockes Ansichten über Religion	65

V. Praktische Philosophie 67
   1. Die Moral als beweisbares Wissen 67
   2. Die Freiheit des Willens 69
   3. Das Prinzip der Moral 70
   4. Die moralischen Sanktionen 71
   5. Staatstheorie 73
   6. Pädagogik 76

VI. Zur Würdigung Lockes 77
   1. Übersicht 77
   2. Charakteristik seiner Lehre 79
   3. Geschichtliche Wirkung 81

BERKELEY:

I. Allgemeines 83
   1. Die Persönlichkeit 83
   2. Werke 85
   3. Berkeleys Problem und Methode 86

II. Nominalismus 88
   1. Der Begriff der Substanz 88
   2. Die abstrakten Allgemeinvorstellungen 88
   3. Mithilfe und Gefahren der Sprache 91

III. Idealismus und Immaterialismus . . . 93
   1. Primäre und sekundäre Qualitäten 93
   2. Die Theorie des Sehens 94
   3. Analyse des Bewußtseins 97
   4. Die Vorstellungen körperlicher Dinge 98
   5. Empirischer Idealismus 100
   6. Widerlegung von Einwänden 102
   7. Immaterialismus 105
   8. Einstimmigkeit mit der natürlichen Weltansicht . . . 107

IV. Spiritualistische Metaphysik 110
   1. Von der Erkenntnistheorie zur Metaphysik 110
   2. Die endlichen Geister 112

		Seite
3.	Gott als Schöpfer der Ideen	114
4.	Die Einheit der geistigen Welt	115
5.	Wahrheit, Irrtum und Sünde	117
6.	Naturerkenntnis und Teleologie	118

V. Zur Würdigung Berkeleys 121
   1. Berkeley als Erkenntnistheoretiker 121
   2. Berkeley als Metaphysiker 123
   3. Berkeley und Malebranche 125
   4. Geschichtliche Wirkung 126

HUME:

I. Allgemeines 128
   1. Die Persönlichkeit 128
   2. Werke 130
   3. Humes Problem und Methode 131

II. Die Analyse des Bewußtseins 134
   1. Impressionen und Ideen 134
   2. Die Ideen als Kopien von Impressionen 136
   3. Die Ideenassoziation 139

III. Das Erkenntnisproblem 141
   1. Wahrheit und Irrtum 141
   2. Der Glaube 142
   3. Die Erkenntnis von Tatsachen 144
   4. Die Erkenntnis von Vorstellungsbeziehungen 146
   5. Umfang und Grenzen des Wissens 148

IV. Der psychologische Kritizismus 151
   1. Der methodische Gesichtspunkt 151
   2. Raum und Zeit 152
   3. Die substantielle Körperwelt 156
   4. Die Seele und das Ich 161
   5. Die Kausalität 165
   6. Vorgänger Humes 173
   7. Das Endergebnis des Kritizismus 177

V. Moralphilosophie 180
   1. Einleitung 180
   2. Das Problem der Willensfreiheit 181
   3. Vernunft und Gefühl 184

		Seite
4. Die Phänomenologie der Affekte		185
5. Die Phänomenologie des sittlichen Bewußtseins		187
6. Die Sympathie als moralisches Grundphänomen		189
7. Humes Ansichten über Recht und Staat		191

VI. Religionsphilosophie 192
    1. Humes allgemeiner Standpunkt 192
    2. Die Vernunftreligion 193
    3. Der Ursprung der positiven Religionen 195
    4. Humes persönliche Stellung zur Religion 198

VII. Zur Würdigung Humes 199
    1. Allgemeiner Charakter seiner Lehre 199
    2. Ungelöste Probleme 202
    3. Geschichtliche Wirkung 205

Bibliographischer Wegweiser 208

Anmerkungen 209

EINLEITUNG

In zwei breiten Strömen ergießt sich die lange zurückgestaute Flut des seit Beginn der neueren Zeit endlich zur Selbständigkeit wiedererwachten philosophischen Denkens; zwei Ströme, die zwar durch zahlreiche Wasseradern miteinander verbunden sind und sich an manchen Stellen ungemein nähern, aber doch erst nach langem Laufe sich wirklich vereinen: es sind die Richtungen des Rationalismus und des Empirismus, die erst in Kant ihre höhere Synthese finden. Gemeinsam ist ihnen von Anbeginn die Kampfesstellung gegen die bereits in innerer Auflösung begriffene Scholastik, und zwar sowohl gegen deren Gebundenheit durch die zweifache Autorität des Dogmas und der Aristotelischen Philosophie, als auch gegen ihre begrifflich-dialektische Methode, deren Unfruchtbarkeit dem unbefangenen Blick nicht länger verborgen bleiben konnte. In dieser Hinsicht hatte schon die Philosophie der Renaissance in ihrem dunklen Drange gleichsam das Programm gestellt: Platon gegen Aristoteles, Vernunft und Natur gegen Bücherweisheit und Dialektik, Sachkenntnis gegen Wortwissen. Gemeinsam ist ihnen auch das Ziel einer vorurteilsfreien, selbständigen, mit den Ergebnissen der neuerblühten Naturwissenschaft in Einklang stehenden Erkenntnis der Welt und des Menschen, so wenig auch beide tatsächlich imstande sein mochten, sich von Anfang an von den Fesseln der Überlieferung gänzlich frei zu machen. Gemeinsam ist ihnen ferner das Suchen nach einem neuen Weg zu diesem neuen Ziele: die Besinnung auf eine allseitig brauchbare und erfolgversprechende Methode der Philosophie und Wissenschaft überhaupt. Gemeinsam endlich, daß sich ihnen dieses methodologische Problem alsbald zu einer umfassenderen erkenntnistheoretischen Fragestellung erweitert.

Hier aber scheiden sich die Wege. Das Problem der Methode hatte die Frage nach dem Ursprung unseres

9

Wissens in den Vordergrund gedrängt — „Ursprung" in jenem Doppelsinn des Wortes verstanden wie etwa die ἀρχή der älteren griechischen Naturphilosophie: nicht nur im Sinne zeitlichen **Anfangs**, sondern auch im Sinne einer dauernden **Grundlage** und eines zeitlosen Prinzips. Diesen Ursprung möglicher Erkenntnis erblickt der Rationalismus in der „**Vernunft**", der Empirismus in der „**Erfahrung**". Selbstverständlich handelt es sich hier nicht um einen absoluten Gegensatz; denn natürlich kann der Rationalist die Erfahrung so wenig entbehren wie der Empirist das rationale Denken. Der Gebrauch der Ratio macht aber jemand noch nicht zum Rationalisten und die Verwendung der Empirie niemanden zum Empiristen. Entscheidend ist nur, worauf in **wertendem Sinne** das Hauptgewicht gelegt wird: ob man in der Eigengesetzlichkeit des Denkens ein selbständiges, und zwar das **allein** hochwertige Erkenntnisprinzip erblicken will, demgegenüber die bloße Erfahrung nur als eine untergeordnete und trüb fließende Quelle eines Wissens von geringerer Qualität angesehen wird; oder ob man nur von der Erfahrung eine wirkliche Bereicherung unseres Wissens erwartet und in der Vernunft nur ein Werkzeug sieht, um diesen unerschöpflichen Schatz zu heben und zu verarbeiten.

Auf welche Seite sich ein Denker stellen wird, hängt zum guten Teile von seiner persönlichen Eigenart ab, was hier außer Betracht bleiben kann. Es ist auch kein Zufall, daß der Empirismus fast ausschließlich in England, Irland und Schottland seine Vertreter fand und noch findet. Er entspricht mit seiner größeren wissenschaftlichen Besonnenheit, seinem Ausgang von gesicherten Tatsachen und seiner Bevorzugung des biologisch Wichtigen und Brauchbaren ungleich mehr als der Rationalismus mit seinen hochfliegenden Absichten und seinen kühnen Ideen dem auf das Praktische gerichteten, nüchtern-verständigen Sinn besonders der englischen Nation. Es bestehen aber auch rein systematische Gründe, welche das Aufkommen der empiristischen Richtung in gewissen Geisteslagen bedingen oder zumindest begünstigen [1].

Für das vorwissenschaftliche Bewußtsein ist die Berufung auf Erfahrung, sei sie Sinneswahrnehmung, inneres Erlebnis oder Mitteilung durch andere, die erste und natürlichste Antwort auf die Frage nach der Herkunft dieses oder jenes „Wissens". Ein naiver Empirismus solcher Art vermag sich aber nur so lange zu halten, als die Ansprüche an die Qualität dieses Wissens sehr gering sind. Schon im praktischen Leben zwingen die widersprechenden Aussagen verschiedener Individuen und mannigfache Erwartungstäuschungen zu einer gewissen Kontrolle des von selbst sich Darbietenden, wodurch das prüfende und abwägende Denken immer mehr als eine Geistesfunktion besonderer Art vom bloßen Erleben sich abzuheben beginnt und in gleichem Maße an Wertschätzung gewinnt. Mit dem Erwachen des wissenschaftlichen Geistes, sobald also der Erkenntniswille sich im vollen Bewußtsein seiner Verantwortlichkeit auf Erlangung eines allseits begründeten und zusammenhängenden Wissens zu richten beginnt, schwindet das naive Vertrauen in die Verläßlichkeit kritikloser Erfahrung immer mehr. Die Loslösung vom wandelbaren Sinnenschein und von allen sich aufdrängenden Vormeinungen und Vorstellungen wird zur theoretischen Pflicht; dem begrifflichen Denken mit seiner Bindung an strenge logische Normen bleibt die letzte Entscheidung über Wahr und Falsch, Wirklich und Unwirklich überlassen; es zieht die Aufmerksamkeit immer mehr auf sich, während die Erfahrungsgrundlage in gleichem Maße zurücktritt. Daher vollzieht sich der Eintritt des menschlichen Geistes in das Stadium wissenschaftlichen Erkennens stets im Zeichen eines zunächst noch unreflektierten Rationalismus: die Vernunft tritt der Erfahrung als selbständige und überlegene Macht gegenüber. Die formalen Vorzüge des Denkens vor dem Wahrnehmen und imaginativen Vorstellen verleiten aber endlich auch, die logische Denknotwendigkeit zum Kriterium der Wahrheit überhaupt zu machen: nur ein apodiktisches, streng beweisbares Wissen verdient den Namen „Erkenntnis". Diese Forderung kann nur erfüllbar erscheinen, wenn die Vernunft eine von Erfahrung unabhängige Quelle der Wahrheit ist, da ja die Erfahrung als solche niemals Notwendigkeit, sondern immer nur Tatsächlichkeit zu bieten vermag. Sie bedingt also einen strengen Rationalismus. Darüber, daß jenes rationalistische Wissensideal, dessen weltgeschichtliches Symbol Platon heißt, das schlechthin höchste und darum wünschenswerteste Ziel menschlicher Erkenntnis darstellen würde, besteht zwischen den Denkern ver-

11

EINLEITUNG

schiedenster Richtung keine Meinungsverschiedenheit. Sie unterscheiden sich nur nach dem Grade, als sie seine Verwirklichung für möglich halten. Diejenigen, welche an seine Erreichbarkeit nicht zu glauben vermögen, sind die Skeptiker, welche eben darum voreilig auf jede Erkenntnis überhaupt verzichten zu müssen meinen, und die Empiristen, welche an seine Stelle eine bescheidenere, aber erfüllbare Erkenntnisaufgabe setzen wollen. Der Grund dieses Unglaubens ist vor allem, daß die tatsächlichen Erfolge der rationalistischen Philosophie eben nur in sehr geringem Grade den großen Erwartungen entsprechen, welche sie erweckt. Während das Postulat bündiger Beweise für jede These eine volle Übereinstimmung der Denker erwarten ließe, gehen die Lehren der Rationalisten älterer und neuerer Zeit weit auseinander, ja widersprechen sich in den wichtigsten Punkten. Es erklärt sich das sehr einfach daraus, daß alles Beweisen zuletzt von einem Unbeweisbaren ausgehen muß, dieser axiomatische Ausgangspunkt aber nur in überlieferten, ohne Kritik hingenommenen Begriffen, in unkontrollierbaren Intuitionen der einzelnen Denker oder in einem angeborenen Besitz des Geistes gefunden werden kann, dessen Annahme nicht nachprüfbar ist und nur die Verlegenheit dieses Denkstandpunktes offenbar macht. Das Vorbild der Mathematik, an dem sich der Rationalismus zumeist orientiert, erweist sich hier insofern als trügerisch, als deren Axiome und Definitionen auch ohne unmittelbare Beziehung auf Wirkliches zu Recht bestehen, während doch die Philosophie Realerkenntnis sein will, daher ihr mit der Nachahmung der deduktiven Methode allein so lange nicht gedient ist, als nicht die Realität ihrer ersten Ansatzpunkte feststeht. Die Basis der stolzen Systeme des Rationalismus ist daher eine recht unsichere und hinter ihrer dogmatischen Selbstsicherheit lauert die Skepsis. Mit dieser Einsicht ist der Punkt erreicht, an dem die Erfahrung wieder zu Ehren kommt. Die Tatsachen der äußeren und inneren Wahrnehmung scheinen keinen Zweifel zu dulden; an ihrer Hand und in steter Berührung mit ihnen zu philosophieren erscheint daher erfolgversprechender als ein kühnes Bauen auf schwankender Grundlage. Zur ersten und wichtigsten Aufgabe wird es hier, einen festen Bestand gesicherter Tatsachen festzustellen. Das Vorbild der Mathematik macht dem der beschreibenden und zergliedernden Naturwissenschaften Platz; dem konstruktiven Denken hat der Zeit und dem Range nach die psychologische Erforschung und Beschreibung der Bewußtseinstatsachen voranzugehen. Ein reflektierter Empirismus dieser Art, welcher zumeist in Opposition gegen die herrschende rationalistische Richtung auftritt, aber auch — im Hinblick auf das rationalistische Wissensideal — einen Zug von Resignation nicht verkennen läßt, sieht sich gezwungen, seine Grundlagen zu sichern und daher den Erfahrungsbegriff selbst einer Revision zu unterwerfen: er wird zu einem mehr oder weniger kritischen Empirismus oder zur Erfahrungsphilosophie. Daß ihm eben damit im Verfolg seines eigenen Prinzips die Erfahrung selbst zu einem Problem werden muß und zuletzt zu einem mit seinen eigenen Mitteln nicht mehr lösbaren Rätsel wird, ist sein gleichsam tragisches Geschick; gerade darin liegt aber seine große systematische Bedeutung im Ganzen der philosophischen Entwicklung, die ihn in der Geschichte menschlichen Geisteslebens als ein notwendiges und überaus lehrreiches Durchgangsstadium vom Dogmatismus zum eigentlichen Kritizismus erscheinen läßt.

An einzelnen Stimmen, welche inmitten einer durchaus rationalistisch gerichteten Zeit die Bedeutung und den Erkenntniswert der Erfahrung als solcher betonten, fehlte es schon frühzeitig nicht. So erblickte — um nur zwei besonders charakteristische Erscheinungen zu nennen — schon im 13. Jahrhundert der englische Franziskanermönch Roger Baco in der Erfahrung und in der *scientia experimentalis* die wahre Grundlage alles Naturwissens, in welchem der *„doctor mirabilis"* seinen Zeitgenossen so weit vorausgeeilt war, daß er in den Verdacht der Zauberei geriet. Sein Satz: *„Sine experientia nihil sufficienter sciri potest"* klingt extrem empiristisch. Zur Zeit der Renaissance, deren Philosophie ja gleichfalls im Zeichen des Rationalismus stand, war es wieder Bernardinus Telesius (1508—1588), der Stifter der naturforschenden „Academia Consentina" in Neapel, welcher den Aufbau der Naturphilosophie von unten aus, d. i. auf Grundlage der Erfahrung und im engsten Anschluß an sie empfahl, und lehrte, daß die menschliche Erkenntnis ihre Grenze an dem habe, was die Sinne lehren und was sich aus dem Wahrnehmbaren erschließen läßt. *„Non ratione sed* *sensu*" war sein Wahlspruch, ja er neigte sogar zu einem strengen Sensualismus, insofern er die höheren Geistesfunktionen aus der Grundkraft des sinnlichen Wahrnehmens ableiten zu können meinte. Im ganzen blieb es aber bei solchen vereinzelten Ansätzen, und auch die genannten Denker hatten nicht sowohl eine universelle Neubegründung der Philosophie überhaupt im Auge, als eine Ablenkung des wissenschaftlichen Interesses von metaphysischen Spekulationen auf die Erforschung der Natur und die Verbesserung der Methode dieser letzteren. Als der eigentliche Urheber eines allerdings noch recht unkritischen Empirismus in der neueren Zeit ist jedoch Francis Bacon von Verulam (1561—1626) anzusehen. Zwar war auch seine induktive Methode vor allem als Organon des Naturerkennens gedacht, und dieses wieder nur als Mittel zur Begründung des *imperium hominis* über die Kräfte der Natur. Damit aber, daß Bacon der Beobachtung und dem Experiment den grundsätzlichen Vorrang vor dem Eingreifen des Verstandes einräumt und diesem nur die Verarbeitung des durch die Sinne gelieferten Materials zuweist, ist er zum Begründer des erkenntnistheoretischen Empirismus geworden, wie sich denn auch teils im Anschluß, teils im Gegensatz zu seinem dogmatischen Erfahrungsbegriff die Entwicklung des philosophischen Empirismus vorwiegend entfaltet hat[2]. Bacon ging dabei von durchaus realistischen Voraussetzungen aus: auf der einen Seite die realen Dinge, auf der anderen der erkennende Geist, die Erfahrung als Vermittlungsvorgang zwischen beiden. Dieser Abbildungsprozeß der Dinge in unserem Geiste wird sich nun um so reiner und vollkommener vollziehen, je weniger er durch intellektuelle und andere subjektive Einflüsse gestört wird. Daher die Forderung, den Spiegel unseres Geistes von allen Trugbildern oder „Idolen" zu säubern, welche aus der individuellen oder generellen Eigentümlichkeit der menschlichen Natur stammen, damit er, von allen Unebenheiten und Trübungen gereinigt, die Bilder der Dinge rein und unbefangen aufzufangen vermöge. Denn nur durch eine von allen subjektiven Zutaten gereinigte Erfahrung — die „*mera experientia*" — wird uns der Weg zur Erkenntnis des Wesens der Dinge und der Gesetze ihres Seins und Wirkens, die beide noch für ihn zusammenfallen, eröffnet. Das Ideal des Baconismus ist also ein

Maximum der Objektivität unserer Erkenntnis bei einem Minimum ihrer Subjektivität, welches nur durch die grundsätzliche Unterordnung des Denkens unter die Erfahrung annähernd erreicht werden kann: *„natura parendo vincitur"*. Dem Denken selbst bleibt dabei nur die Oberaufsicht des Ganzen, die Leitung und Disziplinierung des Geistes vorbehalten. Diese Forderung einer passiven oder rezeptiven Geisteshaltung bildet den eigentlich empiristischen Zug im Baconismus und zugleich die Überleitung von der bloß methodologischen zur erkenntnistheoretischen Fragestellung. Thomas H o b b e s (1588—1679), der trotz seiner rationalistischen Neigungen den empiristischen Ausgangspunkt mit Bacon teilt, ergänzte weiterhin dessen noch recht unbestimmten Erfahrungsbegriff durch eine mechanistische Wahrnehmungstheorie. Er faßte dabei im Sinne seines metaphysischen Materialismus die Empfindung als reaktive Bewegung innerhalb des von äußeren Reizen getroffenen Leibes auf; die Folgerichtigkeit seines Denkens zwang aber bereits ihn, gerade deshalb die realistische Deutung der Erfahrung zugunsten einer mehr idealistischen aufzugeben. Er vermochte sich eben der Einsicht nicht zu verschließen, daß zwischen einem Gegenstande und den von ihm ausgehenden und veranlaßten Bewegungen zwar eine gewisse gesetzmäßige Beziehung besteht, nicht aber inhaltliche Gleichheit oder auch nur Ähnlichkeit, daher er die Empfindung nur mehr als Zeichen, nicht mehr als Abbild der Wirklichkeit gelten lassen konnte. In der darauffolgenden Hochblüte der Erfahrungsphilosophie unter L o c k e , B e r k e l e y und H u m e kommt diese idealistische Wendung des Erfahrungsbegriffes zur Vollendung. Dieser überaus lehrreichen Entwicklung zu folgen, wird unsere Aufgabe sein.

LOCKE

I. ALLGEMEINES

1. DIE PERSÖNLICHKEIT

John Locke, geboren am 29. August 1632 — hundert Jahre nach Montaigne und drei Monate vor Spinoza — zu Wrington bei Bristol, ist der eigentlich klassische Begründer des philosophischen Empirismus der neueren Zeit, und mit seinem unermüdlichen Eifer für Duldsamkeit, Freiheit und Recht zugleich einer der ersten und wirkungsvollsten Vorkämpfer der Aufklärung. Sein Vater war ein freisinniger Politiker und Rechtsgelehrter, der auf seiten des Parlaments am Bürgerkriege teilgenommen hatte; seine Mutter, wie er selbst sagt, eine „fromme und zärtliche Frau", die ihre schwächliche körperliche Konstitution auf ihren Sohn übertrug. Der Knabe wurde von beiden im strengen Geist des Puritanismus erzogen, der mit seiner Forderung freier Bibelforschung, der Unabhängigkeit der Kirche vom Staat und religiöser und politischer Toleranz von bleibendem Einfluß auf des Philosophen Lebensanschauung wurde. Der abstoßende Eindruck, den ihm die pedantische, reichlich mit körperlichen Züchtigungen durchsetzte Erziehungsmethode auf der Schule von Westminster hinterließ, spiegelt sich in seinen späteren pädagogischen Lehren wieder. Ebensowenig vermochte ihn die scholastische Lehrweise mit ihren grammatikalischen Spitzfindigkeiten und dialektischen Disputierübungen zu fesseln, die er seit 1651 in dem Christchurch-College zu Oxford vorfand. Frühzeitig mit den Schriften Bacons, Gassendis und Descartes' bekannt und mit dem nur wenig älteren, später berühmten Chemiker Boyle in Freundschaft verbunden, scheint er bald das theologische Studium aufgegeben und mit dem der Chemie und Medizin vertauscht zu haben. Insbesondere Descartes mit seiner Loslösung von traditionellen Bindungen, seiner Forderung des Selbstdenkens und der Schärfe seiner Problemstellungen war ihm, wie er selbst sagt, ein Führer zur Befreiung von der erstarrten Schulphilosophie seiner Zeit, in so starkem Gegensatz auch seine eigene Lehre in den wichtigsten Punkten zu dessen System treten sollte; von ihm übernahm er ferner die wenngleich nur sehr allgemeine Hochschätzung der Mathematik, von der er meinte, sie sei die einfachste und nützlichste Verstandesübung und infolge ihrer ausgezeichneten Methode auch auf andere Wissenschaften anwendbar [3]. Nicht minder war der vertraute Umgang mit namhaften Naturforschern seiner Zeit, zu denen sich späterhin auch Newton gesellte, von nachhaltigstem Einfluß auf seine Denkrichtung. Zugleich befaßte sich Locke mit den Staatswissenschaften und trat, seiner Neigung zu öffentlich-praktischer Wirksamkeit folgend, zunächst in politische Dienste, während welcher er eine Zeitlang auch der englischen Gesandtschaft am Brandenburger Hofe in Cleve zugeteilt war. Nach England zurückgekehrt, trat er mit Lord Ashley (dem späteren Earl of Shaftesbury) in Verbindung, der ihn zunächst als Arzt und als Erzieher seines sechzehnjährigen Sohnes (des Vaters des Moralphilosophen gleichen Namens) in sein Haus aufnahm, ihn aber bald so schätzen lernte, daß sich zwischen den beiden Männern eine innige Freundschaft entwickelte. Locke teilte alle wechselvollen Schicksale seines Freundes und machte dessen zweimalige Erhebung (zum Lordkanzler und ersten Minister) und zweimaligen Sturz als sein Sekretär mit. Mit ihm weilte er vier Jahre in Frankreich, wo er in den Pariser gelehrten Kreisen ehrende Aufnahme fand. Als Shaftesbury schließlich nach Holland flüchten mußte, begleitete ihn Locke auch dahin und verbrachte 1683—1688 dort, in verschiedenen Städten lebend, die fruchtbarste Zeit seines Lebens. Nach Vertreibung der Stuarts kehrte er mit dem neuen König Wilhelm von Oranien, dem er sich schon in Holland angeschlossen hatte, in seine Heimat zurück. Mit hohen Staatsämtern im Ministerium des Handels und der Kolonien betraut, entfaltete Locke eine reiche und überaus fruchtbare Tätigkeit im Dienste seines Vaterlandes. Schon 1669 hatte er einen Entwurf für die Verfassung der amerikanischen Kolonie Südkarolina verfaßt; aus späterer Zeit stammt von ihm die Motivierung des Gesetzes über die

Freiheit der Presse, ein im Geiste des Merkantilismus gehaltener Entwurf zur Regelung des Geldwesens, ein Vorschlag zur Reform der Armenpflege, der u. a. auch die Errichtung und Organisation von Arbeitsschulen vorsieht, und ähnliches mehr. Das große Ansehen, das Locke allenthalben genoß, verschaffte seinen Plänen williges Gehör, so daß sie für weite Zukunft von maßgebendem Einflusse wurden. Zunehmende Kränklichkeit zwang ihn schließlich, wegen der Schädlichkeit des Londoner Klimas allen öffentlichen Stellen zu entsagen. Seit 1700 lebte er in wissenschaftlicher Muße auf dem Landgut eines Freundes in Oates (in der Grafschaft Essex), wo er, geliebt von seinen Freunden und hochgeschätzt wegen seiner wissenschaftlichen Leistungen und seines patriotischen Eifers, im 73. Lebensjahre am 28. Oktober 1704 verschied.

An Locke wird seine beinahe grenzenlose Gutmütigkeit, sein lebhafter Sinn für Freundschaft und seine tiefe Wahrheitsliebe gerühmt. Die letztere geht schon aus der Art seiner Darstellung hervor, die uns überall einen ganz unmittelbaren Einblick in das Werden und Wandeln seiner Gedanken gewährt, nirgends prunkt, sondern schlicht und aufrichtig von dem ernsten Bemühen des Philosophen um seine Probleme erzählt. Im ganzen aber ist Locke ein mehr scharfsinniger als tiefer Geist, der sich bald beruhigt, wenn er eine Untersuchung so weit geführt hat, als es der unmittelbare Zweck erfordert. Es hängt dies mit dem utilistischen Zuge seiner Natur zusammen, welcher überall die praktische Anwendbarkeit des Wissens, besonders auf moralische Fragen, im Auge behält. Locke will — wie er an einen Freund schreibt — „hauptsächlich auf das bedacht sein, was am meisten Nutzen schaffen kann"[4]. Daher überall das Streben nach Allgemeinverständlichkeit, eine oft ermüdende Breite der Darstellung, aber auch eine fühlbare Unausgeglichenheit der Ansatzpunkte, ein Mangel an systematischer Abrundung, und manchmal auch eine gewisse Selbstgenügsamkeit bei geringem Verständnis anderer Philosophen. Seine ganze Lehre macht daher mehr den Eindruck gelegentlicher Gedanken eines gebildeten Weltmannes über philosophische Gegenstände, als den des Lebenswerkes eines systematischen Denkers. Es hat das ihrer Bedeutung für die Grundlegung des Empirismus und ihrer großen Wirkung keinen Eintrag getan.

2. WERKE

Lockes philosophische Bedeutung gründet sich fast ausschließlich auf sein Hauptwerk: „Untersuchung über den menschlichen Verstand" (An Essay concerning human understanding). Es gliedert sich in vier Bücher, von denen das erste von den eingeborenen Ideen, das zweite vom wahren Ursprung unseres Vorstellungsbesitzes handelt, das dritte die Sprachphilosophie und das vierte die eigentliche Erkenntnistheorie enthält. Die Vorarbeiten für dieses Werk reichen bis 1671 zurück; in langen Pausen mehrfach überarbeitet, erschien es 1690 in vollendeter Gestalt, nachdem schon 1688 ein kurzer Auszug in französischer Sprache der Öffentlichkeit übergeben worden war. Locke stand damals in demselben Alter wie Kant, als er seine Vernunftkritik herausgab. Die lange und bruchstückweise Entstehung des Werkes erklärt die Ungleichmäßigkeit der Behandlung seines Gegenstandes, die oftmaligen Wiederholungen und zahlreichen Abschweifungen. Zuerst scheinen einzelne Teile des vierten Buches entstanden zu sein; das dritte wurde zuletzt eingefügt. Locke erlebte, unausgesetzt mit dessen Erweiterung und Verbesserung beschäftigt, vier Auflagen seines Hauptwerkes. Die begonnenen Vorarbeiten zur letzten Auflage erschienen als posthumes Fragment unter dem Titel: „Von der Leitung des Verstandes" (Of the conduct of the understanding) 1706. Unter seinen etwa vierzig anderen Veröffentlichungen[5] besitzen philosophisches Interesse: die vier „Briefe über die Toleranz" (1689—1704), „Zwei Abhandlungen über die Regierung" (1690), die „Gedanken über Erziehung" (1693) und die Schrift „Von der Vernunftmäßigkeit des Christentums" (1695).

3. DAS PROBLEM LOCKES

In seinem „Brief an den Leser" erzählt Locke über die erste Anregung zu seinem Werke, daß einst — es dürfte um 1670 gewesen sein — fünf oder sechs Freunde, ihrer Gewohnheit gemäß, in seinem Zimmer sich über allerlei Fragen (offenbar metaphysischer Art) unterredeten, aber sich bald durch die Schwierigkeiten, welche von allen Seiten hervortraten, so in die Enge getrieben sahen, daß sie nicht weiterkonnten und ihre Zweifel nicht zu lösen vermochten. Da kam ihm der Gedanke, „daß wir wohl einen falschen Weg eingeschlagen hatten, und daß man vor Beginn solcher Untersuchungen vorerst seine Fähigkeiten prüfen und sehen müsse, welchen Gegenständen unser Verstand gewachsen oder nicht gewachsen sei". Seine Absicht ist demgemäß, „den Ursprung, die Gewißheit und den Umfang menschlicher Erkenntnis, sowie die Grundlagen und Abstufungen des Glaubens, der Meinung und der Zustimmung zu erforschen". Locke ist durch das Aufwerfen dieser Fragen zum **Begründer der kritischen Erkenntnistheorie** als selbständiger Wissenschaft geworden. Auch Descartes und Bacon hatten sich allerdings mit ähnlichen Problemen befaßt: Descartes findet den Ursprung unseres Wissens vor allem in den eingeborenen Ideen, sein Kriterium in der Klarheit und Deutlichkeit unserer Vorstellungen, seine Grenze in der logischen Durchdringbarkeit des Bewußtseinsinhaltes im Gegensatz zum bloßen Sinnenschein; Bacon wiederum sieht den Ursprung echter Erkenntnis in der Einwirkung der Dinge auf unseren Geist, ihr Kriterium in der Ausschaltung der Subjektivität, ihre Grenze im Natürlichen, während das Übernatürliche dem Glauben überlassen bleibt. Aber von beiden wurden erkenntnistheoretische Untersuchungen doch nur in methodologischer Absicht angestellt: sie suchten eine neue, haltbare Grundlage, auf der sich in unangreifbarer Weise ein neues Gebäude physikalischen und metaphysischen Wissens errichten ließe. Mit dessen vermeintlicher Sicherung war ihr erkenntnistheoretisches Interesse erschöpft. Erkenntnistheorie und Erkenntniskritik als Selbstzweck und als einzigen Gegenstand der Untersuchung finden wir erst bei Locke. Seine große geschichtliche Bedeutung liegt gerade darin, daß er zum ersten Male das Erkenntnisproblem als solches in vollem Bewußtsein seiner fundamentalen Wichtigkeit in den Vordergrund gerückt hat, so daß ihm Ursprung und Tragweite des Erkennens auch ohne Vorblick auf bestimmte Anwendungsgebiete zum Problem um ihrer selbst willen wurden. Locke wurde damit zum Vorläufer Kants und zum *venerabilis inceptor* der Erkenntnistheorie der Gegenwart.

4. DIE METHODE

In jener programmatischen Erklärung über Inhalt und Aufgabe seines Werkes entwirft uns Locke auch ein Bild der Methode, die er in Anwendung bringen will: nicht um eine Untersuchung über das Wesen der Seele oder um ihr Verhältnis zum Leibe oder um eine physikalisch-physiologische Theorie der Sinneswahrnehmung (wie Descartes und Hobbes) ist es ihm zu tun; er will nur auf dem Wege einer schlichten Erzählung (*„in this historical plain method"*) darstellen, auf welche Art und Weise der Mensch zu seinen Vorstellungen und Begriffen von den Dingen kommt, um dadurch einen Maßstab für die Gewißheit unseres Wissens und die Gründe seiner Überzeugungskraft aufzufinden. Er hofft also auf dem Wege der Beschreibung und Zergliederung unserer Bewußtseinsinhalte und ihrer Zurückführung auf elementare Bestandteile die letzten Fragen der Erkenntniskritik lösen zu können. In dieser **deskriptiv-psychogenetischen Methode** liegt die Stärke und Schwäche seiner Philosophie. Ihre Stärke: denn an und für sich entspricht diese psychologistische Behandlung des Erkenntnisproblems durchaus dem Geiste des Empirismus, welcher ja in der „Erfahrung", also im Aufzeigen des Tatsächlichen, die allein fruchtbare Quelle auch jeder philosophischen Erkenntnis erblickt. Locke ist damit zum Begründer einer selbständigen **Erkenntnispsychologie** geworden, welche die unentbehrliche Grundlage jeder Theorie und Kritik des Erkennens bildet. Ihre Schwäche: denn diese gleichsam naturgeschichtliche Methode reicht nicht zu, um der gestellten kritischen Aufgabe Genüge zu tun. Sie kann eben immer nur zeigen, daß und welche Vorstellungen und Urteile mit dem Anspruch auf objektive Wahrheit auftreten; sie vermag aber aus sich selbst nicht darüber zu entscheiden, ob dieser Anspruch zu Recht besteht oder nicht. Wo sich daher Locke von der Analyse des Bewußtseins zur **Wertung** der Bewußtseinsinhalte wendet, muß er vielfach selbst seine grundsätzliche Methode im Stiche lassen. So sind die Untersuchungen des vierten und wichtigsten Buches wesentlich in kritischem Geiste gehalten, aber doch nicht so, daß nicht immer wieder psychologistische Gesichtspunkte hereinspielten. Diese methodische Unsicherheit ist eine Hauptursache, daß Locke seine Probleme so wenig zu folgerichtiger und eindeutiger Klarheit durchzuarbeiten vermochte.

Die Denkweise, mit der Locke an seine Probleme herantritt, ist keineswegs ganz rein und folgerichtig empiristisch; auch sie bildet, wie jene des Hobbes, einen Tummelplatz empiristischer und rationalistischer Tendenzen. Gleichwohl bedeutet seine grundsätzliche Stellungnahme einen unzweideutigen Sieg des empiristischen Gesichtspunktes. Vom Rationalismus, besonders von Descartes, übernimmt Locke zumeist nur seine Probleme, tritt aber mit der festen Absicht an sie heran, sie nur auf Grund der Erfahrung zu lösen. Unter seinen Vorgängern ist es nur Bacon, den er neben Galilei, Boyle und Newton unter die „großen Entdecker der Wahrheit und Förderer der Erkenntnis" rechnet. Von ihm übernimmt er auch den Grundgedanken: daß nur durch unbefangene Beobachtung — hier allerdings nicht der äußeren Natur, sondern des eigenen Seelenlebens — wahre Einsicht gewonnen werden kann. Aber gerade indem er die Prinzipien der Erfahrungsphilosophie an der Lösung der alten Rätselfragen des Rationalismus — besonders am Substanzproblem — erprobt, wird ihm die Unzulänglichkeit der Mittel des Empirismus zu ihrer Lösung fühlbar. Daß Locke, obwohl mehrfach von ihm abgedrängt, trotzdem an ihm festhalten will, bedingt jene skeptische Dissonanz, welche das ganze Werk durchzieht. Der dadurch hervorgerufene Widerstreit der Gesichtspunkte bereitet eine gewisse Schwierigkeit, die entscheidenden Hauptpunkte, welche zudem von manchem unnötigen und hinfälligen Beiwerk umrankt sind, klar zu erfassen. Als diese Hauptpunkte seien vorwegnehmend hervorgehoben:
1. die Lehre vom Ursprung unserer Vorstellungen; 2. der immanente Wahrheitsbegriff; 3. die einsetzende Kritik des Substanzbegriffs. Die nachfolgende Darstellung bindet sich daher auch nicht durchwegs an die Disposition von Lockes Werk, sondern wird seine Gedanken in jener Ordnung vorführen, die ihnen nach ihrer systematischen Bedeutung zukommt.

II. DER URSPRUNG UNSERER VORSTELLUNGEN

1. DIE FRAGESTELLUNG

Das Wort „Vorstellung" (*idea*) wird von Locke in so verallgemeinerter Bedeutung gebraucht, daß es alle präsentativen und repräsentativen Bewußtseinsinhalte umfaßt. Es bezeichnet also ebensowohl Empfindungen und Wahrnehmungen, als Erinnerungs-, Phantasie- und Traumvorstellungen im eigentlichen Sinne, aber auch Begriffe und logische Denkgebilde aller Art. Gemeinsam ist ihnen allen das Merkmal der Bewußtheit[6]. Da somit unsere Ideen oder Vorstellungen das gesamte Material möglicher Erkenntnis umfassen, ist die Frage nach ihrem „Ursprung" der entscheidende Punkt, an dem die rationalistische und die empiristische Denkrichtung sich scheiden. Jeder Rationalismus muß in irgendeinem Sinne einen ursprünglichen Besitz des Geistes voraussetzen — auf welcher Grundlage sollte die „ratio" sonst ihr Wissensgebäude errichten? — sei es in Form gewisser ihm innewohnender Normen und Gesetze, sei es in Form von in ihm angelegten Begriffen und Grundsätzen theoretischer und praktischer Art, welche die Vernunft selbstschöpferisch aus sich erzeugt. Hingegen schließt die Baconsche Forderung, daß der Geist der Natur als ungetrübter Spiegel gegenüberstehe, aus, daß unser Intellekt vor dieser Spiegelung bereits von autochthonem Inhalte erfüllt sei. Hier scheint ein unüberbrückbarer und durch Gründe kaum zu überwindender, fundamentaler Gegensatz zu bestehen. Immerhin spielt hier auch eine gewisse Amphibolie im Begriffe des „Ursprungs" eine Rolle. Locke ist im Sinne seiner psychogenetischen Methode von vornherein geneigt, diese Frage auf die zeitliche Entstehung unseres Bewußtseinsinhaltes zuzuspitzen und auch die Meinung der Gegner in dieser Weise auszulegen, während es den Rationalisten zumeist nur um die Begründung der Geltung gewisser allgemeiner Sätze zu tun war, denen sie daher einen anderen erkenntnistheoretischen Ort zuweisen zu müssen glaubten, als den auf Sinneswahrnehmung beruhenden Einzeltatsachen. Descartes' unbeholfener Ausdruck „*ideae innatae*", mehr noch aber die massivere Auffassung seiner Nachfolger und der platonisierenden Rationalisten der Cambridge Schule begünstigten Lockes Deutung, als seien (nach Meinung der

23

Rationalisten dem Menschen von Geburt an gewisse Begriffe und Grundsätze fertig mitgegeben, deren er sich nur mit Hilfe späterer Überlegung bewußt zu werden braucht, um sie unverlierbar zu besitzen. Demgegenüber behauptet nun Locke: Es gibt schlechterdings keine eingeborenen Ideen oder Grundsätze, sondern aller und jeder Bewußtseinsinhalt ist ursprünglich durch Erfahrung erworben! Die Untersuchung über den Ursprung unserer Vorstellungen zerfällt so für Locke in zwei Teile: in einen negativ-kritischen, welcher die vermeintliche Lehre der Rationalisten bekämpft, und in einen positiv-systematischen, welcher den empirischen Ursprung unseres Vorstellungsbesitzes klarzulegen unternimmt.

Durch jene Umbiegung der rationalistischen Lehre hat sich Locke den ersten Teil seiner Aufgabe leicht gemacht, denn selbstverständlich sind abstrakte Begriffe und Sätze nicht im buchstäblich-zeitlichen Sinne „angeboren". Es ist aber kaum anzunehmen, daß er die Meinung der Gegner tatsächlich in dieser Weise mißverstanden habe. Seine Polemik gegen die angeborenen Ideen hat vielmehr von Anfang an eine programmatische Bedeutung: sie ist eine grundsätzliche Absage an den Rationalismus in allen seinen Formen, und ein ebenso grundsätzliches Bekenntnis zum Empirismus. Jede Erkenntnis aus reiner Vernunft, so sagt er sich, setzt eine im Geiste vor aller Erfahrung gegebene Erkenntnisgrundlage voraus, mag man diese nun denken, wie man will. Jede solche vor-empirische Gegebenheit müßte aber die von Bacon geforderte Reinheit der Auffassung des Wirklichen trüben. Daher erfordert die Folgerichtigkeit, von jedem Eigenbesitz der Seele abzusehen und keinerlei eingeborene Ideen gelten zu lassen. Denn, wären sie vorhanden, so würden sie doch nur ebenso viele „Trugbilder" (im Sinne Bacons) bedeuten. So idealisiert er sich einen Gegner, dessen Beweisgründe er mit gewisser Freiheit darstellt und nach Bedarf aus eigenem ergänzt, um durch eine zugespitzte Antithese seine eigene prinzipielle Stellung damit ins hellste Licht zu rücken. Die „eingeborenen Ideen" sind so ihrem wahren Wesen nach eine „polemische Konstruktion"[7] zum Zwecke einer klaren und ganz unzweideutigen Festlegung des eigenen Standpunktes.

2. DIE WIDERLEGUNG DER LEHRE VON DEN EINGEBORENEN IDEEN

Ihre Vertreter berufen sich vor allem auf die **allgemeine Verbreitung und Anerkennung** gewisser theoretischer und praktischer Begriffe und Sätze bei den Menschen und Völkern aller Zeiten. In der Tat hatte Herbert von Cherbury, der Hauptvertreter des englischen Rationalismus, nach dem Vorgange der Stoiker, deren „Gemeinbegriffe" Locke gleichfalls zu dieser Gruppe rechnet, in seinem „Tractatus de veritate" (1624) gemäß seinem Grundsatz: *„Summa veritatis norma consensus universalis"* die Geltung gewisser allgemeiner religiöser und moralischer Lehren auf den *„consensus gentium"* gegründet und sie deshalb als in der menschlichen Natur angelegt erklärt. Locke bestreitet nun sowohl die **Richtigkeit** dieser behaupteten Tatsache, als auch gegebenenfalls ihre **Zulänglichkeit** als Beweisgrund. **Eine solche Übereinstimmung besteht gar nicht**, denn sie würde voraussetzen, daß jene Ideen allen Menschen von Anfang an bewußt vor der Seele liegen. Das gilt aber nicht einmal von den allgemeinsten Sätzen der Logik, bei denen man es noch am ehesten annehmen dürfte. Den Satz der Identität und des Widerspruchs würden wir bei ungebildeten Personen, bei Kindern, Idioten und unentwickelten Völkern vergebens suchen; „solche allgemeine Sätze", sagt Locke, „hört man nicht in den Hütten der Indianer". Wären sie aber angeboren, so müßten sie vor jeder anderen Erkenntnis zum Vorschein kommen, und zwar um so reiner, als sie dort noch nicht durch anderes verdunkelt sind. Ein Kind aber weiß längst, daß schwarz nicht weiß und süß nicht bitter ist, bevor es vom Satze des Widerspruchs etwas erfährt und versteht. Das Erste sind eben nicht abstrakte Sätze, sondern sinnliche Eindrücke. Hier ist besonders klar, daß Locke die wahre Meinung des Descartes — vielleicht absichtlich — verfehlt: denn selbstverständlich konnte dieser nicht glauben, daß Kinder den Satz des Widerspruchs von Geburt an auswendig wissen, sondern seine Lehre war nur die, daß jeder Mensch, sobald er zu denken beginnt, diesem Gesetze gemäß denkt, was Lockes Beispiele mittelbar nur bestätigen. Bei den religiösen und moralischen Ansichten kommt noch dazu, daß sie bei verschiedenen Völkern und zu verschiedenen Zeiten nicht nur nicht dieselben, sondern so entgegengesetzt wie nur möglich sind. Wirklich gemeinsam ist allen Menschen nur das Streben nach Glück und das Fliehen des Unglücks; hingegen bedürfen alle positiven Sätze der Religion und Moral eines Beweises. Hier werden sich aber, z. B. bei der Frage: Warum man eingegangene Verträge halten soll?, der Christ auf den Willen Gottes, die Anhänger des Hobbes auf den Willen der Gesellschaft, und die Stoiker auf die Würde des Menschen berufen. Wären aber solche Sätze allen Menschen eingeboren, so müßten sie auch bei allen Menschen dieselben sein. Aber auch gesetzt, es gäbe eine solche Übereinstimmung, so wäre damit das Angeborensein noch nicht bewiesen. Es wäre durchaus denkbar, daß diese Übereinstimmung durch gleichartigen Vernunftgebrauch auf Grund derselben Erfahrungen sich allmählich entwickelt habe, z. B. die Überzeugung vom Dasein Gottes aus der Betrachtung der Zweckmäßigkeit in der Natur. Daß wir gewissen Sätzen (z. B. daß Gott verehrungswürdig sei) allgemein zustimmen, sobald wir sie hören und verstehen, beweist so wenig ihre Angeborenheit, als der Umstand, daß der operierte Blindgeborene dem Satze, daß die Sonne leuchtend sei, zustimmt, beweist, daß ihm die Vorstellung der Sonne und des Lichtes angeboren gewesen sei. Wollte man dem vielleicht entgegnen, daß die eingeborenen Ideen in der Seele anfänglich nur unbewußt vorhanden seien, so würde sich eine solche Behauptung selbst aufheben, denn „in der Seele sein" heißt eben nichts anderes als „bewußt" sein, und unbewußte Vorstellungen wären eben gar keine echten Vorstellungen, sondern etwas irgendwie ganz anderes. Würde man aber sagen: jene Ideen seien ursprünglich im Geiste nur „angelegt", so daß sie sich bei richtigem Vernunftgebrauch mit Notwendigkeit bei allen in gleicher Weise entwickeln müßten, so würde dies nicht nur von einigen wenigen, sondern von allen Vorstellungen und Wahrheiten gelten. Es müßte dann Legionen solcher eingeborener Besitztümer geben; nicht weniger, als in allen Wissenschaften und Künsten enthalten sind, deren Aneignung ja auch jedem vernünftigen Menschen im Prinzip möglich ist. Entweder sind dann alle Vorstellungen eingeboren oder keine! Locke entscheidet sich für die letztere Alternative, während später Leibniz durch den Begriff des „virtuellen" Eingeborenseins aller

Vorstellungen im Unterbewußtsein jenen Gegensatz zu überwinden suchte. Unser Philosoph hält die Frage damit für erledigt: Unser Geist ist von Natur aus leer an irgendwelchen Vorstellungen, er gleicht einem unbeschriebenen Blatte Papier *(white paper)*, einer *tabula rasa*, wie man früher sagte, nur bereit, rezeptiv Zeichen aufzunehmen, aber unfähig, sie spontan aus sich hervorzubringen. Den naheliegenden und gegen die Lehre von den eingeborenen Ideen entscheidenden Einwand: daß nämlich auch ein tatsächliches Angeborensein gewisser Vorstellungen für deren Erkenntniswert nichts beweisen würde, da wir ja auch falsche Vorstellungen (etwa durch Vererbung) mit auf die Welt bringen könnten, hat Locke nicht bemerkt.

3. DIE WAHREN QUELLEN UNSERES WISSENS

Woher stammt nun der ganze reiche Vorstellungsschatz unseres Geistes? Darauf antworte ich, sagt Locke, mit einem Worte: „Aus der Erfahrung. All unser Wissen ist auf sie gegründet, und von ihr leitet es sich in seinem letzten Grunde her"[8]. Unsere Seele gleicht von Natur aus einer Dunkelkammer, in welche nur durch zwei kleine Öffnungen einiges Licht fällt: durch die äußere und die innere Wahrnehmung. Die Sensation oder Sinneswahrnehmung beruht darauf, daß unsere Sinnesorgane, von den Einwirkungen der Außenwelt affiziert, ihre Erregungen durch die nervösen Leitungsbahnen dem Gehirn, diesem „Audienzzimmer der Seele", zuführen, wo sie in Empfindungen umgesetzt werden. Die Reflexion oder Selbstwahrnehmung ist das Vermögen der Seele, ihrer eigenen Tätigkeiten und Zustände bewußt zu werden, welche sich an dem von außen einströmenden Material entwickeln. Wir empfinden, denken, wollen nicht nur, sondern nehmen diese Tätigkeiten auch als solche in uns wahr und werden uns erst dadurch ihrer bewußt. Wenn diese Selbstwahrnehmung auch nicht durch besondere Sinnesorgane vermittelt ist, so liegt es doch nahe, in Analogie zu den äußeren Sinnen von einem „inneren Sinn" *(internal sense)* zu sprechen. Der Zeit nach geht die Sensation der Reflexion voraus; in den ersten Lebensjahren ist der Blick nach außen gerichtet, und die Seele muß durch äußere Eindrücke erst zu Tätigkeiten angeregt werden, bevor sich diese in ihr reflektieren können. Sie wird überhaupt erst allmählich auf sie aufmerksam, denn ihre Wahrnehmung ist weniger andauernd und lebhaft, als die der äußeren Reize, welche sich daher auch früher und stärker Beachtung erzwingen. Von Descartes unterscheidet sich Locke somit darin, daß nach ihm das Selbstbewußtsein keine Priorität vor der Außenwahrnehmung besitzt; von der Betonung der inneren Erfahrung bei Augustinus und Campanella dadurch, daß bei ihm deren Gegenstand nicht wieder die Sinnesempfindungen sind, welche bei jenen erst dadurch zu Bewußtsein kommen, daß sie von der Seele gleichsam beleuchtet werden, sondern allein die psychischen Funktionen als solche.

Ohne äußere und innere Wahrnehmung keine Vorstellungen, kein Bewußtsein, kein Denken: der zeitliche Anfang unseres bewußten Lebens ist simultan den ersten Eindrücken, die wir von außen empfangen. Das Erste mögen vielleicht schon Wärme- und Hungerempfindungen vor der Geburt sein; vor ihrer Befruchtung durch die Sinne denkt aber die Seele ebensowenig, wie sie späterhin im traumlosen Schlafe oder gar immer denkt, wie Descartes mit seiner Lehre von der *„anima semper cogitans"* gemeint hatte. Das Bewußtsein verhält sich daher zur Seele nicht wie die Ausdehnung zum Körper, sondern wie die Bewegtheit, die bald vorhanden ist und bald fehlt. Ein direkter Beweis für die Behauptung, daß alle unsere Bewußtseinsinhalte allein aus Sensation und Reflexion stammen, läßt sich natürlich nicht geben. Locke kann nur zur Selbstprüfung auffordern, ob jemand in sich Vorstellungen zu entdecken vermöge, die sich nicht auf diese beiden Quellen zurückführen ließen. „Alle jene erhabenen Gedanken, die über die Wolken aufsteigen und den Himmel selbst erreichen, haben hier ihren Ursprung und Boden; in all den weiten Räumen, in denen die Seele wandert, in den hochstrebenden Gedankenbauten, zu denen sie sich aufschwingt, bringt sie nicht das kleinste Stück über jene Vorstellungen hinzu, die ihr die Sinne oder die innere Wahrnehmung für ihr Denken geboten haben"[9].

An dieser Lehre Lockes ist vor allem zweierlei bemerkenswert: Erstens, daß der Begriff einer *„tabula rasa"* schon hier insofern eine Korrektur erfährt, als der Seele, wenn auch nicht inhaltlich bestimmte Einzelvorstellungen, so doch eine ganze Anzahl von Vermögen oder Kräften, welche in der inneren Wahrnehmung bewußt werden, „angeboren" sind[10]. In Lockes Absicht liegt es somit nicht, alle höheren

DIE EINFACHEN VORSTELLUNGEN

Bewußtseinsgebilde aus Umbildung von Sinneswahrnehmungen zu begreifen; diese geben nur den Stoff und die erste Anregung, harren aber selbst ihrer weiteren Verarbeitung durch den Verstand. Locke ist daher zwar E m p i r i s t, aber — schon wegen der Anerkennung der Reflexion als selbständiger Erkenntnisquelle — n i c h t S e n s u a l i s t. Das Zweite ist der bedeutsame Umstand, daß a l l e unsere Vorstellungen durch das Medium unserer Sinnlichkeit vermittelt erscheinen, so daß wir nirgends unmittelbar mit den Dingen in Berührung treten. Hatte daraus in Hinsicht der Sinnesempfindungen schon Hobbes idealistische Folgerungen gezogen, insofern er sie nur als Zeichen, nicht mehr als Abbilder der affizierenden Körper gelten ließ, so dehnt sich bei Locke diese Folgerung notwendig auch auf die Selbsterkenntnis aus: auch diese ist nicht mehr Sache unmittelbarer Selbstgewißheit, wie bei Descartes, sondern empiristisch vermittelt; unser Geist muß O b j e k t werden, um auf dem Wege der Wahrnehmung zum Bewußtsein seiner selbst zu gelangen. Wahrnehmungsgegenstand und Wahrnehmungsinhalt decken sich auch hier nicht; ein Gefühl oder ein Willensakt sind im unmittelbaren Erleben etwas ganz anderes als ihre reflektierten Wahrnehmungsbilder im inneren Sinn. Der Gedanke lag nahe, daß wir es in beiden Fällen überhaupt immer n u r mit unseren Vorstellungen zu tun haben, während deren Zusammenhang mit ihren Gegenständen zumindest problematisch bleiben muß. Locke selbst und mehr noch seine Nachfolger haben diese wichtige, für die weitere Entwicklung der Erfahrungsphilosophie entscheidende Folgerung tatsächlich gezogen.

4. DIE EINFACHEN VORSTELLUNGEN

Durch die beiden Sinne zieht nicht das fertige Weltbild in unseren Geist ein, sondern nur dessen elementare Bestandteile oder Bausteine: die „e i n f a c h e n I d e e n" *(simple ideas)*. Mögen verschiedenartige Wahrnehmungen auch oftmals zusammen auftreten — wie die Kälte und Härte, die man an einem Eisstück gleichzeitig empfindet —, so bleibt doch jede von ihnen ein gesonderter Erfahrungsbestandteil sui generis, dessen Verbindung mit anderen nur eine äußere und relativ zufällige ist. Jeder Vorstellungskomplex läßt sich so in letzte Elemente zerlegen, die aber ihrerseits einer weiteren Zerlegung in noch einfachere,

29

aber **gleichartige** Vorstellungen nicht mehr fähig sind. So ist nach Locke z. B. die „Ausdehnung" eine einfache Idee, weil jeder kleinste Teil der Ausdehnung selbst wieder ausgedehnt ist und sonst nichts. Es ist daher auch unmöglich, das Wesen solcher einfacher, oder, wie Locke auch sagt, „einförmiger" Ideen mit Worten klarzumachen oder zu umschreiben, so wenig man eben deshalb einem Blinden erklären kann, was Licht und Farbe sind. Sie müssen empfunden werden, und sind für jeden so, wie er sie eben empfindet. Ebensowenig kann die Seele sie willkürlich hervorrufen, sie abändern oder abwehren, wenn sie sich ihr aufdrängen, so wenig, „wie ein Spiegel die Bilder ablehnen, verändern oder auslöschen kann, welche die vor ihn gebrachten Gegenstände entwerfen [11]". Das **äußere** Kennzeichen dieser Elementarvorstellungen ist somit ihre Unauflösbarkeit in weitere Bestandteile ungleicher Art, ihr **inneres** Merkmal die passive Rezeptivität des Geistes ihnen gegenüber. Das „Wahrnehmen", von dem uns die Reflexion Kunde gibt, ist keine Tätigkeit der Seele, sondern ein leidender Zustand des Geistes („*passion of the mind*").

Unter dem Namen der einfachen Ideen faßt nun Locke sehr Verschiedenes zusammen, je nachdem nur ein oder beide Sinne an ihrer Entstehung beteiligt sind. Nur durch je **einen** äußeren Sinn werden uns die einfachen Sinnesqualitäten gegeben: Farben, Töne, Gerüche, Geschmäcke, Tastempfindungen, die so mannigfaltig sind, daß die Sprache nur für die wenigsten über gesonderte Bezeichnungen verfügt. Es wäre wohl möglich, daß Gott auch Wesen mit mehr und anders gearteten Sinnen erschaffen könnte, als wir sie besitzen. Aber wenn es solche gibt, so könnten wir Menschen uns von ihren Empfindungen so wenig eine Vorstellung machen, als von der Empfindungsweise der Tiere oder selbst nur anderer Individuen eine sichere Kenntnis möglich ist [12]. Durch Tast- und Gesichtssinn zugleich erhalten wir die Ideen von Ausdehnung, Gestalt, Bewegung und Ruhe der Körper. Allein auf dem Wege der Reflexion strömen uns die Vorstellungen des Wahrnehmens, Erinnerns, Denkens, Zweifelns, Glaubens, Wissens und Wollens zu. Durch den äußeren und inneren Sinn zugleich erhalten wir die Vorstellungen des Daseins, der Kraft, Einheit, Zeit sowie der körperlichen und seelischen Lust und Unlust. Auch hier ist der Anteil beider Sinne nicht immer gleich; so wird uns z. B. die Vorstellung der Zeit zwar auch durch Sinnesempfindungen zugeführt, deutlicher aber noch bewußt durch das Achten auf das Kommen und Gehen der inneren Erscheinungen. Diese einfachen Ideen in ihrer Gesamtheit nun bilden gleichsam das Alphabet unseres Wissens, aus dem sich dieses durch mannigfache Kombination auch in seinen höchsten Gestaltungen zusammensetzt, wie der ganze Homer aus vierundzwanzig Buchstaben. Diese irreduziblen Elemente stellen für unser Erkennen das Letzte und schlechthin Gegebene dar, und zugleich die einzige Verbindung mit der objektiven Realität. Auf sie wird sich daher zuletzt auch jede objektive Bindung unserer Erkenntnis stützen müssen. Wie vollzieht sich nun der Aufbau unseres Weltbildes aus diesem gegebenen Material?

5. DIE ZUSAMMENGESETZTEN VORSTELLUNGEN

Das ausgebildete Bewußtsein zeigt uns keineswegs bloß eine Aufeinanderfolge einfacher Wahrnehmungen, sondern ein geordnetes und zusammenhängendes Weltbild. In ihm können wir die Vorstellungen von Dingen unterscheiden, die bestimmte Beschaffenheiten an sich tragen und so wie diese in mannigfachen Verhältnissen zueinander stehen: Substanzen, Modi und Relationen. Vorstellungen dieser Art werden uns nicht durch Sensation und Reflexion unmittelbar dargeboten, wenn sie auch, wie ihre Analyse zeigt, nur aus einfachen Ideen bestehen: sie heißen daher „zusammengesetzte Vorstellungen" (*complex ideas*). Unter dem weiten und ziemlich unbestimmten Begriff der Modi (*modes*) faßt Locke alles zusammen, was nicht als für sich bestehend gedacht werden kann, sondern so vorgestellt wird, daß es an einem anderen existiert. So sind Abstand, Dimension, Gestalt, Ort, Maß und Ausgedehntheit Modi des Raumes, Folge, Dauer, Augenblick, Ewigkeit Modifikationen der Zeit. Modi heißen einfach (*simple modes*), wenn ihre Bestandteile gleichartig sind, z. B. Räume, Zahlen, ein Dutzend; sie heißen gemischt (*mixed modes*), wenn ihre Elemente ungleichartig sind, z. B. Laufen, Eigensinn, Buchdruck. Der Korrelatbegriff zu dem des Modus ist jener der „Substanz". Substanzen (*substances*) sind die Träger alles dessen, was *sine re substante* nicht gedacht werden kann; sie sind also die Träger der Modi und auch der einfachen Qualitäten, das Subsistierende im Gegensatz zum Inhärierenden, dasjenige, was in sich und unabhängig zu bestehen vermag. In ihnen werden einfache Ideen so verbunden, daß sie unter einem gemeinsamen Namen befaßt und als Einheit gedacht werden können. So entstehen die Vorstellungen einzelner, für sich bestehender Dinge, wie Mensch, Baum, Körper; es können aber auch mehrere Substanzen wieder zu Sammeldingen oder Kollektivvorstellungen, sozusagen zu Substanzen höherer Ordnung, zusammengefaßt werden (*collective ideas*), wie Heer, Wald, Herde. Werden einfache Ideen der Sensation, die gemeinsam auftreten, zu einer solchen Einheit verbunden, wie die Empfindungen einer trübweißen Farbe, der Härte, Biegsamkeit usf. zur Vorstellung des Bleies, so entsteht der Begriff **ausgedehnter**, aus der Verbindung von Reflexionsideen der Begriff **geistiger** Substanzen. Oder, wie Locke lieber sagen will: der undenkenden und denkenden Substanzen (*cogitative and incogitative substances*), da es keinen Widerspruch in sich schließt, also immerhin möglich wäre, daß der Schöpfer auch die Materie mit der Fähigkeit zu denken ausgestattet haben könne [13] — eine Bemerkung, welche auf die französische Aufklärung nicht ohne Einfluß geblieben ist. Die **Relationen** oder Beziehungen (*relations*) endlich sind weder etwas für sich Bestehendes, wie die Substanzen, noch auch etwas Inhärierendes, wie die Modi, sondern Verhältnisbegriffe, die entstehen, wenn wir andere Vorstellungen miteinander vergleichen; so ist „Cajus" eine Substanz, wenn ich ihn einen „Menschen" nenne, und seine „Menschheit" ein Modus; wenn ich ihn aber als „Gatte" bezeichne, so ist dies eine Relation, weil es die Beziehung auf einen anderen Menschen in sich schließt [14]. Zu den Beziehungsbegriffen gehören alle Vergleiche (größer und kleiner), Identität und Verschiedenheit, Kausalität, moralische Verhältnisse und ähnliches.

6. DIE ENTSTEHUNG DER ZUSAMMENGESETZTEN VORSTELLUNGEN

Die einfachen Ideen verbinden sich nicht von selbst zu den zusammengesetzten; ihre Verbindung ist vielmehr ein Werk des Eingreifens unseres **Intellekts**, der dabei aber hierin nur kombinatorisch, nicht schöpferisch zu wirken vermag. Die Seele verhält sich also nur im Aufnehmen der einfachen Ideen rein passiv; sie vermag aber „durch ihre eigene Kraft" aus jenen Elementen höhere Bewußtseinsgebilde zu gestalten. Die Voraussetzung dafür ist, daß sie die empfangenen Eindrücke in sich aufbewahrt, oder das Gedächtnis. Es ist die Fähigkeit, einstige Wahrnehmungen zu behalten, sie von neuem hervorzurufen und sie zugleich als früher gehabte wiederzuerkennen. Allerdings gehen auch manche Eindrücke verloren oder verblassen bis zur Unkenntlichkeit. So geht es mit den Vorstellungen unserer Jugend oft so wie mit unseren Kindern: sie sterben vor uns; von anderen wieder steht gleichsam nur ein verwittertes Denkmal in unserer Seele, aber die Inschrift ist unlesbar geworden. Hingegen bleiben Vorstellungen, die häufig wiederkehren, wie die Sensationswahrnehmungen der Körperlichkeit oder Dasein, Zahl, Dauer dem Gedächtnis, das Locke eine „zweite Wahrnehmung" (*secondary perception*) nennt, unverloren. Schon hierin besitzt der Geist einen gewissen Grad von Freiheit, insofern es bei ihm steht, ob er gewisse Vorstellungen zurückrufen will oder nicht [15]. Die reproduzierten Vorstellungen gehen nun schon unwillkürlich allerlei Verbindungen ein, wenn sie öfter zeitlich oder räumlich benachbart miteinander auftraten. Diese Assoziation der Vorstellungen (*association of ideas*) sucht Locke auch physiologisch zu erklären, indem er sie auf eine Bahnung in den Nerven durch häufig gleichgerichtete Bewegung der „Lebensgeister" (die als feinste materielle Teilchen gedacht sind) zurückführt [16]. Unterschieden davon sind die freien Operationen des Vergleichens, Unterscheidens und ihnen gemäßen Verbindens der Vorstellungen, welche auf Urteilskraft und Verstand beruhen. Dessen wichtigste Funktion aber ist das Abstrahieren durch absichtliches Absehen von allen Nebenumständen und begleitenden Vorstellungen. Dadurch ist es möglich, an und für sich singuläre Ideen als Vertreter aller Dinge derselben Art anzusehen und sie mit Hilfe des Wortes zu verallgemeinern. Ebendiese Gabe der Abstraktion unterscheidet den Menschen von den Tieren, denen es nicht an Organen zum Sprechen mangeln würde, denen aber die geistige Grundlage der Sprachbildung: das Vermögen der Generalisierung des einzelnen abgeht. Auf diesen Prozessen beruhen also die zusammengesetzten Ideen, welche gar nichts anderes sind als „Verbindungen von einfachen, unter einem Namen befaßte Vorstellungen" [17].

Die Bedeutung, welche hier der Namengebung, also der Sprache zukommt, hat Locke veranlaßt, ihr im III. Buche eine eigene Untersuchung zu widmen.

Die zusammengesetzten Ideen verdanken ihren Ursprung somit einer (der Hauptsache nach) spontanen Synthese des Verstandes, wenn sie auch ihren Bestandteilen nach durchwegs auf Erfahrung beruhen. Damit ist das Prinzip des strengen Empirismus an einem wichtigen Punkte durchbrochen. Denn wenn jene Funktionen des Verstandes auch erst nach seiner Befruchtung durch Erfahrung in Tätigkeit treten und sichtbar werden, so entstehen sie doch nicht aus Erfahrung. Auf die naheliegende Frage aber, nach welchen normativen Gesichtspunkten unser Intellekt in jener frei gestaltenden Synthese verfährt, würden wir bei Locke vergebens nach einer Antwort suchen. Und doch ist offenbar, daß sie nicht nach individueller Willkür erfolgen kann; dagegen spricht ja schon der Umstand, daß hierin unter den Menschen weitgehende Übereinstimmung besteht, ohne welche keine gemeinsame Verständigung, keine Sprache, keine Gemeinsamkeit des Wissens möglich sein würde. Locke selbst schränkt diese Willkür gelegentlich auf eine „gewisse Freiheit" in der Bildung zusammengesetzter Vorstellungen ein, um das individuell Abweichende an ihnen zu erklären [18]; aber nicht die individuelle Freiheit, sondern die individuelle Gebundenheit hierin wäre Gegenstand des Interesses. Der Grund, warum wir die einfachen Ideen immer wieder gerade in dieser Art und Weise, nämlich zu Modis, Substanzen und Relationen, verbinden, und warum wir im Einzelfall gerade diese und keine anderen Elementarvorstellungen zusammengruppieren, müßte entweder aus deren Natur selbst abgeleitet oder aus einer überindividuellen formalen Gesetzmäßigkeit des Denkens begriffen werden. Die Umgehung dieses Problems, das ihm wohl als solches gar nicht zu Bewußtsein gekommen ist, hat sich Locke dadurch erleichtert, daß er bereits hochentwickelte Vorstellungsgebilde, wie Einheit, Existenz, Kraft durch Erfahrung gegeben sein läßt. Die grundsätzliche Frage nach dem Zusammenwirken eines empirischen und eines rationalen Faktors in der Entstehung unseres Weltbildes bleibt aber bei ihm ungeklärt.

III. WAHRHEIT UND WISSEN

1. DIE LOGIK UND IHRE AUFGABE

Im Sinne des Aristoteles teilt Locke alle Wissenschaften in drei Hauptklassen: **Physik**, welche es mit der Erforschung der Dinge, der körperlichen sowohl als der geistigen, zu tun hat; **Praktik**, welche Leitlinien des menschlichen Handelns zu geben hat und deren wichtigster Zweig die Ethik ist; endlich die **Logik** oder **Semeiotik** als die Lehre von den „Zeichen", deren sich der menschliche Geist bedient, um die Dinge zu erfassen und zugleich um sein Wissen anderen mitzuteilen. Nun sind die Zeichen für die Dinge unsere Vorstellungen und die Zeichen für unsere Vorstellungen die Worte. Daher zerfällt die Logik für Locke in zwei Teile: in die **erkenntnistheoretische Logik** (von der formalen Logik denkt er sehr gering), welche den Wert und die Bedeutung der Ideen und ihrer Verbindungen für das Erkennen zu untersuchen hat, und in die **Sprachlogik**, welche es mit der Bedeutung der Sprache für das Denken zu tun hat und der zugleich die Aufgabe zufällt, die Fehlerquellen aufzudecken, welche aus deren mißbräuchlichen Anwendung entstehen [19].

2. DER IMMANENTE WAHRHEITSBEGRIFF

Auf die alte Frage: **Was ist Wahrheit?** — die eigentliche Grundfrage der Logik — antwortet Locke ganz im Sinne von Hobbes: **Wahrheit ist das Vereinigen oder Trennen von Zeichen, je nachdem die durch sie bezeichneten Dinge übereinstimmen oder nicht.** Es gibt nun zwei Arten von Zeichen: Ideen als Zeichen für Dinge, und Worte als Zeichen für Ideen. Demgemäß gibt es auch zwei Arten von „Wahrheiten": Wahrheit in Ideen (*truth of thought*), und Wahrheit in Worten (*truth of words*). Wahrheiten jener Art besagen eine Übereinstimmung in den bezeichneten Dingen, diese eine Übereinstimmung in den bezeichneten Ideen. Die letzteren sind also davon unabhängig, ob den Ideen selbst wieder etwas Reales entspricht oder nicht; sie besagen nur, daß miteinander verglichene Vorstellungen sich nicht widerstreiten bzw. miteinander unvereinbar sind; ihre Bedeutung tritt hinter den Sachwahrheiten naturgemäß zurück.

Nun ist der erkenntnispsychologische Tatbestand nach Locke der, daß wir es unmittelbar überhaupt nur mit unseren Vorstellungen zu tun haben: den passiv aufgenommenen Elementarideen und den durch aktives Eingreifen seelischer Funktionen gebildeten komplexen Ideen. Ein direkter Vergleich unserer Vorstellungen mit den Dingen in Hinsicht ihrer Übereinstimmung ist daher gar nicht möglich. Denn mögen auch die einfachen Ideen der Voraussetzung nach von realen Dingen in uns bewirkt werden, so treten eben doch immer nur die Wirkungen der Dinge in unser Bewußtsein, niemals diese selbst. Daher bedarf jener Wahrheitsbegriff auf dem Standpunkte des folgerichtigen Empirismus einer Korrektur: Wahrheit (*truth*) und Erkenntnis (*knowledge*) kann hier nicht die Übereinstimmung oder Nichtübereinstimmung unserer Vorstellungen mit etwas bedeuten, das nicht selbst wieder Vorstellung wäre, sondern allein die Übereinstimmung oder Nichtübereinstimmung unserer Vorstellungen untereinander. An die Stelle einer bewußtseinstranszendenten Beziehung tritt ein rein immanenter Wahrheitsbegriff [20]. So unvermeidlich sich dieser nur scheinbar paradoxe Satz aus Lockes Prämissen ergibt und so bedeutungsvoll diese Einsicht gewesen wäre, so wenig hat sich Locke selbst an sie gehalten. Der Mangel an Folgerichtigkeit an diesem entscheidenden Punkte bedeutet das Grundgebrechen seiner Philosophie.

3. DIE LOGISCHEN QUALITÄTEN UNSERER VORSTELLUNGEN

Vorstellungen sind die Grundlage und der einzige Gegenstand unserer Erkenntnis. Wenn eine Erkenntnis bewußtseinstranszendenter Realität überhaupt möglich sein sollte, so könnte sie nur durch ihre Vorstellung erfolgen. Daher werden die logisch-erkenntnistheoretischen Qualitäten unserer Vorstellung für den Umfang und die Grenzen unseres Wissens von ausschlaggebender Bedeutung sein.

Locke unterscheidet zunächst Einzelvorstellungen und Allgemeinvorstellungen. Die letzteren entstehen, wie bereits gezeigt wurde, durch Abstraktion, indem wir bei Einzelvorstellungen von allen Besonderheiten des Ortes, der Zeit und anderer Begleitumstände absehen.

DIE LOGISCHEN QUALITÄTEN UNSERER VORSTELLUNGEN

Dadurch werden sie geeignet, als Repräsentanten einer großen Anzahl gleichartiger Einzelvorstellungen zu dienen. Wenn ich z. B. heute dieselbe Farbe am Kalk oder Schnee bemerke, die ich gestern an der Milch sah, so kann ich diese Erscheinung für sich auffassen und sie dadurch zum Vertreter aller Erscheinungen dieser Art machen, indem ich ihr den Namen „Weiße" beilege. Man pflegt diese Lehre, derzufolge das Allgemeine nicht in den Dingen selbst existiert, sondern durch einen Denkprozeß gewonnen wird, aber doch auch nicht nur allein am Namen haftet, als Konzeptualismus zu bezeichnen. Locke ist also Konzeptualist. Einzelvorstellungen sind alle einfachen Ideen; die zusammengesetzten Ideen müßten nach seiner Ableitung durchwegs abstrakte Allgemeinvorstellungen sein, obwohl dies nur auf die Relationen und einen Teil der Modi, nicht aber auf die Einzelsubstanzen wirklich paßt. Eine genaue Unterscheidung von allgemeinen Vorstellungen und logischen Begriffen i. e. S. vermissen wir bei Locke.

Ihrer logischen Beschaffenheit nach sind nun alle Vorstellungen, gleichviel welcher Art, erstens entweder **klar** und **deutlich** — oder wie Locke später lieber sagen wollte: „bestimmt" *(determined)* — oder **dunkel** und **verworren**. Klar ist eine Idee, wenn sie, vergleichbar einem gut beleuchteten Gegenstande des Sehens, alle ihre Qualitäten gut erkennen läßt; dunkel, wenn sie an Genauigkeit und Frische verloren hat. Deutlich ist sie, wenn sie sich von anderen Vorstellungen genügend abhebt und daher von ihnen unterschieden werden kann. Da an und für sich jede Idee von jeder anderen verschieden ist, so liegt der Grund der Verworrenheit zumeist nur darin, daß inhaltlich getrennte Vorstellungen gelegentlich mit demselben Namen bezeichnet werden. Wenn wir vom Leoparden nur so viele Merkmale klar vorstellen, als er mit dem Luchs gemeinsam hat, so besteht die Gefahr der Verwirrung, weil wir dann geneigt sind, beide mit dem gleichen Worte zu benennen; im Begriff des Tausendeckes ist z. B. die Vorstellung der räumlichen Gestalt verworren, die der Zahl Tausend jedoch deutlich. Vorstellungen können aber weiterhin auch unterschieden werden nach dem Grade ihrer **Objektivität**, d. h. nach ihrer Beziehung zu den Dingen, welche sie bezeichnen. In dieser Hinsicht wird entscheidend sein, ob sie überhaupt einen Zusammenhang mit der objektiven Wirklichkeit haben, also einem realen Urbilde (sei dieses ein Ding oder selbst eine Idee) entsprechen oder nicht, m. a. W. ob sie „wirklich" (*real*) oder „unwirklich" (*fantastical*) sind. Entsprechen sie ihrem Muster in vollkommener Weise, so heißen sie „angemessen" (*adequate*), anderen Falles „unangemessen" (*inadequate*). Unangemessen sind z. B. die Vorstellungen der Laien von einer Wissenschaft. Werden endlich die Vorstellungen in Hinsicht ihrer Übereinstimmung mit dem in ihnen Vorgestellten verglichen, so ergibt sich der Unterschied „wahrer" (*true*) oder „richtiger" (*right*) und „falscher" (*false*) oder „unrichtiger" (*wrong*). Dieser Vergleich kann sich auf ihr reales Objekt beziehen, in welchem Falle „wahr" und „wirklich" zusammenfallen; oder auf die Vorstellung anderer Menschen und den Sprachgebrauch, wobei eine Idee „falsch" heißt, wenn wir sie, abweichend von anderen, mit einem nicht für sie üblichen Worte verbinden; oder endlich auf die reale Wesenheit der Dinge, bei welchem Vergleich sich alle wie immer gearteten Vorstellungen als falsch herausstellen müssen, wenn wir Gründe haben sollten, dieses Wesen überhaupt für unerkennbar zu halten. Die Vorstellungen als solche sind aber nicht an und für sich wahr oder falsch, da Wahrheit und Irrtum nur im Urteil liegen, sondern nur auf Grund eines, wenn auch verschwiegenen Urteilsaktes, der uns mittelbar auch einzelne Vorstellungen im Sinne ihrer Antizipation als Prädikate eines möglichen Satzes bejahen oder verneinen läßt. So ist die Vorstellung eines Zentauren an und für sich so wenig falsch wie das Wort „Zentaur"; sie wird es nur, wenn sie in einem Existentialurteile bejaht gedacht wird. Real, adäquat und wahr sind alle einfachen Ideen; denn als Wirkungen der Dinge auf unsere Seele stehen sie mit ihnen in natürlicher Verbindung, entsprechen in ihrer Art (darüber später!) ihren Ursachen und werden schwerlich anders benannt, als ihnen nach allgemeinem Gebrauche zukommt. Das gleiche gilt von den einfachen Modis der Elementarvorstellungen. Die gemischten Modi und die Relationen sind als Schöpfungen der menschlichen Intelligenz die Urbilder ihrer selbst, als solche real und sich selbst angemessen, wahr aber nur dann, wenn sie keine widersprechenden Merkmale in sich vereinen. In letzterem Fall sind sie aber die einzigen absolut falschen Ideen, weil sie überhaupt keinen Vergleich mit anderem zulassen, z. B. vierseitiges Dreieck, tapfere Feigheit u. dgl. Hingegen sind die Substanzbegriffe durchaus problematisch: sie bilden den wichtigsten Gegenstand und das bedeutungsvollste Problem der Untersuchung über die Realerkenntnis [21].

4. URTEIL UND SCHLUSS

Jenes Vereinigen und Trennen von Zeichen, welches das Wesen der Erkenntnis ausmacht, geschieht im **Urteilssatze** *(proposition)*. Es setzt eine vorhergehende Entscheidung über die Übereinstimmung oder Nichtübereinstimmung des Bezeichneten voraus. **Das Urteil besteht somit (seinem wahren Wesen nach) in einem Bejahen oder Verneinen von Zeichenverbindungen.** Diese so häufig vorkommende Tätigkeit der Seele, welche jedem denkenden Menschen geläufig ist, läßt sich weiter nicht erklären. „Urteilen" ist somit ein psychisches Urphänomen, von dem uns die Reflexion Kunde gibt. Locke gibt daher für das Bemerken der Übereinstimmung der Ideen, also für das Gefühl der Evidenz im Urteil, nur bildliche Ausdrücke: „sehen" *(to see)* und „wahrnehmen" *(to perceive)*. Entsprechend den zwei Arten von „Wahrheit" gibt es auch zwei Arten von Urteilssätzen: **Sachurteile** *(mental proposition)*, in denen die Ideen so verbunden werden, wie die Dinge verbunden sind, und **Worturteile** *(verbal proposition)*, in denen Worte so verbunden werden, wie es den gemeinten Ideen entspricht. Es ist klar, daß nur die ersteren „Urteile" i. e. S. des Bejahens und Verneinens heißen können, während die letzteren eigentlich nur Wortsätze sind, welche keine Entscheidung enthalten, sondern nur die Bedeutung der gebrauchten Worte angeben; sie besagen nur, daß zwei Worte dieselbe Vorstellung bezeichnen, z. B. „Sparsamkeit ist Mäßigkeit". Sätze dieser Art vermehren unser Wissen nicht, sie heben nur besten Falls eine Vorstellung aus einer bereits vorhandenen Gesamtvorstellung hervor. Wenn ich sage: „Gold ist schmelzbar" oder „Gold ist gelb", so sage ich vom Golde nur aus, was in seinem bereits bekannten Begriffe ohnehin enthalten ist und daher schon vorher gewußt wurde. Hingegen bedarf der Satz: „Gold ist feuerbeständig" vorhergehender Erfahrung, weil

die Feuerbeständigkeit mit dem Begriffe des Goldes nicht
notwendig verbunden ist. Urteile letzterer Art sind zwar
lehrreich *(instructive)*, ermangeln aber dafür (mit Ausnahme der Mathematik und Moralphilosophie) der unmittelbaren Evidenz. Kants Unterscheidung analytischer und
synthetischer Urteile ist hier vorgebildet. Zu den bloßen
Worturteilen gehören die meisten allgemeinen Sätze und
Axiome (z. B. daß zwei Körper nicht denselben Raum
einnehmen können, weil eben die Vorstellung eines Körpers mit jener der Ausfüllung eines gleich großen Raumes
notwendig verbunden ist), ferner die identischen Urteile
(A=A) und zahlreiche Sätze der scholastischen Theologie
und Metaphysik, wo Worte wie: Substanz, Mensch, Seele,
empfindend, vernünftig u. dgl. gemäß der ihnen einmal
gegebenen Bedeutung zu unzweifelhaften Sätzen verbunden
werden, ohne daß man doch damit über Seelen und
Körper mehr erfahren würde, als man vorher wußte. Sie
dienen nur zu unfruchtbaren Disputationen, allenfalls auch dazu,
um bereits bestehende Wissenschaften anderen zu lehren [22].

Der deduktive Schluß oder Syllogismus ist nichts
anderes als ein mittelbares Urteil. Wenn die Übereinstimmung zweier Ideen nicht unmittelbar einleuchtet, weil sie
keinen offensichtlichen Berührungspunkt besitzen, so sucht
unser Geist durch Vermittlung einer oder mehrerer anderer
Ideen (Mittelbegriff) sich auf einem Umwege Einsicht
in den Grad jener Übereinstimmung zu verschaffen. Diese
Einsicht ist nicht an die Schulformen der Aristotelischen
Logik verbunden, sondern eine Sache natürlichen Scharfsinns, der rasch die Verhältnisse der gereihten Vorstellungen überblickt und als „Auge des Geistes" die gesuchte
Übereinstimmung wahrnimmt. Viele Menschen schließen
klar und richtig, ohne doch ihre Gedanken in die Form
eines richtigen Syllogismus bringen zu können. Dieser ist
daher nicht das „große Instrument der Vernunft", für
das ihn die Scholastiker ausgeben, sondern mehr ein Werkzeug der Schulstreitigkeiten als ein Mittel zur Ausdehnung
unseres Wissens. Auf den induktiven Schluß ist Locke
nicht näher eingegangen; er schreibt ihm nur Wahrscheinlichkeit zu. Das gleiche gilt vom Schluß durch Analogie,
der uns in rein spekulativen Fragen leitet, z. B. in der
Annahme geistiger Wesen höherer Art oder von Bewohnern
anderer Planeten [23].

40

Alles Erkennen bedeutet somit für Locke ein unmittelbares oder mittelbares Beurteilen von Vorstellungsverhältnissen: „Die Gewißheit der Wahrheit ist dann vorhanden, wenn Worte, zu Sätzen verbunden, genau die Übereinstimmung zwischen den von ihnen bezeichneten Vorstellungen so ausdrücken, wie sie wirklich besteht 24." Die Verhältnisse der Vorstellungen untereinander bilden hier den objektiven Tatbestand, der in unseren Urteilen nachgebildet werden soll. Es werden hier also bestimmte und unveränderliche Beziehungen zwischen den Vorstellungen vorausgesetzt, welche den eigentlichen Gegenstand unseres Erkennens bilden. An Stelle der Entgegensetzung einer bewußtseinstranszendenten Realität zu unserem Bewußtsein tritt die Dualität zwischen vorstellendem und erkennendem Bewußtsein. Die „Vorstellungen" treten gewissermaßen an die Stelle der „Dinge" und mußten daher folgerichtig für die empiristische Erkenntnistheorie selbst zu Dingen werden, wenn dem immanenten Wahrheitsbegriff nicht etwas Unbefriedigendes bleiben sollte. Diese Folgerung hat Berkeley tatsächlich gezogen. Daß freilich nach Locke den Ideen gewisse Qualitäten erst durch das Denken zugeteilt werden können, insofern es Sache unseres Urteils ist, ob wir sie für „wirklich", „angemessen" und „wahr" halten dürfen, daß also in diesem Falle unser Denken sich doch nicht an vorfindbare Beschaffenheiten seines Gegenstandes zu halten vermag, bedeutet einen unauflösbaren Zirkel, der mit Lockes Schwanken in Hinsicht seines Wahrheitsbegriffes zusammenhängt.

5. DER EINFLUSS DER SPRACHE AUF DAS DENKEN

Locke hat die Wichtigkeit einer Untersuchung der Sprache für die Erkenntnistheorie wiederholt betont und ihr demgemäß ein ganzes — das dritte und zuletzt entstandene — Buch seines Hauptwerkes gewidmet. Gleichwohl ist die Ausbeute an bleibend Wertvollem in dieser Hinsicht nicht allzu groß. Da Gott den Menschen zu einem geselligen Wesen bestimmt hatte, gab er ihm auch die Sprache als Mittel zur Verständigung mit seinesgleichen. Die Worte der Sprache sind daher Zeichen für Vorstellungen oder sollten es wenigstens sein. Die Wortgebung ist ursprünglich ganz willkürlich und dadurch charakterisiert, daß auch Ausdrücke für geistige Funktionen der sinnlichen Sphäre entnommen wurden, z. B. einbilden, begreifen, mißfallen. Worte sind auch ursprünglich bloß Zeichen für die eigenen Vorstellungen eines jeden, und werden erst mittelbar auch als Zeichen für die Vorstellungen anderer gebraucht, ja auch als Zeichen für Dinge, statt für Vorstellungen, wobei die Gefahr naheliegt, inhaltslosen Worten reale Bedeutung zuzuschreiben. Obwohl anfänglich als Eigennamen gebildet, werden die Worte doch zumeist in allgemeiner Bedeutung gebraucht und dienen als Zeichen allgemeiner Vorstellungen, deren Bildung sie, wie sich gezeigt hat, wesentlich unterstützen. Die Unterscheidung der genera und species beruht auf nichts anderem als auf einer solchen, der Abstraktion parallel gehenden Verallgemeinerung der Namen. Die „Wesenheit" *(essence)*, welche man diesen (im Sinne des Aristotelismus) zuzuschreiben pflegt, ist daher nichts als ein „Nominalwesen", nämlich eine durch den Gattungs- oder Artnamen bezeichnete begriffliche Vorstellung, nicht ein „Realwesen", das wäre eine innere Verfassung der Dinge selbst.

Dieser Werdegang der Sprache läßt es begreiflich erscheinen, daß in ihr viele Fehlerquellen verborgen liegen. Es ist bei der willkürlichen Bildung der Namen selbstverständlich, daß ihr Gebrauch bei verschiedenen Personen ein schwankender ist. Bei Namen für einfache Ideen und einfache Modi ist diese Gefahr noch am geringsten; die Bedeutung von „Sieben" oder „Dreieck" dürfte noch selten jemand mißverstanden haben. Je zusammengesetzter die Vorstellungen, desto vieldeutiger pflegen auch die Worte zu werden. So hat jeder seine eigene Ansicht davon, was Worte wie: Ehre, Gerechtigkeit, Glaube, Religion, Kirche u. dgl. bedeuten. Daher die endlosen Streitigkeiten über solche Dinge und die Notwendigkeit, jedem Buche darüber (z. B. den Gesetzbüchern) wieder Kommentare und Kommentare zu Kommentaren beizugeben. Es gibt aber überdies auch noch viele Mißbräuche der Sprache, welche dem Sprechenden zur Last fallen und daher vermieden werden könnten. Dazu gehört, daß mit den Worten keine klaren und deutlichen Vorstellungen oder auch gar keine verbunden werden. Es gehen dann völlig sinnlose Worte um, die nur Verwirrung stiften, wozu Locke z. B. die Platonische Weltseele und die Kategorien des Aristoteles, aber auch die

Atome des Epikur und den *horror vacui* rechnet. Lernen wir, wie es in der Jugend zumeist geschieht, Worte früher kennen als die ihnen entsprechenden Vorstellungen, so gewöhnen wir uns leicht, leere Worte ohne deutlich umschriebenen Sinn zu gebrauchen, vergleichbar einem Titel ohne Buch. Andererseits erschwert es die Fixation und Mitteilung einer Vorstellung nicht minder, wenn uns das passende Wort dafür fehlt; solche Vorstellungen gleichen den losen Druckbogen ohne Einband und Titel. Häufig genug ist auch der Gebrauch der Worte ein schwankender, was naturgemäß die Verständigung fast unmöglich macht und zu völlig zwecklosen Wortstreitigkeiten führt oder absichtlich in solchen mißbraucht wird. Hier hilft nur die Verdeutlichung des Sinnes durch Aufzeigen des wirklich Gemeinten oder bei komplexen Ideen durch eine zutreffende Definition. Die Frage z. B., ob die Fledermaus ein Vogel sei, erledigt sich sehr einfach, wenn man die Merkmale aufzählt, die man unter dem Namen „Fledermaus" und die man unter dem Namen „Vogel" vereinigt wissen will; man wird dann sofort sehen, ob alle einfachen Vorstellungen des allgemeinen Wortes „Vogel" in der Gesamtvorstellung der Fledermaus sich finden oder nicht. Das Bestreben Lockes geht hier überall dahin, das logische Moment vom psychologischen zu sondern, und so das Denken aus seiner Umklammerung durch Sprachgewohnheiten und Sprachmißbräuche zu befreien, verliert sich aber im einzelnen nicht selten in Gemeinplätze.

6. ARTEN UND GRADE DES WISSENS

Die nächste Frage, welche Beantwortung verlangt, ist: **Wie erfassen wir die in einem Urteilsakt niederzulegende Übereinstimmung oder Nichtübereinstimmung unserer Vorstellungen?** In manchen Fällen vermag die Seele das Verhältnis der Vorstellungen ohne Prüfung und Beweis ganz unmittelbar zu erfassen, sowie das Auge das Licht bemerkt, bloß dadurch, daß der Blick sich darauf richtet. Dieses durch sich selbst einleuchtende **intuitive** Wissen ist das klarste und sicherste, dessen der Mensch überhaupt fähig ist. „Diese Art des Wissens ist unwiderstehlich; gleich dem hellen Sonnenlicht zwingt es zu seiner Erkenntnis, so wie die Seele sich darauf wendet." Auf diese Weise erkennen wir z. B., daß weiß nicht schwarz ist, daß drei größer ist als zwei und ein Kreisausschnitt kleiner als der ganze Kreis. Alle selbstgewissen Sätze (Axiome) beruhen auf ihm. Höhere Geisteswesen, und vielleicht auch die Seelen gerechter Menschen im künftigen Leben mögen vielleicht alles im Lichte dieser höchsten Gewißheit schauen[25]. Vorläufig sind wir in vielen Fällen gezwungen, mit Hilfe von Mittelbegriffen — also durch Schließen — jene Einsicht zu gewinnen. Aber auch diese auf Beweise angewiesene, **demonstrative** Erkenntnisart ist im Grunde nur eine mittelbare Intuition. Denn schließlich muß doch das Verhältnis der direkt nicht vergleichbaren Vorstellungen zu dem gewählten Mittelbegriff auch wieder intuitiv festgestellt werden. Die demonstrative Erkenntnisart nimmt also an der Gewißheit der intuitiven teil, nur daß sie mit der Länge der Beweisketten an Klarheit und anschaulicher Überzeugungskraft verliert, so wie ein Bild durch Reflexion an vielen Spiegeln trüber und undeutlicher wird.

Was nicht intuitiv oder demonstrativ gewiß ist, ist überhaupt nicht gewiß, sondern nur in höherem oder geringerem Grade **wahrscheinlich**. Ein Wissen solcher Art kann daher nicht eigentlich Erkenntnis *(knowledge)* heißen, sondern nur **Glaube** oder **Meinung** *(faith or opinion)*. Eine Art Mittelstellung nimmt nur das „**sensitive**" Wissen ein, worunter Locke die instinktive, aber unwiderstehliche Überzeugung von der Existenz einer unseren Sinneswahrnehmungen entsprechenden Körperwelt versteht, worüber später zu handeln sein wird. Das „Meinen" ersetzt in vielen Fällen, besonders wenn aus praktischen Gründen eine rasche Entscheidung gefällt werden muß, das Wissen. Es besteht darin, daß wir auch ohne Kenntnis zwingender Gründe einen Satz für wahr oder falsch halten. Wir sind dabei natürlich nicht einer gewissenhaften Prüfung der Gründe für und wider enthoben, geben aber unsere Zustimmung, wenn der Anschein einer Übereinstimmung zwischen Vorstellungen so stark ist, daß wir ihn gelten lassen dürfen. Dieser Anschein ist gegeben, wenn eine Tatsache mit unseren sonstigen Beobachtungen sichtlich in Einklang steht, oder wo wir der Glaubwürdigkeit eines Berichterstatters vertrauen dürfen. Ersteres trifft z. B. zu, wenn jemand erzählt, daß ein Stück Eisen im Wasser zu Boden gesunken, im Quecksilber aber geschwommen sei; letzteres, wenn uns ein Mathematiker versichert, daß die Winkelsumme eines ebenen Dreieckes gleich zwei Rechten sei, auch wenn wir nicht imstande sein sollten, uns selbst von diesem Satze demonstrative Gewißheit zu verschaffen. Auch die Schlüsse aus Analogie besitzen immer nur Wahrscheinlichkeit und gehören daher dem Meinen an. Sicherer als das Meinen ist der religiöse Glaube an die Offenbarung, und selbst an gut bezeugte Wunder, da hier Gott selbst es ist, der für die Wahrheit bürgt. Auch darüber wird späterhin noch zu sprechen sein[26].

7. DER BEREICH UNSERES WISSENS

Da alles Wissen auf einer Beurteilung der Übereinstimmung oder des Widerstreites der Vorstellungen beruht, so wird sein Umfang zusammenfallen mit den verschiedenen Möglichkeiten einer solchen Übereinstimmung, sofern sie für uns erkennbar sind. Locke unterscheidet nun **vier** Arten möglicher Übereinstimmung *(agreement)* und Nichtübereinstimmung *(disagreement)* unserer Ideen: **Identität und Verschiedenheit, Relation, Koexistenz oder notwendige Verknüpfung und reales Dasein**.

Im ersten Fall wird die Identität gegebener Vorstellungen mit sich selbst und ihre Verschiedenheit von allen anderen ganz unmittelbar erkannt. Es bedarf dazu weder eines besonderen Denkaktes, noch der Anwendung der logischen Formel des Identitätssatzes, sondern die Einsicht, daß „weiß" und „rund" etwas anderes sind als „rot" und „viereckig", knüpft sich schon an die erste Perzeption dieser Ideen. Bei genügend klaren und deutlichen Vorstellungen wohnt diesem Musterfalle intuitiver Erkenntnis volle und unbedingte Gewißheit inne. „Relation" oder Beziehung könnte eigentlich jedes Verhältnis der Ideen genannt werden. Sie wird zunächst deshalb betont, weil durch sie jene Isoliertheit der Vorstellungen, welche durch ihre ausnahmslose Unterschiedenheit voneinander bedingt ist, wieder aufgehoben wird. Wenn Locke diese Art der Einstimmigkeit und des Widerstreites der Ideen als besondere Klasse hervorhebt, so geschieht es offenbar deshalb, weil er eine besondere Art von Vorstellungsbeziehungen vorwiegend im Auge hat, nämlich die von unserem Geiste **selbstgeschaffenen** Beziehungen, wie sie in der Mathematik und Moralwissenschaft vorliegen. Die Koexistenz oder das notwendige Zusammenbestehen betrifft vorzugsweise die Substanzen und ihre Akzidenzien, also nur eine besondere Art von Beziehungen. Sätze wie: „Das Gold ist feuerbeständig", oder „das Eisen ist magnetischer Einwirkungen fähig", besagen nur, daß diese Eigenschaften mit den „Gold" oder „Eisen" genannten Gesamtvorstellungen regelmäßig verbunden sind. Als vierte Art nennt Locke das „reale Dasein". Während es sich in den früheren Fällen unzweifelhaft um Verhältnisse von Vorstellungen gehandelt hat, wird hier ebenso unzweifelhaft der Boden des immanenten Wahrheitsbegriffes verlassen. „Realität" bedeutet eben für Locke nicht nur die psychologische Wirklichkeit unserer Vorstellungen als solcher, sondern ihre Übereinstimmung mit einem Urbilde, dem unabhängig von seinem Vorgestelltwerden extramentale Wirklichkeit zukommt. In dem Beispiel: „Gott existiert" soll ausgesagt werden, daß ein unserer Vorstellung „Gott" e n t s p r e c h e n d e s Wesen auch außerhalb unseres Bewußtseins besteht. Die Möglichkeit einer solchen Realerkenntnis verlangt eine besondere Untersuchung [27].

8. DIE MATHEMATIK

Die Mathematik ist auch dem Empiristen Locke das Ideal einer selbstgewissen und unbedingt sicheren Wissenschaft, und ihre Beweisart das Musterbeispiel demonstrativer Erkenntnis. Was „beweisen" heißt, kann man nur von den Mathematikern lernen. Ihre Beweisgründe sind „fest und durchsichtig wie Diamanten", und ein unerreichbares Vorbild für alle anderen Wissenschaften, aber auch ein unvergleichliches Mittel der Erziehung zu strengem Denken[28]. Während die Logiker des Syllogismus uns nichts darüber lehren, wo wir die erforderlichen Mittelbegriffe hernehmen sollen, zeigen uns die Mathematiker, wie man solche vermittelnden Begriffe findet, indem sie z. B. zum Beweis der Winkelsumme des Dreiecks andere Winkel heranziehen, um durch Vergleich mit ihnen die Dreieckswinkel zu bestimmen. Wenn wir nun fragen, warum gerade die Wissenschaft von den Größen- und Zahlvorstellungen einer solchen ungewöhnlichen Evidenz fähig ist, so werden wir auch hier auf die eigentümliche Natur dieser Vorstellungen zurückgehen müssen. Die Objekte der Mathematik besitzen nämlich kein reales Vorbild, dem sie gleichen müßten, um „wirklich" zu sein, sie sind vielmehr selbst Urbilder *(archetypes)*: im Geiste des Mathematikers entworfen, ohne Rücksicht darauf, ob in der Erfahrung wirklich Gleichartiges sich findet. Der Vorzug ihrer Selbstgewißheit und der intuitiven Evidenz ihrer Prinzipien beruht also gerade darauf, daß wir es hier mit selbstgeschaffenen Vorstellungen und ihren Beziehungen zu tun haben. Die Sätze über das Rechteck und den Kreis gelten, auch wenn uns in der Erfahrung niemals eine mathematisch genaue Figur dieser Art vorkommen sollte; oder anders ausgedrückt: wir würden nur jene Figuren als gleichartig anerkennen, die genau den getroffenen Begriffsbestimmungen entsprechen, und für die daher auch alle Urteile gelten müßten, welche sich auf diese letzteren gründen. Wir haben es hier, so meint Locke, mit Vorstellungen zu tun, welche Produkte unserer eigenen kombinatorischen Geistestätigkeit sind, und deren Beziehungen sich daher nach dem richten, was wir in sie hineingelegt haben. Nominalwesen und Realwesen fallen hier zusammen. Die Mathematik ist also nach Locke — wie wir heute sagen würden — eine streng apriorische und analytische Wissenschaft. Gleichwohl ist das mathematische Wissen nicht eine bloße Wortwahrheit, weil sich manches zwar als notwendige Folge aus der selbstentworfenen Gesamtvorstellung ergibt, ohne doch in dieser ursprünglich mitgedacht worden zu sein; z. B. daß der Außenwinkel eines Dreieckes größer ist als jeder der beiden inneren gegenüberliegenden Winkel. Daß in solchen Möglichkeiten einer Wissenserweiterung aus selbstgebildeten Vorstellungen ein Problem verborgen liegt, hat Locke nicht bemerkt[29].

Diese Auffassung der Mathematik, in der Hobbes, Locke und Hume im wesentlichen einig sind, hängt mit dem prinzipiellen Standpunkt der Erfahrungsphilosophie genau zusammen. Ihr zufolge verbindet uns mit der Wirklichkeit nur die Empfindung. Die Empfindung und die Erfahrung im allgemeinen lehrt uns aber immer nur Tatsächlichkeit, niemals Notwendigkeit kennen. Daher mußte gerade die Apodiktizität der damals allein bekannten elementaren Mathematik wie etwas Wunderbares anmuten. Die Empiristen helfen sich damit, daß sie diese Wissenschaft ganz vom Boden der Wirklichkeit entrücken und sie zu einer logischen Analyse von Vorstellungsbeziehungen machen, welche ein bloßes Produkt unserer schöpferischen Phantasie sind. Nur so schien ihnen ihre Evidenz begreiflich. Die Mathematik erkauft also bei ihnen die Anerkennung ihrer Vorzüge durch den Verlust jeder Beziehung auf Realität. Damit mußte aber wieder die Rückanwendung der mathematischen Erkenntnisse auf die empirische Wirklichkeit zu einem Rätsel werden, dessen Lösung erst Kant in seiner Art gegeben hat.

9. DIE GRENZEN UNSERES WISSENS

Aus den bekannten Voraussetzungen folgt, daß unser Wissen nicht weiter reichen kann, als der Umkreis unserer Vorstellungen. Nur ein Narr aber könnte glauben, daß die Grenze unserer Vorstellungsfähigkeit mit den Grenzen der wirklichen Welt zusammenfällt. Es gibt gewiß Dinge im Universum, die vielleicht dem Blicke höherer Geister offenstehen, deren Dasein und Beschaffenheit wir aber niemals erfassen können, und zu denen wir uns verhalten wie der Blinde zur Farbe oder der Gesichtskreis des Maulwurfs zu dem des Adlers. Aber auch innerhalb der uns zugänglichen Welt sind unsere Vorstellungen oft überaus lückenhaft; manches bleibt uns verborgen, weil es zu weit entfernt (wie die Beschaffenheit der Himmelskörper) oder aber zu klein ist (wie die Feinstruktur der irdischen Körper). Unser wirkliches Wissen reicht aber nicht einmal so weit, als unser ohnehin beschränkter Vorstellungskreis: nämlich nur so weit, als wir auch die Beziehungen der Ideen intuitiv oder demonstrativ zu erfassen vermögen. Die intuitive Erkenntnis aber reicht nur so weit als die Möglichkeit einer unmittelbaren Vergleichung der Vorstellungen, die demonstrative nur so weit als die Kette auffindbarer Mittelglieder. Unsere Vorstellungswelt ist also kleiner als die wirkliche Welt, das Feld unseres Wissens wieder kleiner als unser Vorstellungskreis. Daher ist der Bereich unseres Nichtwissens bei weitem größer als der unseres Wissens.

Daraus folgt, daß weite Gebiete unserer Erkenntnis verschlossen bleiben müssen. Weder vermögen wir in das Innere der Natur einzudringen und ihre wirkenden Kräfte zu schauen, noch auch das Wesen der Geisterwelt zu ergründen. So ist die Immaterialität der Seele nicht streng beweisbar, ebensowenig allerdings auch ihre Materialität, wie Locke ganz im Sinne Kants lehrt. Daher gibt es weder von den Geistern noch von den Körpern ein wirkliches Wissen, und daher kann es auch die Naturwissenschaft im Gegensatz zur Mathematik niemals zum Range einer exakten Wissenschaft bringen und wird es, wie Locke (der Zeitgenosse Newtons!) meint, über einzelne Beobachtungen und Versuche nie hinausbringen, welche dem menschlichen Geschlecht zwar mancherlei Nutzen gewähren, seinen Hunger nach Erkenntnis aber nicht zu stillen vermögen. Unser Wissen gleicht zwar nicht einer leuchtenden Sonne, sondern nur einer brennenden Kerze, die aber unseren Weg für die Zwecke des Lebens genügend erhellt. Wollten wir damit unzufrieden sein, so glichen wir einem faulen und mürrischen Diener, der seine Geschäfte bei Kerzenlicht nicht besorgen mag und sich mit dem fehlenden Sonnenlicht vergebens zu entschuldigen sucht[30].

10. VOM ERWERB DES WISSENS

Trotzdem könnte unser Wissen auch unter den naturgegebenen Verhältnissen viel weiter ausgedehnt werden als bisher, wenn die Menschen aufrichtigen und freien Geistes ihre ganze Kraft auf die Erforschung der Wahrheit lenken wollten. Allgemeine Sätze lassen sich nur durch ein erfinderisches Aufsuchen der Beziehungen unserer allgemeinen Vorstellungen entdecken, worin wieder das Verfahren der Mathematiker in Aufsuchung und geordneter Verwendung der Beweisglieder mustergebend ist. Unser Wissen von den Dingen wird jedoch durch Aufstellen solcher allgemeiner Prinzipien wenig gefördert. Einzig und allein die Erfahrung kann uns hier lehren, was die Vernunft nicht vermag, und nur planmäßig angestellte Versuche können uns z. B. darüber belehren, ob dieser gelbe, schwere, schmelzbare, „Gold" genannte Körper biegsam ist oder nicht. Hätte man nur Bücher über Himmelskunde und Geographie geschrieben und gelesen und sich über Hypothesen gestritten, ja selbst Entdeckungsreisen nur auf gut Glück unternommen, anstatt wirklicher Beobachtung des Himmels und Erforschung der Erde, so würde man nie den Weg um den Äquator gefunden haben, und die Vorstellung von Antipoden gälte noch heute für Ketzerei. Hier finden wir Locke ganz auf Bacons Wegen[31].

IV. DIE REALERKENNTNIS
1. DAS PROBLEM

Kaum daß Locke den unter seinen Voraussetzungen durchaus folgerichtigen Schluß gezogen hat, daß alles Wissen nur in der Erkenntnis der Übereinstimmung oder Nichtübereinstimmung unserer Ideen bestehen könne, macht er sich den Einwand, ob nicht alles Wissen, eben weil es nur von unseren Vorstellungen handelt, dann eigentlich bloßer Schein sei? „Kommt es nicht auf die Dinge selbst an, so genügt es zur Wahrheit und Gewißheit, daß man nur die Übereinstimmung seiner eigenen Phantasiegebilde beleuchte und demgemäß spreche." Die „Traumbilder eines Phantasten" und die „Begründungen eines verständigen Mannes" scheinen dann von gleichem Werte zu sein. Das, was wir eigentlich wollen, ist aber doch nicht bloß eine Kenntnis von dem, was in uns vorgeht, sondern eine „Erkenntnis der Dinge" *(knowledge of things)*. Diese Bedenken Lockes sind insofern unbegründet, als zwischen den uns zwangsweise gegebenen Elementarideen und unseren sekundären Vorstellungen einerseits, dem vorstellenden und erkennenden Bewußtsein anderseits ohnehin jene erkenntnistheoretische Spannung besteht, die von der naiven Auffassung zwischen „Sein" und „Denken" gesetzt wird. Es war die nicht völlige Ausgereiftheit seiner Grundanschauungen, im besonderen aber auch die uniforme Äquivokation „Vorstellung" für alle Bewußtseinsinhalte ohne Unterschied, welche unserem Philosophen die Gefahr eines völligen Illusionismus der Erkenntnis vortäuschte und ihn der wertvollen Einsicht, die in seinem immanenten Wahrheitsbegriff verborgen lag, wieder untreu werden ließ. Jene Gefahr schien ihm nur dann überwindbar, wenn es gelänge, einen Teil unserer Vorstellungen als Abbilder von an sich selbst realen Urbildern aufzufassen. Wollte man, um mit dem immanenten Wahrheitsbegriff in Einklang zu bleiben, die Urteile über reale Existenz nur deuten als Urteile über die Übereinstimmung einer bestimmten Vorstellung mit der Idee der Existenz (welche Locke zu den sowohl durch Sensation wie durch Reflexion gegebenen einfachen Ideen rechnet), so würde damit der Boden der Subjektivität nicht verlassen und die Realität bliebe (nach wie vor) eine bloß gedachte und möglicherweise nur eingebildete. Bloß die f o r m a l e Möglichkeit, daß jener Vorstellung etwas Wirkliches entspricht, wäre damit festgestellt, nicht „*the actual real existence*". Bei einzelnen Gruppen von Vorstellungen ist eine Realbeziehung allerdings von vornherein gegeben, aber ebenfalls nicht in dem vollen Sinne, wie er hier verlangt wird. Die einfachen Ideen sind nach der dogmatischen, im unkritischen Erfahrungsbegriff Bacons wurzelnden Voraussetzung insofern „wirklich", als sie von vornherein als W i r k u n g e n der Dinge auf unsere Sinne gelten, aber ohne daß damit über ihre Übereinstimmung mit jenen etwas ausgemacht wäre. Die gemischten Modi und Relationsvorstellungen wieder sind die Urbilder ihrer selbst (wie die mathematischen Begriffe) und insofern „real" und mit sich selbst übereinstimmend. Fraglich ist diese Realbeziehung aber vor allem bei der wichtigsten Gruppe der zusammengesetzten Vorstellungen: den Substanzen. In ihnen werden allein „Gegenstände" im gewöhnlichen Wortsinne vorgestellt. Sollte ihnen außerhalb unseres Bewußtseins nichts entsprechen, so wäre die Realität unseres ganzen Wissens in Frage gestellt. Die Frage der Übereinstimmung nach dem Gesichtspunkte des „wirklichen Daseins" ist somit der Hauptsache nach eine Frage nach der erkenntnistheoretischen Bedeutung unserer S u b s t a n z v o r s t e l l u n g e n [32]. Es wird sich dabei um die Beantwortung zweier Fragen handeln: 1. Ob das, was wir als „Substanzen" denken, reale Existenz besitzt? 2. Wenn es reale Substanzen gibt, ob unsere Vorstellungen von ihnen angemessen sind oder nicht?

2. DIE KRITIK DES SUBSTANZBEGRIFFES

Aus den Grundlagen der Lockeschen Erkenntnispsychologie, welche die zusammengesetzten Vorstellungen aus sinnlichen Eindrücken durch Erinnerung, Assoziation und Abstraktion (mit Hilfe der Sprache) hervorgehen läßt, ergibt sich schon, daß von ihrer Übereinstimmung mit bewußtseinstranszendenten Gegenständen nur in sehr eingeschränktem Maße die Rede wird sein können. Fragen wir zunächst nach der e m p i r i s c h e n G r u n d l a g e der Substanzvorstellung, so zeigt sich, daß diese keine andere ist als die stete Koexistenz gewisser einfacher Ideen. Diese werden deshalb als in e i n e m Dinge vereinigt angesehen (*considered*) und mit e i n e m Namen benannt. So ist die mit dem Worte „Schwan" bezeichnete Vorstellung die weiße Farbe, der lange Hals, der rote Schnabel, die schwarzen Beine und verbundenen Zehen, alles das von gewisser Größe und verbunden mit dem Vermögen, im Wasser zu schwimmen und eine bestimmte Art Geräusch zu machen. Schon insofern besteht die Gefahr, daß unter einem solchen Sammelnamen von Eigenschaften mehr oder andere einfache Ideen verbunden werden, als es möglicherweise in den Dingen selbst der Fall ist. Unser Substanzbegriff geht aber über diese Erfahrungsgrundlage tatsächlich noch hinaus. Denn da wir jene Eigenschaften und Tätigkeiten nicht als für sich bestehend denken können, fassen wir sie so auf, als wenn sie an dem „Dinge" haften würden, dessen Beschaffenheiten sie darstellen und dem sie inhärieren. Erst durch diese Wendung des Gedankens wird das „Ding", dessen Name ursprünglich nur die Summe seiner Qualitäten bezeichnen sollte, zur „Substanz" als dem Träger jener modalen Bestimmungen, dessen „Akzidenzen" sie sind. Mit anderen Worten: der empirische Dingbegriff wird zum metaphysischen Substanzbegriff.

Einen solchen substantiellen Träger der Eigenschaften anzunehmen, ist uns unabweisliches Denkbedürfnis, weil wir eben jene weder für sich selbst noch aneinander, also nicht „sine re substante", vorzustellen vermögen. Fragen wir aber nun, was dieser „Träger" eigentlich sei, abgesehen von seinen Akzidenzen, so kommen wir in Verlegenheit. Denn da er offenbar etwas von ihnen Verschiedenes sein soll, also etwas neben und außer den einfachen Ideen, die unter seinem Namen vereinigt sind, so fehlt uns jede Möglichkeit einer näheren Bestimmung. Es bleibt uns nur der unbestimmte und inhaltsleere Begriff von einem Etwas überhaupt, dem wir gewisse Eigenschaften und Tätigkeiten zuschreiben. Wirklich vorstellbar sind nur diese selbst, nicht das, was ihnen nach unserer Meinung zugrunde liegt. Wollte man sich — bei den körperlichen Substanzen — etwa auf die materielle Struktur der Körper berufen, so wiederholt sich nur die Frage, wem dann Dichte und Ausgedehntheit anhaften, da ja diese ebensowenig selbständig existieren können wie Farbe oder Schwere. Wir gleichen dem Inder, welcher auf die Frage, worauf die Erde ruhe, antwortete: auf einem großen Elefanten; auf die weitere Frage, was diesen trage, meinte: eine große Schildkröte;

gefragt, worauf diese sich stütze, aber bekennen mußte: auf etwas, aber er wisse nicht was. Der Substanzbegriff ist also durchaus unklar und undeutlich. Gleichwohl unterliegen wir in Hinsicht seiner einer Art Denkzwang und vermögen ihn nicht zu entbehren. Wir müssen uns somit dahin bescheiden, Substanzen als notwendig existierend anzuerkennen, ohne aber über ihr Wesen etwas ausmachen zu können. Oder anders ausgedrückt: Substanzen existieren, sind aber unerkennbar[33].

Locke scheint manchmal zu schwanken, ob er die Substanz für ein bloßes Wortwesen, ihre Annahme also für eine psychologisch bedingte Illusion halten soll, oder für ein tatsächlich existierendes, wenn auch unbekanntes Ding an sich. Er hat aber doch, wie sich zeigen wird, für seine Person an der letzteren Annahme festgehalten. Durch die Einsicht in die Unerkennbarkeit der Substanzen war aber ein überaus wichtiger Schritt in der Kritik des Substanzbegriffs überhaupt getan. Das Substanzproblem war ja das Grundproblem der Metaphysik seiner Zeit, wobei der Substanzbegriff selbst als etwas Selbstverständliches hingenommen wurde, das als solches gar nicht in Frage kam, während es nur galt, das Wesen der Substanzen zu untersuchen. Die Kritik, die Locke an diesem Begriffe übte, erregte auch bedeutendes Aufsehen und zog ihm — besonders wegen ihrer unvermeidlichen Ausdehnung auf den Gottesbegriff — viele Gegner zu. Es sollte auch noch geraume Zeit dauern, bis sie allgemeine Anerkennung fand[34].

Für Locke konnte es sich ihr gemäß nur mehr um die Frage handeln, auf welche Art und Weise wir der Existenz der Substanzen gewiß werden, während die Frage nach ihrem Wesen nicht mehr in Betracht kam, oder wenigstens nicht mehr in Betracht hätte kommen sollen. Nun bilden wir drei Arten von Substanzvorstellungen: 1. Aus den einfachen Reflexionsideen den Begriff der geistigen Substanzen oder der endlichen Geister, vor allem die Vorstellung der eigenen Seele. 2. Aus den Sensationsideen die Vorstellung ausgedehnter Substanzen oder realer Körper. 3. Aus den der Sensation und Reflexion gemeinsam entspringenden Ideen des Daseins, der Kraft, der Macht, des Wissens, des Glückes oder der Seligkeit durch ihre Verknüpfung mit der Idee der Unendlichkeit den Begriff einer unendlichen geistigen Substanz oder den Gottes. Die nächste Frage wird daher die nach den Grundlagen unserer Überzeugung von der Existenz dieser drei Arten von Substanzen sein.

3. DIE EXISTENZ DER ENDLICHEN GEISTER

Der eigenen Existenz als eines denkenden und fühlenden Wesens werde ich durch die Selbstwahrnehmung unmittelbar gewiß. Wollte ich an ihr zweifeln, so würde mich — wie Locke in völliger Übereinstimmung mit Descartes sagt — das Bewußtsein des Zweifelns nur neuerlich von ihr überzeugen. Das eigene Dasein ist somit eine Sache intuitiver Erkenntnis, und eines Beweises weder fähig noch bedürftig. „Gibt jemand vor, ein solcher Skeptiker zu sein, daß er sogar an seinem eigenen Dasein zweifelt, so mag er sein geliebtes Glück, ein Nichts zu sein, genießen, bis ihn der Hunger oder ein anderer Schmerz vom Gegenteil überführt." Dieses etwas triviale argumentum ad hominem vermag aber nicht darüber hinwegzutäuschen, daß intuitiv gewiß doch eigentlich nur das Haben der Reflexionsideen ist, nicht die Existenz eines substantiellen Trägers derselben, und daher auch nicht die eines „stofflosen Geistes (*spirit*), welcher denkt, und durch sein Wollen und Denken den Körper in Bewegung setzen kann" (wie Locke die Vorstellung der Seele [*soul*] definiert), sondern nur die unseres empirischen Selbstbewußtseins. Locke trägt dem nur insofern Rechnung, als er zugibt, daß wir auch von den geistigen Substanzen nur ihre psychischen Äußerungen kennen, nicht ihr Wesen, ja sogar die Möglichkeit nicht gänzlich leugnen können, daß unser Geist seiner Substanz nach materiell sei, so wenig er auch selbst an diese Möglichkeit glaubt. Mit dem Du-Problem, d. i. der Frage nach der Beseeltheit anderer Menschen, hat sich Locke überhaupt nicht auseinandergesetzt; er hielt es wohl damit für erledigt, daß jeder seiner eigenen Existenz unmittelbar gewiß ist. Hingegen war die Annahme einer höheren Geisterwelt, zu der er auch Engel und Teufel rechnet, ein Lieblingsgedanke unseres Philosophen; da er ihn aber nur auf einen Analogieschluß aus der beobachtbaren Abstufung irdischer Wesen und den großen Sprung von ihnen zur göttlichen Vollkommenheit stützen kann, durfte er ihm nur Wahrscheinlichkeit zuschreiben[35].

Die Unerkennbarkeit der Seelensubstanz legte Locke auch

das Problem der Identität der Person (*personal identity*) nahe, das er als erster vom empirischen Standpunkte aus behandelt hat: Wie kommt es, daß ein denkendes Wesen sich ungeachtet des steten Wechsels seiner Vorstellungen zu verschiedenen Zeiten und Orten doch als dasselbe, mit sich identisch bleibende Individuum aufzufassen vermag? Die Grundlage dafür findet er nicht in der Identität einer beharrenden Substanz, sondern allein in der Kontinuität des Selbstbewußtseins. Die Identität der Person reicht daher auch so weit, aber auch nur so weit, als unser Gedächtnis reicht, d. h. so weit also, als der denkende Geist ein Bewußtsein seiner früheren und gegenwärtigen Ideen besitzt. Hätte ich, sagt Locke, das Bewußtsein, den Regenbogen bei der Flut Noahs ebenso gesehen zu haben, wie im letzten Winter die Überschwemmung der Themse, oder daß ich jetzt schreibe, so könnte ich nicht zweifeln, in allen drei Fällen dieselbe Person gewesen zu sein. Wenn nun Locke auch geneigt ist, die Kontinuität des Selbstbewußtseins auf die Identität einer immateriellen Substanz zurückzuführen, so unterscheidet er diese doch genau von der Identität der Person. Das Beharren der Substanz würde nicht die Identität der Person bedingen und umgekehrt. Es könnte bei Unterbrechung des Bewußtseins ganz wohl einer und derselben geistigen Substanz eine Mehrheit von „Personen" zugeordnet sein, und anderseits wieder könnte bei einem Wechsel der Substanz eine „Person" mit sich identisch bleiben, vorausgesetzt, daß ihr Selbstbewußtsein jenen Wechsel überdauert. Wenn die metaphysische Seele jenes von Locke gekannten und geschätzten Bürgermeisters auch tatsächlich, wie er sich einbildete, jene des Sokrates gewesen wäre: könnte man deshalb sagen, beide seien eine und dieselbe Person, obwohl sich jener der Gedanken des Sokrates so wenig bewußt war, wie dieser der des Bürgermeisters? Wieder etwas anderes meinen wir, wenn wir von der Identität eines „Menschen" sprechen, welche an die Kontinuität des physischen Lebens und die Besonderheit der leiblichen Gestalt gebunden ist. Mag auch ein Mensch dumm sein wie ein Papagei, und ein Papagei sprechen wie ein Mensch, so bleibt doch das Wesen in der Gestalt des Menschen ein Mensch und das Wesen in der Gestalt des Papageien ein Papagei. Das Bedeutsame an diesen Erwägungen

Lockes ist, daß die Identität der Person allein auf die Einheit des Bewußtseins gegründet und von der Annahme einer metaphysischen Seelensubstanz unabhängig gemacht wird. Dieser Satz gestattet auch die Umkehrung, daß aus der Einheit des Selbstbewußtseins nicht auf eine beharrende Seelensubstanz geschlossen werden darf, was einen Hauptpunkt in Kants späterer Kritik der rationalen Psychologie bildet. Auch die psychiatrische Psychologie kann sich auf die spekulative Vorahnung der pathologischen Fälle des „doppelten Bewußtseins" bei Locke berufen [36].

4. DIE EXISTENZ DER KÖRPERWELT

Die Realität einer vom Bewußtsein unabhängigen Körperwelt dünkt dem unkritischen Denken unmittelbar gewiß. Diese Gewißheit besteht aber in der Tat nicht. Denn intuitiv erkennbar sind nur die Vorstellungen körperlicher Dinge, welche wir in uns tragen, nicht diese selbst. „Das bloße Dasein der Vorstellung in der Seele — sagt Locke — beweist das Dasein der Sache so wenig, wie das Bild eines Menschen sein Dasein in der Welt beweist." Der Schritt aus der Innenwelt in die Außenwelt kann nur dann getan werden, wenn wir Gründe haben, unsere Vorstellungen als Wirkungen der Dinge auf uns aufzufassen, so daß wir von ihnen auf diese als ihre Ursachen einen Schluß wagen dürfen. Diese Auffassung wird uns vor allem durch die Unwillkürlichkeit der Sinnesempfindungen nahegelegt. Unsere Empfindungen werden ja nicht durch die Sinnesorgane, in denen sie entstehen, erzeugt; sonst müßten unsere Augen auch im Dunkeln sehen und unsere Nasen im Winter Rosen riechen können. Daher liegt schon in der Art des Auftretens der Sensationen ein natürlicher Hinweis auf ihren Ursprung in etwas außer uns. Dazu kommt, daß sie von Erinnerungs- und Phantasievorstellungen sehr deutlich sich abheben: während wir diese im allgemeinen nach unserem Belieben hervorrufen und bannen können, wohnt den Empfindungen der Sinne eine Unwiderstehlichkeit im Kommen und Gehen inne, die sie als gänzlich unserer Macht entzogen erscheinen läßt. Überdies sind sie mit lebhaften Lust- und Schmerzerlebnissen verbunden, welche jenen fehlen; es ist ein großer Unterschied, ob wir uns an Hitze und Kälte nur erinnern oder ob wir sie an unserem Leibe spüren. Eben das unterscheidet auch die Wirklichkeit vom Traume; wer nur geträumt hat, im Feuer zu liegen, trägt keine Brandwunden davon. Endlich gewinnt das Zeugnis der Sinne auch durch ihre wechselseitige Unterstützung und Kontrolle an Gewicht; wenn ich zweifle, ob eine gesehene Flamme existiert, brauche ich nur den Finger hineinzuhalten.

Alles das zusammen berechtigt uns wohl zu dem Schlusse, daß die Sinnesvorstellungen nicht bloß Geschöpfe unserer Einbildungskraft sind, sondern von Dingen außer uns bewirkt werden. Dieser Schluß ist allerdings nicht unbedingt sicher, weil seine Prämissen es nicht sind. Er ist uns aber durch die Natur selbst nahegelegt und, wie Locke meint, für den Menschen von gesundem Verstand unabweisbar. Ein strenger Beweis für die Existenz der Außenwelt läßt sich so allerdings nicht führen, es ist aber auch verkehrt, für jede Sache einen „Beweis" zu verlangen. Sollte jemand aus überspanntem Skeptizismus behaupten wollen, daß überhaupt unser ganzes bewußtes Leben nur ein großer Traum sei, so kann man ihm entgegenhalten, daß er auch dann träume, wenn er diese Zweifel erhebt, und daß daher ein wachender Mensch nicht nötig habe, ihm zu antworten. Es ist oft besser, seinem Gefühle und instinktivem Glauben zu trauen, als die Zweifelsucht auf die Spitze zu treiben. In diesem Sinne ist die Wirklichkeit körperlicher Substanzen zwar weder intuitiv noch im strengen Sinne demonstrativ, wohl aber „sensitiv" gewiß. Denn ein sehr hoher Grad von Wahrscheinlichkeit ist praktisch der Gewißheit gleichzuhalten. Aber allerdings erstreckt sich diese Gewißheit nicht über das gegenwärtige Zeugnis der Sinne hinaus, während das vergangene Sein nur auf dem Gedächtnisse beruht. Ich kann z. B. niemals sicher sein, daß ein Mensch, den ich vor einer Minute gesehen habe, auch jetzt noch existiert, denn zwischen der realen Existenz eines Wesens und einer Vorstellung, die ich im Gedächtnis habe, besteht keine notwendige Verbindung. Gleichwohl werde ich nicht daran zweifeln und die Praxis wird mir recht geben. Denn der letzte Grund unseres sensitiven Glaubens an die Körperwelt ist überhaupt ein praktischer: seine Bewährung im Leben. Wem nicht das Bedürfnis des Essens und Trinkens genügte, um es zu wagen, sondern wer für die Realität der Speisen und Getränke vorerst strenge Beweise verlangte, würde sicherlich verhungern. Unser geistiges Vermögen ist ja überhaupt nicht auf theoretisches Wissen eingestellt, sondern den Bedürfnissen des Lebens angepaßt und für diese auch genügend. Deshalb ist auch jene sensitive Gewißheit so groß, wie man verlangen kann: „denn sie ist so gewiß wie unser Elend und unser Glück, über das hinaus uns weder Sein noch Wissen etwas angeht". Die letzte Begründung des Wissens ist also bei Locke, wie man heute zu sagen pflegt, pragmatistisch: die biologische Nützlichkeit gibt den Ausschlag [37].

Im Grunde war es überhaupt ein Vexierproblem, mit dem sich Locke hier abquälte. Denn da körperliche Substanzen (der Voraussetzung nach) nur von uns selbst gebildete Synthesen einfacher Ideen sind, ist es ganz sinnlos, hinterdrein die Frage aufzuwerfen, ob diesen unseren Ideen körperliche Substanzen entsprechen oder nicht. Das wahre Problem wäre gewesen, zu zeigen, wie sich aus subjektiven Vorstellungen ein objektives, zusammenhängendes und gesetzmäßig geordnetes Weltbild aufzubauen vermag. Nicht die metaphysische Realität, sondern die erkenntnistheoretische Objektivität unserer Außenweltvorstellung wäre zu untersuchen gewesen. Auch diese entscheidende Wendung des Gedankens verdanken wir erst Kant.

5. PRIMÄRE UND SEKUNDÄRE QUALITÄTEN

Da bei den ausgedehnten Substanzen sogar die Annahme ihrer Existenz der höchsten Gewißheit ermangelt, so wird uns erst recht ihr Wesen — wie das der Substanzen überhaupt — verborgen bleiben müssen. Das hat Locke auch grundsätzlich und wiederholt behauptet, ohne sich aber in seinen Ausführungen immer tatsächlich daran zu halten. Seine uns bereits bekannte Theorie der Sinneswahrnehmung scheint zunächst jene Unerkennbarkeit zu stützen: durch mechanischen Druck und Stoß werden unsere Sinnesorgane affiziert und diese Affektion durch die *animal spirits* zum Gehirn fortgeleitet, wo sie sich in einer für uns unbegreiflichen Weise in bewußte Empfindung umsetzen. Daraus folgt, daß unsere Sinneswahrnehmungen nur Wirkungen von Kräften sind, denen sie so wenig gleichen müssen wie die Gedanken den Schriftzeichen, in denen sie niedergelegt sind. Immerhin findet sich hier ein bemerkenswerter Unterschied. Es gibt sinnliche Eigenschaften, ohne die wir uns einen Körper überhaupt nicht zu denken vermögen, die vom Begriff eines Körpers unabtrennbar sind und auch seinen kleinsten Teilchen (bis unter die Grenze der Wahrnehmbarkeit) zugeschrieben werden müssen. Dazu gehören Ausgedehntheit, Masse, Zahl, Gestalt, Beweglichkeit (also seine raum-zeitlichen Bestimmungen) und die Undurchdringlichkeit. Andere hingegen können ganz wohl von den Dingen losgelöst gedacht werden und beruhen offenbar nur auf einer bestimmten Reaktionsweise unserer Organe auf mechanische Reize. Dazu gehören Farben, Töne, Gerüche, Geschmäcke, Wärme und Kälte. Sie weisen nur auf bestimmte Kräfte (*powers*) hin, die den Körpern selbst eignen und auf unsere Sinnesorgane in bestimmter Weise wirken. Diesem Unterschied entspricht die Unterscheidung primärer und sekundärer Qualitäten. „*Primary qualities*" sind solche Elementareigenschaften, welche zum „Ding an sich" (*the thing in itself*) gehören, und die daher auch unsere verstandesmäßige Überlegung den Körpern zuerkennen muß. „*Secondary qualities*" hingegen sind nur bestimmte Kräfte oder Wirkungsweisen der Körper oder Bewegungsverhältnisse seiner kleinsten Teile, die aber nicht als solche von uns wahrgenommen werden, sondern in ihren Wirkungen eine unserem Organismus entsprechende Umbildung erfahren. Ein Körper ist nicht blau, tönend, duftend usw., sondern erscheint uns nur so, d. h. er hat nur die Eigenschaft, vermöge seiner spezifischen Wirkungsart von uns als blau, tönend, duftend empfunden zu werden. Gäbe es keine Augen und Ohren, so bliebe zwar der Körper, was er ist, aber er würde sich nicht in den sinnlichen Qualitäten von Farben und Tönen darstellen. Diese sekundären Qualitäten sind so die Wirkungen der primären. Außerdem besitzen die Körper noch „Kräfte" im gewöhnlichen Sinne des Wortes, nämlich die Macht, auf andere Körper so zu wirken, daß deren primäre Eigenschaften eine Veränderung erfahren und infolgedessen auch wieder ihrerseits auf unsere Sinne anders wirken. So hat die Sonne die Kraft, Wachs weich, und das Feuer die Kraft, Blei flüssig zu machen.

Die „primären Qualitäten" sind also wirkliche **Eigenschaften** und ihre Vorstellungen „Ebenbilder" (*resemblances*) der Dinge; die „sekundären Qualitäten" sind aber nicht eigentlich Eigenschaften, sondern **Kräfte** der Körper, wofür Locke (nur in Anpassung an das Verständnis des Lesers) den Ausdruck „Qualitäten" wählt, wie sich denn auch der Sprachgebrauch eingebürgert hat, die Empfindungsinhalte (Farben, Töne usw.) selbst als sekundäre Qualitäten zu bezeichnen. Auch diese einfachen Ideen sind insofern „wirklich" und „angemessen", als sie in einer festen, vom Schöpfer so gewollten Abhängigkeit von den realen Beschaffenheiten der Dinge stehen [38].

Diese ganze Unterscheidung ist uralt, denn sie findet sich schon bei Demokrit um 400 v. Chr. Sie wird auch von Galilei, Descartes und Hobbes geteilt, während sie Locke vielleicht von seinem Freunde, dem Chemiker Boyle, übernommen haben dürfte. Ihre Grundlage ist bei diesen Denkern ein **naturphilosophisches** Bedürfnis: unser natürliches Weltbild für die wissenschaftliche Behandlung dadurch zu vereinfachen, daß alles Qualitative in ihm auf Quantitatives zurückgeführt wird, um von den empirischen Eigenschaften der Körper möglichst nur die formalen Bestimmungen des Raumes, der Zeit und der Bewegung zurückzubehalten, die sich in rational-mathematischer Weise behandeln und darstellen lassen. Ein methodologisches Interesse der mechanistischen Naturbetrachtung, im besonderen der damals in Newton gerade zu ihrer Hochblüte aufstrebenden „klassischen" Mechanik kommt hierin zu Worte. Sicher aber ist, daß durch die erkenntnistheoretische Sanktionierung dieser nur in methodischer Hinsicht gerechtfertigten Unterscheidung das Prinzip der Unerkennbarkeit der Substanzen durchbrochen ist. Die primären Qualitäten eröffnen uns eben doch einen Blick in die metaphysische Welt, möchte auch Locke noch so oft betonen, daß uns die wahre Struktur der Körper und die Anordnung und Wirkungsweise ihrer kleinsten Teile gleichwohl verborgen bleibt. Es rächt sich hier (gewissermaßen) die mangelnde Auseinanderhaltung des empirischen und des metaphysischen Substanzbegriffs. Nur für die empirischen Körper, die selbst nur Qualitätenkomplexe sind, trifft es zu, daß es bei uns steht, welche Qualitäten wir, unseren Denkbedürfnissen entsprechend, zur Bildung dieser zusammengesetzten

Vorstellungen verwenden und welche wir allenfalls weglassen wollen. In Hinsicht der metaphysischen Substanzen, welche die Träger der Qualitäten sein sollen, stehen diese insofern alle auf gleicher Stufe, als das Getragene in keinem Falle einen Rückschluß auf den Träger gestattet, noch weniger aber (wie die ersten Eigenschaften) Träger und Getragenes zugleich sein kann.

6. BEMERKUNGEN ZUR NATURPHILOSOPHIE

Locke hat an verschiedenen Stellen seines Hauptwerkes naturphilosophische Bemerkungen eingestreut, welche hier ihren systematischen Ort finden. Die „Elements of natural philosophy", um das Jahr 1691 entstanden, sind nur pädagogischen Absichten entsprungen und sollten vermutlich dem elementaren Unterricht des Sohnes eines seiner Freunde dienen. Der Raum *(space)* beruht seiner Vorstellung nach auf dem Gesichts- und Tastsinne, indem wir den Abstand *(distance)* zweier verschieden gefärbter Körper sehen, aber auch in der Dunkelheit durch Berührung tasten können. Daß der Raum eine ursprüngliche Vorstellung ist, beweist sich auch dadurch, daß wir ihn nicht definieren können; wollte man etwa sagen: Raum sei, was Teile „außerhalb" von Teilen habe, so sagt man nichts anderes ·wie: Ausdehnung ist Ausdehnung. Indem wir dann ferner solche sinnlich wahrnehmbaren Abstände aneinanderreihen, ohne uns dabei an eine Grenze gebunden zu fühlen, entsteht die Vorstellung der Unermeßlichkeit *(immensity)*, was mit der Möglichkeit, im Zählen, d. i. in der Aneinanderreihung von Einheiten, ins Endlose gehen zu können, zusammenhängt.

In der Entstehung unserer ausgebildeten Raumvorstellung wirkt so ein spontanes Eingreifen unseres Geistes mit, indem wir die einzelnen Wahrnehmungen räumlicher Verhältnisse erst allmählich zur Vorstellung des kontinuirlichen, homogenen und unendlichen „reinen Raumes" *(pure space)* erweitern und ausbilden. Das gleiche gilt von der Vorstellung der Zeit *(duration)*, deren sinnliche Grundlage die Selbstwahrnehmung des beständigen Flusses unserer Ideen bildet. Da nun die Wahrnehmung von Abständen die Existenz des Raumes und die Wahrnehmung von Folge die Existenz der Zeit bereits voraussetzt, so folgt, daß Raum und Zeit für Locke Realitäten bedeuten, die unabhängig von unserer Vorstellung bestehen, wenn er auch der Dunkelheit der Sache wegen unentschieden lassen will, ob der Raum als Substanz zu bezeichnen sei. Zu unterscheiden von der „Ausspannung" (*expansion*) des reinen Raumes — und dasselbe gilt von der Zeit — ist die „Ausdehnung" (*extension*) der Dinge in ihm. Während jene endlos ist, gilt diese als begrenzt. Es gibt also einen l e e r e n Raum, der durch die Verschiebbarkeit der kleinsten Teilchen bewiesen ist und auch bestehen bliebe, wenn etwa Gott alle Körper in ihm vernichten würde; wäre jemand an die Grenze der Körperwelt gestellt, so würde ihn gleichwohl nichts hindern, seinen Arm auszustrecken und ihn damit an einen Ort zu bringen, wo früher kein Körper war. Eine ähnliche Erwägung hatte auch der Epikureer L. Carus angestellt. Locke weiß aber zwischen der Endlosigkeit in der Ausdehnung unserer Raumvorstellung und der Annahme einer realen Unendlichkeit des Raumes wohl zu unterscheiden und hat durch Hervorhebung der Denkschwierigkeiten, welche der Begriff einer vollendeten Unendlichkeit mit sich führt, die Kantische Lehre von den „Antinomien" vorbereitet. Lockes Definition der K a u s a l i t ä t ist sehr oberflächlich und im Grunde tautologisch, wenn er sagt, „Ursache" wäre das, was macht, daß etwas anderes zu sein beginnt, und „Wirkung" das, was seinen Anfang von etwas anderem hat. Hingegen unterscheidet er schon ganz richtig den Kreationsbegriff, den er wieder in Schöpfung i. e. S., Erzeugung (bei Lebewesen) und Hervorbringung (bei Artefakten) gliedert, von der Sukzessionskausalität, die sich nur auf Veränderungen und Geschehnisse erstreckt. Den Begriff der K r a f t, besonders den der „tätigen Kraft" (*active power*) gewinnen wir aus der inneren Erfahrung, die uns zeigt, daß wir wollend Körper bewegen und unseren Vorstellungsablauf beeinflussen können, und übertragen ihn eigentlich erst von hier auf die Veränderungen in der Körperwelt, die uns nur die Vorstellung einer „leidenden Kraft" (*passive power*) als passives Erdulden von Veränderungen nahelegen würde. Den Begriff des N a t u r g e s e t z e s, wie ihn die Physik Newtons erfordert hätte, kennt Locke überhaupt nicht.

In der T h e o r i e der M a t e r i e folgt Locke den Cartesianern in der Annahme von K o r p u s k e l n, d. h.

kleiner Teilchen von verschiedener Form, welche durch ihre Anordnung die Mikrostruktur der Körper bedingen und sich von „Atomen" in damaliger Auffassung dadurch unterscheiden, daß sie immer noch weiterer Teilbarkeit fähig erachtet werden. Hingegen stellt er sich zu den Cartesianern damit in wiederholt betonten Gegensatz, daß er auch die Undurchdringlichkeit oder Dichte (*solidity*) zum Wesen des Stoffes rechnet. Descartes hatte in Überspannung des früher erwähnten Strebens nach Rationalisierung des Gegebenen die Materie der Ausgedehntheit gleichgesetzt und damit eigentlich den Unterschied zwischen physikalischen und geometrischen Körpern aufgehoben. Gegen das Paradoxe dieser Anschauung wendet sich nun Locke, indem er die Raumerfüllung durch Undurchdringlichkeit vom leeren Raume ausdrücklich unterscheidet. Ein Körper ist ein kontinuierlicher Zusammenhang von dichten, trennbaren und beweglichen Teilen, der Raum als solcher hingegen die Stetigkeit undichter, untrennbarer und unbeweglicher Teile. Wir erhalten diese Vorstellung der Dichtheit durch die alltägliche Erfahrung des Widerstandes, den ein Körper dem Eindringen eines anderen leistet; sie ist auch zur Erklärung des Stoßes unentbehrlich. Diese Meinungsdifferenz zwischen Locke und den Cartesianern spaltete eine Zeitlang die Naturphilosophen in zwei Lager, bis endlich doch Lockes Ansicht siegreich blieb. Es ist aber klar, daß auch durch diese naturphilosophischen Lehren der Satz von der Unerkennbarkeit der Substanzen verlassen wird [39].

7. DIE EXISTENZ GOTTES

Im Gegensatz zur Körperwelt, deren Existenz nur eine nicht abzuweisende instinktive Überzeugung bleibt, ist das Dasein Gottes durch einen sicheren Beweis, der von intuitiven Grundlagen ausgeht, also demonstrativ gewiß zu machen. Den ontologischen Beweis der Cartesianer, der aus dem Begriffe eines höchsten Wesens auf dessen Existenz schließen zu können glaubt, will Locke dahingestellt sein lassen, weil ihm ein vermeintlich besserer zur Verfügung steht; da aber nach ihm die Gottesvorstellung nicht angeboren ist, sondern von uns selbst durch Verbindung einfacher Ideen gewonnen wird und daher auch nicht bei allen Menschen die gleiche ist, wäre dieser Weg für ihn von vornherein ungangbar gewesen. Reale Existenz kann vielmehr immer wieder nur bewiesen werden aus einer anderen realen Existenz, und so kann auch die reale Existenz einer Gottheit nur bewiesen werden auf Grund der unzweifelhaft realen Existenz anderer Dinge. Ähnlich wie Augustinus, der von der Tatsache irgendeiner Wahrheit auf Gott als die Wahrheit an sich schloß, schließt nun Locke von der gesicherten Tatsache irgendeiner Existenz auf Gott als ihren notwendigen Urheber. Vollkommen sicher ist aber zumindest die eigene Existenz, denn sie ist intuitiv gewiß. Nun hat unsere Existenz einen Anfang. Was einen Anfang hat, muß auch eine Ursache haben, denn aus nichts kann nichts werden. Die Kette dieser Ursachen kann aber nicht endlos sein, und die Frage nach dem Woher des Seienden kommt nicht früher zur Ruhe als bei einer selbst anfangslosen Existenz: einer von Ewigkeit her existierenden „e r s t e n" Ursache, deren Notwendigkeit mithin bewiesen ist. Als hervorbringende Kraft muß diese erste schöpferische Ursache alle Vollkommenheiten selbst besitzen, die sie ihren Geschöpfen verleiht. So kann ein nichtdenkendes Wesen nicht denkende Wesen hervorbringen, folglich muß Gott als eine alles menschliche Wissen unendlich überragende Intelligenz gedacht werden, somit als a l l w i s s e n d. Dieses Wesen muß auch der Urgrund aller Macht und daher selbst a l l m ä c h t i g sein. Da ferner in der Körperwelt nur mitgeteilte Bewegung beobachtbar ist, wir aber von einer bewegenden Kraft keine andere Vorstellung besitzen als die unseres Willens, der unsere Glieder bewegt, so muß Gott auch als w o l l e n d e s Wesen gedacht werden. Das Dasein eines ewigen, denkenden, wollenden und allmächtigen Urhebers aller Dinge, d. i. Gottes, ist somit bewiesen. Vor der bloß sensitiven Gewißheit des Schlusses auf die Existenz der Körperwelt hat dieser Beweis voraus, daß er sich auf eine unzweifelhafte Realität als Beweisbasis zu stützen vermag, während in der Sinneswahrnehmung nur ein ganz allgemeiner Hinweis auf etwas außer uns enthalten ist. „Es ist so gewiß — sagt Locke — daß Gott ist, als daß die gegenüberliegenden Winkel zweier sich schneidender gerader Linien sich gleich sind." In der Tat hat aber Locke jene Beweisbasis insofern verlassen, als er auch die Existenz und Beschaffenheit der Welt, welche beide nicht intuitiv gewiß sind, als Beweisgrund heran-

zieht; sein Schluß würde bestenfalls nur auf eine Ursache
führen, deren Qualitäten jenen unserer eigenen Person
oder allenfalls denen der Menschheit äquivalent sind. Die
Allgüte, ohne die wir uns doch ein vollkommenstes Wesen
nicht zu denken vermögen, findet in seinem Gottesbeweise
überhaupt keinen Platz. Vor allem aber hat Locke durch
seinen Schluß auf ein schlechthin Unerfahrbares das Grundprinzip des Empirismus ebenso verlassen wie durch die
Aufzählung von Gottes Eigenschaften den Lehrsatz von
der Unerkennbarkeit der Substanzen. Beides erklärt sich
psychologisch daraus, daß ihm Gott längst unerschütterliche Glaubenssache war, als er daran ging, seine Existenz
theoretisch zu beweisen [40].

8. LOCKES ANSICHTEN ÜBER RELIGION

Locke war lebenslänglich ein frommer Christ und ein
treuer Sohn der anglikanischen Kirche. Daraus erklären
sich seine Ansichten über religiöse Fragen, wenn er auch
hierin den kritischen Philosophen nicht ganz verleugnet.
Locke nimmt hier eine vermittelnde Stellung zwischen
orthodoxem Theismus und der Vernunftreligion des
Deismus ein, welche zwar an einen göttlichen Urheber
aller Dinge zu glauben lehrt, aber ohne über dessen Personalität etwas ausmachen zu wollen und ohne sein immerwährendes Eingreifen in den Weltlauf und eine übernatürliche Offenbarung anzuerkennen. Da Locke im Prinzip daran festhält, daß nur die Existenz, nicht die Substanz Gottes vernunftgemäß erkennbar sei, anerkennt er
die Notwendigkeit einer Ergänzung der rationalen Theologie
durch übernatürliche Offenbarung. Die letztere ist Sache
des Glaubens; da sie aber von Gott kommt, ist dieser
Glaube der Gewißheit aus Gründen völlig gleichzuhalten:
„Man kann so wenig an seinem eigenen Dasein zweifeln, wie
an der Wahrheit einer von Gott gekommenen Offenbarung."
Woher wissen wir aber, daß eine Offenbarung von Gott
kommt? Sich auch hierin wieder auf den Glauben zu
berufen, würde einen logischen Zirkel bedeuten, da sich
ja der Glaube wieder seinerseits nur auf die Göttlichkeit
der Offenbarung zu stützen vermag. Jene entscheidende
Frage kann daher nicht wieder vom Glauben beantwortet
werden, sondern nur von der Vernunft. Vor ihrem
Forum wird sich zuletzt rechtfertigen müssen, was ge-

glaubt werden soll und darf. Die Vernunft unterdrücken, um der Offenbarung den Weg zu bahnen, heißt nach Locke, das Licht von beiden Seiten auslöschen oder die Augen schließen, um dann mittels eines Fernrohres das Licht eines weit entfernten, unsichtbaren Sternes besser wahrnehmen zu können. Die subjektive Stärke der Überzeugung in solchen Dingen ist kein Beweis; der heilige Paulus war vor seiner Bekehrung ebenso überzeugt von der Irrtümlichkeit des Christentums, wie nachher von seiner Wahrheit. Hier können nur Vernunftgründe entscheiden, denn „wenn Gott die Seele mit einem übernatürlichen Lichte erleuchtet, so löscht er deshalb ihr natürliches Licht nicht aus". Daraus folgt, daß eine wahre Offenbarung immer nur Wahrheiten enthalten kann, die entweder der Vernunft gemäß sind, die wir also durch Ableitung aus unseren gegebenen Vorstellungen selbst zu finden imstande sein müßten; oder Wahrheiten, die zwar über unserer Vernunft sind, aber nicht gegen die Vernunft sein dürfen, in welch letzterem Falle wir sie, als nicht von Gott stammend, abzulehnen das Recht hätten. So ist das Dasein Gottes der Vernunft gemäß; das Dasein von mehr als einem Gott ist gegen die Vernunft; die Auferstehung von den Toten ist über die Vernunft. Vernunft und Glaube sind daher keine Gegensätze, wie oft gemeint wird, sondern ergänzen einander: die Offenbarung erweitert unsere Vernunfterkenntnis durch Enthüllungen, die unmittelbar von Gott stammen, deren göttlicher Ursprung aber wieder nur durch die Vernunft erkannt werden kann. Ebensowenig wie etwas Widervernünftiges kann die überlieferte Offenbarung auch neue einfache Ideen mitteilen, da solche anderen weder durch Zeichen noch durch Worte verständlich gemacht werden könnten. Auch Wunder will Locke nicht ausschließen, wenn durch sie übervernünftige Wahrheiten glaubhaft gemacht werden und ihre Bezeugung der vernünftigen Prüfung standhält; denn auch sie sind an und für sich nicht widervernünftig, weil sie zwar der gewöhnlichen Auffassung der Dinge widerstreiten, aber nicht dem sicheren Wissen, da der Naturlauf ja selbst nur mit einem hohen Grade von Wahrscheinlichkeit erkennbar ist. Eine Angabe von Kennzeichen oder einen konkreten Beweis für die Vernunftgemäßheit der Offenbarung und der Wunderbezeugung finden wir nun allerdings bei Locke nirgends. Er blieb, wie aus seinem Briefwechsel hervorgeht, selbst in schweren Zweifeln, welche Teile der Heiligen Schrift und in welcher Auslegung sie als göttliche Offenbarung anzusehen wären. In seinem 1695 erschienenen Werke: „Die Vernunftmäßigkeit des Christentums" beschränkt er sich daher, den zum Heile unentbehrlichen, ihm völlig gesichert erscheinenden Teil der christlichen Lehre festzustellen: den Glauben an Gott, an Christus als den Heiland, die Erforschung seines Willens in den Evangelien, demütigen Glauben und tatkräftige Reue über Verfehlungen. Damit erschien ihm die Pflicht des Christen erfüllt. Dieses Werk fand bei Orthodoxen wie bei Freidenkern heftige Gegnerschaft, so daß Locke noch in demselben Jahre seine kurze „Verteidigung der Vernunftmäßigkeit des Christentums" erscheinen ließ, ohne darin wesentlich neue Gedanken beizubringen. In jenem Werke und in den „Briefen über die Toleranz" trat er zwar für Religionsfreiheit und gegenseitige Duldung ein, glaubte aber aus Gründen der Staatsraison die Atheisten davon ausnehmen zu müssen, weil sie keinen Eid leisten, und die Katholiken, über die er in früheren Jahren ein sehr freundliches Urteil gefällt hatte, deshalb, weil sie, wie er meinte, vom Papste jederzeit ihres Eides entbunden werden könnten, also beide unter Umständen das Staatswohl in Gefahr brächten[41].

V. PRAKTISCHE PHILOSOPHIE

1. DIE MORAL ALS BEWEISBARES WISSEN

Die Moral ist nach Locke eine besondere Art der „Relationen", und zwar jene, welche sich auf die Übereinstimmung oder den Gegensatz beziehen, in dem menschliche Handlungen zu einer R e g e l stehen, an der sie gemessen werden. Die Moralbegriffe sind demgemäß zusammengesetzte Vorstellungen — zumeist „gemischte Modi" —, die von uns selbst gebildet und ohne ein reales Vorbild frei entworfen werden. Sie gleichen hierin den mathematischen Begriffen, die ihre „Wirklichkeit" auch nur daraus schöpfen, daß sie ihre eigenen Urbilder sind und nur in sich selbst einstimmig zu sein brauchen. Daher ist auch die Geltung der Moralbegriffe und der auf ihnen beruhenden Normen des Handelns ganz unabhängig davon, ob sie im Leben verwirklicht gefunden werden oder nicht. **Sie gelten durch sich selbst.** Die Begriffe des Kirchenraubes und des Meineides waren gleich wahr und richtig vor wie nach Begehung der ersten solchen Handlungen. Es bedarf daher nur einer scharfen Definition der moralischen Begriffe, um auf diesem Gebiete vollkommen klare und gewisse Einsichten zu gewinnen. Wenn wir einem bestimmten Menschen, z. B. Aristides, vorstellen, so bleibt die Richtigkeit dieser Vorstellung immer ungewiß; denn Aristides bleibt, was er ist, gleichviel, welche Vorstellung wir uns von ihm bilden. Wenn wir aber einen wohldefinierten Begriff der „Gerechtigkeit" besitzen, so ist damit auch schon ein unzweifelhafter Maßstab gegeben, an dem gemessen eine bestimmte Handlungsweise als „gerecht" oder „ungerecht" beurteilt werden kann; es gibt eben keine gerechten und ungerechten Handlungen an sich, sondern nur in Beziehung auf unsere selbstgeschaffenen Moralbegriffe. Nur der schwankende Gebrauch der Worte kann hier Unheil stiften und die endlosen Streitigkeiten über moralische Fragen hervorrufen.

Daraus folgt aber auch, daß die Sätze der Moral ebenso streng bewiesen werden können wie die der Mathematik. In den moralischen Urteilen handelt es sich ganz wie in dieser Wissenschaft nur um die Feststellung einer Übereinstimmung unserer eigenen Vorstellungen untereinander und in den Beweisen um eine solche Feststellung durch vermittelnde Zwischenvorstellungen. **Die Moral besitzt somit den Rang einer demonstrativen Wissenschaft oder soll und kann wenigstens zu diesem Rang erhoben werden.** „Wo es kein Eigentum gibt, da gibt es auch kein Unrecht; dies ist ein Satz, so sicher, wie irgend ein Lehrsatz im Euklid; denn die Vorstellung des Eigentums ist das Recht auf eine Sache, und die Vorstellung, welche Unrecht genannt wird, ist ein Einbruch in dieses Recht oder seine Verletzung. Bei solcher Feststellung der Begriffe und der ihnen gegebenen Namen kann die Wahrheit dieses Satzes ebenso sicher erkannt werden, wie daß die drei Winkel des Dreiecks zwei Rechten gleich sind." Der Vergleichspunkt mit der Mathematik liegt hier allein darin, daß auch die Moral so wie sie mit **Idealbegriffen** arbeitet, welche als Normen der Beurteilung realer Verhältnisse dienen. Locke hat nur übersehen, daß den Moralbegriffen nicht vermöge ihrer logischen Struktur Geltung zukommt, sondern nur vermöge der Wertgefühle, welche sich an sie knüpfen; Gefühle lassen sich aber nicht „beweisen", und daher sind jene Begriffe praktisch völlig wertlos, wenn sie nicht in der Seele des einzelnen lebendigen Widerhall finden [42].

2. DIE FREIHEIT DES WILLENS

Das Problem der Willensfreiheit ist die Grundfrage jeder Ethik. Locke hat sich mit ihm eingehend auseinandergesetzt und an dem betreffenden Abschnitt seines Werkes wiederholt Änderungen vorgenommen, ohne doch zu einer — auch ihn selbst — befriedigenden Klarheit vorzudringen. Der Grund dafür liegt darin, daß er Willensfreiheit, Handlungsfreiheit und Wahlfreiheit nicht scharf genug auseinanderzuhalten vermochte.

Unter „Freiheit" versteht Locke „die Macht, zu handeln oder nicht zu handeln, wie die Seele es bestimmt". Die Kraft, welche die Ausführung einer Handlung bewirkt, nennen wir „Wille". Der Wille wieder wird seinerseits bestimmt durch ein gegenwärtiges Gefühl der Unlust, welches seine Beseitigung verlangt und viel sicherer wirkt als die Vorstellung einer möglichen positiven Lust. Der Wille als solcher ist somit eine blinde Kraft, wie jede andere, und nach seiner „Freiheit" zu fragen ist so unverständig wie die Frage, ob der Schlaf schnell oder die Tugend viereckig sei. Der Wille tut jederzeit, was ihm befohlen wird, und wenn kein äußeres Hindernis vorliegt, erfolgt die entsprechende Handlung unausbleiblich. Eine gewisse Freiheit hingegen besitzen wir in der Bestimmung des Willens, also in der Wahl der Motive. Wir können dem Zuge unseres momentanen Begehrens nach Aufhebung einer Unlust hemmungslos folgen; wir vermögen aber auch diesen Willenszug durch Überlegung so lange zu hemmen, bis wir uns über die möglichen Folgen einer Handlung klar geworden sind. Das zuletzt Bestimmende ist auch hier unser Wohl, also vor allem die Flucht vor Schmerz aller Art; es ist aber ein Unterschied, ob ich diesem natürlichen Instinkt blindlings folge, oder vorerst mit Vernunft überlege, ob die betreffende Handlung diesem Zwecke wirklich angemessen ist. In dieser Möglichkeit, die Vernunft zu einem mitbestimmenden Motiv unseres Wollens zu machen, liegt die ganze Freiheit, welche dem Menschen gestattet ist. Frei ist also bis zu gewissem Grade der Entschluß, nicht aber der Wille und nicht die Ausführung. Daraus erklärt sich auch die Verantwortlichkeit eines Menschen für sein Tun; denn obwohl jeder jederzeit nur das will, was er für ein Gut erachtet, so kann doch ein übereilter Entschluß den richtigen Maßstab des Guten verfehlen lassen und so weiterhin auch alle späteren Handlungen in verderblicher Weise beeinflussen. Wer sich selbst den Gaumen verdorben hat, sagt Locke, ist für alle daraus folgenden Krankheiten auch selbst verantwortlich. Niemand darf sich darauf ausreden, daß er nicht imstande sei, seine Affekte zu beherrschen und ihren Einfluß auf den Willen zu hemmen; denn was jeder vor einem Fürsten oder bedeutenden Manne vermag, das muß er auch in der Einsamkeit können oder in der Gegenwart Gottes. Daher geht der Weg zur Beeinflussung menschlicher Handlungen durch den Intellekt der Menschen: man ändere das Urteil der Menschen über das, was ihnen wahrhaft frommt, man zeige ihnen, daß Tugend und Gottesfurcht zu ihrem Glück nötig seien, und man wird auch ihr sittliches Verhalten bessern. Das, was Locke unter Freiheit eigentlich versteht, ist somit weder Willensfreiheit im eigentlichen Sinne, noch Handlungsfreiheit, sondern die Wahlfreiheit. Die Macht der Vernunft im Menschen ist es, wie bei Spinoza, die seine Freiheit, ihr Mangel, der seine Knechtschaft bedingt[43].

3. DAS PRINZIP DER MORAL

Mit Hobbes ist Locke darin einig, daß der Mensch niemals etwas anderes sucht, ja vermöge seiner Natur auch nur suchen kann, als ein höchstmögliches Maß von Lust und ein tunlichst geringes Maß von Unlust. Die Unterscheidung seelischer und körperlicher Lust und Unlust ist dabei ganz nebensächlich, denn auch der körperliche Schmerz ist ein Zustand der Seele, nur durch einen Zustand des Leibes veranlaßt. Das höchste Maß von Lust, dessen der Mensch fähig ist, nennen wir „Glück" (*happiness*), das äußerste Maß der Unlust „Elend" (*misery*), zwischen denen unser tatsächliches Schicksal hin und her pendelt. Es gibt kein anderes Motiv, das menschliches Begehren in Bewegung setzen könnte, als die Aussicht auf

Beglückung oder die Abwehr eines drohenden Unheils. Da nun Lust und Unlust durch die Wirkung hervorgebracht werden, welche gewisse Dinge teils direkt, teils durch Vermittlung des Körpers auf unsere Seele ausüben, so nennen wir alles, was uns Lust gewährt, ein G u t *(good)*, und was uns mit Unlust bedroht, ein Ü b e l *(evil)*. Diese Wertung bleibt aber immer r e l a t i v, weil es auf den Grad der Lusterhöhung und Unlustverminderung ankommt, um etwas im Vergleich mit anderem ein Gut zu nennen und umgekehrt; auch ist diese Schätzung nach individueller Veranlagung und Neigung verschieden. Im allgemeinen wird man aber sagen können, daß die Beseitigung des Unbehagens das dringendere Verlangen des Menschen ist, und daß, wenn diese Bedingung erfüllt ist, ein mäßiges Gut zur Zufriedenheit genügt. Es ist also immer Sache der Überlegung und Prüfung, was wir in einem bestimmten Falle als Gut oder Übel anerkennen wollen. Darauf beruht die Möglichkeit, unsere Entschlüsse einer von der Vernunft gebilligten Regel oder einem G e s e t z zu unterwerfen, von dem wir annehmen dürfen, daß uns seine Befolgung ein höheres und dauernderes Glück verspricht, und seine Verletzung ein tieferes Unglück droht, als wenn wir den augenblicklichen Antrieben unserer Natur blindlings folgen würden. Und eben darin besteht nun das m o r a l i s c h e Verhalten des Menschen, daß er sein Tun an einer solchen vernunftgemäßen Norm mißt und sein Handeln danach einrichtet. G u t im allgemeinen Sinne ist somit alles, was Lust erzeugt. S i t t l i c h g u t aber sind nur Handlungen, die mit einer Vernunftregel übereinstimmen. D a h e r g i l t a l s M a ß s t a b d e s S i t t l i c h e n d i e f r e i w i l l i g e U nt e r w e r f u n g e i n e s v e r n ü n f t i g e n W e s e n s u n t e r e i n h ö h e r e s G e s e t z[44].

4. DIE MORALISCHEN SANKTIONEN

„Gesetz" kann nun aber nur eine solche Regel heißen, welche auch die M a c h t hat, ihre Befolgung zu erzwingen. Deshalb muß man, wo man ein Gesetz als bestehend annimmt, auch annehmen, daß mit seiner Befolgung ein Gut, mit seiner Übertretung ein Übel verbunden ist: L o h n und S t r a f e sind also die Merkmale eines normativen Gesetzes. In der Tat beurteilen wir die menschlichen Handlungen nach dreierlei solchen Gesetzen: nach dem g ö t tlichen Gesetz als pflichtgemäß oder als sündhaft; nach dem bürgerlichen Gesetz als straffrei oder strafbar; nach dem Gesetz der öffentlichen Meinung als tugendhaft oder als lasterhaft. Das erste bedroht die Unfolgsamkeit mit ewiger Verdammnis, das zweite mit Rechtsstrafen, das dritte mit der Mißbilligung der Mitbürger. Maßgebend bleibt immer das von Gott gegebene, teils durch das Licht der Vernunft, teils durch übernatürliche Offenbarung mitgeteilte und im Christentum am reinsten ausgeprägte Sittengesetz. Dieses allein ist der Prüfstein des im höchsten Sinne „moralischen" Verhaltens. Die Belohnungen und Strafen im Jenseits gehören demnach zu den Haupttriebfedern des sittlichen Handelns. Gibt es keine Aussicht über das Grab hinaus, so ist, meint Locke, der Schluß gerechtfertigt: „Laßt uns essen und trinken; laßt uns das, was ergötzt, genießen, denn morgen sind wir tot." Daneben betont Locke auch auffallend stark das „philosophische Gesetz" (*philosophical law*) der öffentlichen Meinung und des guten Rufes. Was Tugend und Laster ist, sagt uns nur das trotz mancher Verschiedenheiten im einzelnen doch im ganzen und großen übereinstimmende Urteil der Gesellschaft. Für sehr viele ist das einzige wirksame Motiv moralischen Verhaltens nur das Streben nach Lob, und mehr noch die Furcht vor dem Verlust der allgemeinen Achtung. Unter Zehntausenden ist kaum Einer stark und unempfindlich genug, um auf die Dauer die Verachtung seiner Umgebung ertragen zu können. Aber auch das Gesetz, das uns der Staat und die öffentliche Meinung auferlegen, richtet sich in seinem Inhalte nach dem göttlichen Gesetz. In einem Briefe an seinen gelehrten Freund William Molyneux vom 30. März 1696 erklärt Locke ausdrücklich, daß das Neue Testament einen absolut reinen Kodex der Sittlichkeit enthalte, und er selbst es darum ablehne, eine eigene Abhandlung über Ethik zu verfassen. Die allerletzte Grundlage der Moral bleibt aber doch die von Gott gewollte Naturordnung (*law of nature*), kraft derer aus gewissen Handlungen für uns unausbleiblich Glück, aus anderen Unglück folgt, wie denn auch das Streben nach Glück und das Fliehen des Unglücks bekanntlich das einzige ist, was uns die Natur von Geburt an mit auf den Weg gegeben hat. Im Grunde müßte uns daher auch das natürliche Licht der Vernunft über die wahre Nützlichkeit oder Schädlichkeit einer Handlungsweise belehren können, und der besondere Wert der religiösen Moralvorschriften wie der übrigen Sanktionen besteht somit nur darin, daß sie das von der Vernunft Geforderte autoritativ bestätigen, uns rasch auch bei mangelhafter Überlegung über unsere Pflichten belehren und durch die Aussicht auf Lohn und Strafe im Diesseits und Jenseits die Antriebe zum Guten verstärken[45].

Lockes Grundgedanke ist also, daß zwar die Glückseligkeit das letzte und höchste Ziel aller Lebewesen darstellt, daß seine Erreichung aber untrennbar mit dem moralischen Verhalten verknüpft ist. Lockes Ethik ist somit Individualeudaimonismus oder Hedonismus, da für ihn die Ausübung der Tugend allein dem individuellen Wohl des Tugendhaften zu dienen bestimmt ist. Im übrigen ist auch hier Locke über ein gewisses Schwanken zwischen zwei entgegengesetzten Grundanschauungen nicht hinausgekommen. Er neigt auf der einen Seite dazu, das sittliche Handeln als Ausfluß eines freien, durch Vernunft bestimmten Entschlusses aufzufassen, während er es anderseits wieder an eine von außen kommende autoritative Gesetzgebung bindet. Könnte man dort einen Anklang an Kants freiwillige Unterwerfung unter ein autonomes Vernunftgesetz erblicken, so finden wir hier wieder Locke mit seiner Betonung von Lohn und Strafe als einziger moralischer Sanktionen und des persönlichen Vorteils als einzigen sittlichen Motivs ganz in den Niederungen einer platten Nützlichkeitsmoral.

5. STAATSTHEORIE

Locke ist der erste Theoretiker des liberal-konstitutionellen Staatsgedankens, der nach harten Kämpfen in England unter Wilhelm von Oranien in der Hauptsache zum Siege gelangt war; von Locke stammt auch der moderne Begriff der bürgerlichen Gesellschaft als einer freien Assoziation der Staatsbürger. Auch hier erwachsen seine Ansichten teils im Anschluß und teils im Gegensatz zu Hobbes. Mit ihm lehnt er die Vorstellung, daß der Staat eine seine Glieder von vornherein umschließende und bindende Gemeinschaft oder organische Einheit sei, als unklar und irreführend ab und entwickelt gleich ihm seine Staatstheorie vom

Individuum aus; aber doch wieder nicht wie Hobbes vom physischen, allein durch Selbstsucht bewegten Einzelmenschen, sondern vom Menschen als freier, vernünftiger Persönlichkeit. In Polemik mit Robert Filmer, der in seiner „Patriarchia" (1680) die Lehre vom göttlichen Rechte der Könige gepredigt hatte, lehrt er wieder mit Hobbes, daß der Staatsgedanke nicht einer despotischen Gewalt der Fürsten entspringe, sondern freier gegenseitiger Übereinkunft; gegen Hobbes aber behauptet er, daß das natürliche Recht des einzelnen durch den Eintritt in den Staat, der nach ihm kein „Leviathan" ist, nicht aufgehoben wird. Im Widerspruch zu Hobbes denkt sich Locke den Naturzustand nicht als einen Kampf aller gegen alle; die Natur hat vielmehr alle gleich geschaffen, als Wesen derselben Art, und keines dem anderen unterworfen; er stimmt mit ihm aber wieder insofern überein, als auch er die Sicherung des Friedenszustandes durch eine übergeordnete Macht für notwendig hält.

Auch nach Locke entsteht so der Staat auf Grund eines stillschweigenden oder ausdrücklichen Vertrages zwischen Volk und Herrscher. Damit wird aus der Herde ein Gemeinwesen (*commonwealth*), in dem ein gemeinsamer Wille in Gestalt des öffentlichen Gesetzes herrscht statt der Willkür einzelner. Der Staat ist somit ein Produkt des freien Volkswillens. Die Gesamtheit des Volkes ist der eigentliche Souverän, der nur zu bestimmten Zwecken einen Teil seiner Macht einem einzelnen überträgt. Dieser Zweck ist aber allein der Schutz des Rechtes aller Bürger, des Wohles und der Sicherheit des Ganzen. Daher ist nach Locke die absolute Monarchie mit dem Begriffe einer richtig geordneten Gesellschaft nicht vereinbar; sich mit den Gesetzen begnügen, die in ihr die Beziehungen zwischen den Untertanen regeln, während der Herrscher außerhalb des Gesetzes steht, heißt, sich vor Mardern und Füchsen sichern, aber ganz zufrieden sein, wenn man vom Löwen zerrissen wird. Zur Sicherung der Freiheit verlangt daher Locke die Trennung der gesetzgebenden und ausführenden Regierungsgewalt. Die Legislative ist die höchste Gewalt (*supreme power*) im Staate; sie bleibt dem Volke selbst vorbehalten, das zu diesem Zwecke seine Vertreter entsendet (Repräsentativverfassung). Die exekutive und die föderative Gewalt, welch letztere das Verhältnis zu anderen Staaten, das ja keiner gemeinsamen Rechtsordnung untersteht, zu regeln hat, sind der legislativen untergeordnet, werden aber am besten in einer Hand, der des Regenten, vereinigt. Dieser wird vom Volke mit gewissen Prärogativen ausgestattet, welche aber nur die Erlaubnis bedeuten, Lücken des Gesetzes (nach seinem Ermessen) im Interesse der öffentlichen Wohlfahrt) auszufüllen. Aber auch der König steht nicht über, sondern unter dem Gesetze. Daraus folgt, daß er durch Mißbrauch der ihm anvertrauten Gewalt selbst die Rechtsbasis seiner Macht untergräbt, und daß in diesem Falle auch die Pflicht des Gehorsams gegen ihn erlischt, da der Eid der Treue nicht der Person, sondern dem Gesetze gilt. Dann kehrt die Souveränität wieder zum Volke zurück, von dem sie ausgegangen, und da es zwischen Volk und König keinen höheren Richter gibt, so bleibt nur „der Appell an den Himmel", d. i. die Revolution, welche ein Recht des Volkes ist, dazu berufen, den durch den verfassungsbrüchigen Regenten verletzten Rechtszustand wiederherzustellen. Es gibt, meint Locke, kein besseres Mittel, um den begründeten Anlaß zu Revolutionen zu vermeiden, als ebendieses Recht.

Hauptaufgabe des Staates ist so der Rechtsschutz und die Sicherung der individuellen Freiheit gegen jede Störung, komme sie, woher sie wolle. Da nun die bürgerliche Unabhängigkeit an das persönliche Eigentum geknüpft ist, so bezeichnet Locke auch kurz die Sicherung des Eigentums als eigentlichen Staatszweck. Diesem extremen wirtschaftlichen Liberalismus stehen aber auch soziale Gedanken des Philosophen gegenüber. Der Ursprung des Eigentums liegt nach ihm allein in der Arbeit. Sie allein begründet den ökonomischen Wert und Wertunterschied der Dinge. Das Eigentum entstand dadurch, daß der einzelne damit, daß er einen Teil der ursprünglich gemeinsamen irdischen Güter bearbeitete, sie mit seiner persönlichen Leistung in engste Verbindung brachte und gleichsam zu einem Teile seines Ichs machte. Darin bestand kein Unrecht, vorausgesetzt, daß er nicht mehr nahm, als er zu seinem Unterhalt brauchte, und andere in ihrem Rechte nicht verkürzte. Daraus folgt aber auch, daß auf die Frucht seiner Arbeit niemand Anspruch hat als der Arbeitende selbst. Ein Eingreifen des Staates in wirtschaftliche Verhältnisse aber lehnt Locke ab; ebensowenig weist er ihm Kulturaufgaben zu. Er ist überall bestrebt, die Grenzen der Staatswirksamkeit tunlichst enge zu ziehen, um die Freiheit und die Selbständigkeit seiner Bürger nicht mehr als ganz unvermeidlich zu beschränken[46].

Die Staatslehre Lockes ist eine Rechtfertigung der englischen Revolution von 1689, welche den verfassungsbrüchigen Jakob II. vertrieben und den konstitutionellen König Wilhelm III. in die Herrschaft eingesetzt hatte. In seinen nationalökonomischen Lehren ist Locke wieder ein Vorläufer A. Smiths und D. Ricardos. Wie überall, ist auch auf diesem Gebiete seine Leistung nur richtig zu würdigen nach Maßgabe der Verhältnisse seiner Zeit.

6. PÄDAGOGIK

Lockes „Gedanken über Erziehung", im Entwurf lange fertig, aber erst 1693 über Wunsch eines Freundes, der sich davon wertvolle Winke für die Erziehung seines damals vierjährigen Sohnes erwartete, veröffentlicht, bedeuten trotz ihres mehr fragmentarischen Charakters einen Markstein in der Geschichte der Pädagogik. Seine eigenen üblen Erfahrungen auf der Schule und seine langjährige Erziehertätigkeit im Hause des Grafen Shaftesbury boten ihm dafür die empirische Grundlage. Lockes Ansichten über pädagogische Fragen hängen mit seiner Philosophie auf das genaueste zusammen. Der Bevorzugung des Praktischen vor dem Theoretischen entspricht, daß er die ethische Erziehung weit über die bloße Aneignung von Kenntnissen stellt, wie sie damals als Hauptsache galt. Der Empirist wieder spricht aus ihm, wenn er nur von der natürlichen Entwicklung des Zöglings ohne gewaltsames Eingreifen des Erziehers gedeihliche Wirkungen erwartet und den Unterricht nicht auf eine Mitteilung unverstandenen Wissensstoffes, sondern auf die eigenen Erfahrungen des Schülers, die der Lehrer nur methodisch zu leiten hat, gründet.

Der höchste Zweck aller Erziehung ist so nach Locke die **Ausbildung der sittlichen Persönlichkeit**. Dazu bedient sich der Erzieher — Locke hat nur die Hofmeistererziehung eines Kindes höherer Stände im Auge — in den ersten Lebensjahren der Autorität der Eltern, um den jungen Menschen frühzeitig an Selbstüberwindung zu gewöhnen; durch Trotz darf nichts erreichbar sein. Späterhin wird die Erweckung des Ehrgefühls ein besseres

Mittel sein als körperliche Züchtigung. In etwas reiferem Alter soll man versuchen, im Kinde selbst die Einsicht in die Notwendigkeit der Pflichterfüllung zu erwecken, also an seine Vernunft sich richten („räsonnieren"). Leibliche Ertüchtigung ist zur harmonisch-sittlichen Bildung ebenso notwendig, wie feine Lebensart und ritterliche Übungen für den künftigen Gentleman. Im Unterricht scheue man jeden barbarischen Zwang und suche dem Kinde das Lernen zur Lust und zum liebsten Spiel zu machen. „Es ist ebenso unmöglich, schöne und regelmäßige Züge auf eine bebende Seele wie auf ein zitterndes Papier zu zeichnen." Neben Französisch und Latein fordert Locke auch den Unterricht in Rechnen, Geometrie, Erdkunde, Geschichte und Astronomie. Aber letzter Zweck ist niemals die Anhäufung einer großen Menge von Kenntnissen, sondern die **Ausbildung der Urteilsfähigkeit**, wozu die Pflege des mathematischen Unterrichts besonders empfohlen wird. Man hat darin mit Recht den Keim der modernen „Bildungsschule" erblickt. Auffallend ist die Geringschätzung der Phantasie und des Einflusses der schönen Künste, was wohl mit Lockes nüchterner Denkungsart ebenso zusammenhängt wie mit dem puritanischen Ernst seiner eigenen Jugend. Freie Entwicklung und Selbsttätigkeit ist auch die Losung von Lockes Erziehungslehre, womit er seiner Zeit — nur Montaigne und Comenius hatten bereits ähnliche Gedanken geäußert — weit vorauseilte [47].

VI. ZUR WÜRDIGUNG LOCKES

1. ÜBERSICHT

Wie ist Lockes Hauptfrage, nämlich die nach Ursprung, Gewißheit und Grenzen der menschlichen Erkenntnis beantwortet?

Locke ist nur, was den **ersten** Ursprung unseres Wissens betrifft, strenger Empirist. Dieser grundsätzliche Standpunkt erfährt aber sofort dadurch eine Einschränkung, daß die Reflexion uns von ursprünglichen Geistesfunktionen Kunde gibt, welche somit der Erfahrung vorausgehen, ja von ihr vorausgesetzt werden. Nicht unsere Seele, sondern nur unser Bewußtsein ist von Geburt eine *tabula rasa*. Eine zweite, noch wichtigere Einschränkung des reinen Erfahrungsstandpunktes liegt dann darin, daß nur die

Elementarvorstellungen aus der Wahrnehmung stammen, während unser zusammenhängendes Weltbild durch eine spontane intellektuelle Synthese entsteht, die frei mit dem gegebenen Vorstellungsmaterial arbeitet und einer angebbaren objektiven Grundlage entbehrt.

Erfahrung gibt immer nur tatsächliche, niemals notwendige Gewißheit. Locke ist aber so wenig wie Hobbes von einer bloßen Beschreibung unseres Vorstellungsablaufes befriedigt, sondern strebt nach dem rationalistischen Wissensideal apodiktischer Erkenntnis, das er aber, hierin wieder echter Empirist, nur in sehr beschränktem Maße realisierbar findet. Er unterscheidet daher zwischen „Wissen" i. e. S., das nur auf der intuitiven Einsicht in die zwischen den Ideen an und für sich bestehenden Beziehungen beruht und an der auch das abgeleitete demonstrative Erkennen mittelbaren Anteil hat, und dem „Meinen" und „Glauben", mit dem wir uns in allen Fällen, in denen Intuition und Demonstration versagen, aber doch eine Entscheidung nötig ist, begnügen müssen. Voll verwirklicht ist jenes echte Wissen nur in Mathematik, Moral und rationaler Theologie, während unsere Kenntnis der natürlichen Dinge über einen hohen Grad der Wahrscheinlichkeit nicht hinauskommt. Vollwertiges Wissen läßt sich somit nur auf Grund rationaler Prinzipien erreichen und daher nur auf engbegrenztem Felde verwirklichen, während die bloße Erfahrung uns streng genommen nichts anderes vermittelt als die Kenntnis unseres eigenen Vorstellungsablaufes.

Umfang und Grenzen unserer Erkenntnis sind folgerichtig bestimmt durch den Umfang und die Grenzen unseres Vorstellungskreises. Das Denken muß sich darauf beschränken, die mit den Vorstellungen selbst gegebenen Vorstellungsverhältnisse in der Form von Urteilen auszusprechen: alle Wahrheit bleibt somit dem Bewußtsein immanent. Die Entscheidung der Frage nach Herkunft und Realitätsbeziehung unserer Vorstellungen hätte demgemäß ebenfalls nur eine immanente sein dürfen: entweder eine Ablehnung jeder solchen Frage als schlechthin unbeantwortbar oder die Aufdeckung des psychologischen Mechanismus, der uns in dieser Hinsicht zu gewissen, nicht abweisbaren, aber theoretisch nicht begründbaren Voraussetzungen verführt. Hierüber schwankt Locke, entschließt sich aber endlich doch, wenigstens einen Schluß auf die Existenz, wenn auch nicht auf die Beschaffenheit eines Transzendenten zuzulassen. Damit wird der Empirist zum Metaphysiker: die Erfahrung bildet zwar die Quelle, nicht aber die Grenze der Erkenntnis, ja sie erscheint geradezu als eine Erkenntnisquelle zweiten Ranges, weil sie nicht hinreicht, um dem rationalistischen Erkenntnisideal Genüge zu tun.

2. CHARAKTERISTIK SEINER LEHRE

Der Standpunkt des reinen Empirismus muß sich somit bei Locke mehrfache Einschränkungen gefallen lassen. Eben infolge dieser Durchkreuzung empiristischer und rationalistischer Gesichtspunkte mußte aber auch für ihn die Erkenntnis in ein merkwürdig skeptisches Zwielicht geraten. Denn da unserem Philosophen die Resignation des echten Empiristen: Stehenbleiben bei dem unmittelbaren Zeugnis der Erfahrung unter Verzicht auf jedes Wissen von schlechthin Unerfahrbarem, von vornherein fehlt, so strebt sein Erkenntniswille über das nach den Voraussetzungen Erreichbare hinaus und kommt so mit den Grundlagen der Lehre in Widerspruch. Nur eine streng beweisbare Metaphysik — darin ist Locke mit den Rationalisten durchaus einig — würde unser Verlangen nach höchster Erkenntnis wahrhaft befriedigen. Sie ist aber unmöglich, denn die Substanzen sind unerkennbar. Wir haben so zwar die höchste Gewißheit von der eigenen Existenz, kennen aber nicht das Wesen der seelischen Substanz. Wir können zwar das Dasein Gottes mit mathematischer Gewißheit beweisen, müssen uns aber jeder Aussage über seine Natur enthalten. Wir können zwar mit hoher, praktisch zureichender Wahrscheinlichkeit auf die Existenz einer Außenwelt schließen, erkennen aber nicht die innere Struktur der materiellen Substanz und daher auch nicht den wahren und tieferen Zusammenhang der natürlichen Geschehnisse. Lockes Metaphysik bleibt so überall im ersten Anfang stecken; da sie aber doch als das zuhöchst zu erstrebende Wissen gilt, muß, an dieser Forderung gemessen, das erreichbare positive Wissen in seinem Werte unvermeidlich herabgedrückt werden: es gibt allerdings ein Gebiet durchaus adäquaten apodiktischen Erkennens, — aber gerade dieses erstreckt sich nur auf selbstgeschaffene Denksetzungen und ist so ohne wahren Bezug auf Realität; Physik, Geschichte und

LOCKE

Psychologie bieten zwar ein Bereich fruchtbarer und nützlicher Betätigung für unseren Wissenstrieb, — aber sie kommen wieder über Wahrscheinlichkeiten verschiedenen Grades nicht hinaus; die Erfahrung selbst endlich, die uns mit den Dingen verbinden soll, ist so zwar die letzte Grundlage jeder Wirklichkeitserkenntnis, — aber gerade durch die Bindung an sie bleiben wir auf den zufälligen Umfang unseres Vorstellungsbesitzes beschränkt. So bleibt allem Erkenntnisstreben etwas Unbefriedigendes anhaften, und Lockes Erkenntnislehre müßte mit einem skeptischen Verzicht enden, wenn ihm nicht der biologische Wert des Wissens höher stünde als der theoretische, und ihm nicht das Erreichbare für die praktische Lebensbetätigung zureichend erschiene. In Wahrheit ist aber Locke in viel höherem Maße Skeptiker als Hume, der von vornherein auf so hohe Ziele verzichtet.

Der Grundcharakter von Lockes Lehre ist so überall eine gewisse Halbheit. Sie ist wegen ihres rationalistischen Einschlages eigentlich nur ein Halb-Empirismus und nimmt gewissermaßen eine Mittelstellung zwischen Bacon und Descartes ein. Sie ist ein Halb-Idealismus, denn das Band zwischen uns und den Dingen ist zwar gelockert, aber nicht durchschnitten. Der Ausgang vom Bewußtsein und der immanente Wahrheitsbegriff weisen in der Richtung eines strengen, erkenntnistheoretischen Idealismus; der Schluß auf extramentale Existenzen, die Lehre von den primären Qualitäten und die Naturphilosophie, ja schon die Auffassung der Elementarvorstellungen als „Wirkungen" der Dinge bewegen sich hingegen noch ganz in den Bahnen des Baconischen Realismus. Lockes Endergebnis ist ferner, wie gezeigt, ein Halb-Skeptizismus, denn der Versuch zur Realerkenntnis wird auf halbem Wege gehemmt und führt nur zu problematischen Ergebnissen. Seine Religionsphilosophie ist ein Halb-Deismus, insofern sie neben der natürlichen Religion auch eine übernatürliche Offenbarung anerkennt. Auch seine Staatsphilosophie endlich ist eigentlich nur ein Halb-Liberalismus, insofern die geforderte Freiheit individueller Betätigung doch wieder aus Gründen sozialer Natur gewissen Beschränkungen unterworfen wird. Lockes unschätzbares Verdienst aber ist es, daß er eine Unzahl Probleme ins Rollen gebracht hat, die man vor ihm überhaupt kaum als solche empfunden hatte. Er selbst vermochte allerdings ihre Lösungen nur auf einer mittleren Ebene festzulegen; sie bedeuten gleichwohl einen wesentlichen Fortschritt gegenüber der früheren Zeit und boten eine von ihm selbst ungeahnte Fülle von Anregungen für die kommende.[48]

3. GESCHICHTLICHE WIRKUNG

Locke hat nicht nur der Erfahrungsphilosophie, die bei den Widersprüchen seiner Lehre nicht stehen bleiben konnte und sich von den gegebenen Ansatzpunkten aus fast unvermeidlich in idealistischem Sinne weiterentwickeln mußte, die Richtlinien ihrer Fortbildung gewiesen, sondern hat auch auf die rationalistische Richtung befruchtend gewirkt und eine Nachprüfung ihrer Grundlagen angeregt. Das geschah erstmals durch Leibniz, dessen „Nouveaux Essais" einer Auseinandersetzung mit Locke gewidmet sind. Im übrigen war das Verhältnis der beiden Männer kein besonders freundliches. Locke, hierin vielleicht von seinem Freunde Newton, dem erbitterten wissenschaftlichen Gegner des Leibniz, beeinflußt, fühlte aus dessen Philosophie einen mystischen Zug heraus und verhielt sich seinen wiederholten Versuchen einer Annäherung gegenüber zwar höflich, aber sehr zurückhaltend. Leibniz wieder lebte in dem Wahne, daß gewisse Lehren Lockes, wie jene vom Ursprung unserer Vorstellungen, über die Substanzen und das Wesen der Seele, der Moral gefährlich werden könnten und verdächtigte in Briefen seine Philosophie als sittenverderbend und staatsgefährlich[49]. Lockes Schriften wurden wegen ihrer Aktualität und Leichtverständlichkeit viel gelesen, belebten so in weiteren Kreisen das Interesse für Philosophie und halfen die Aufklärung vorbereiten. Auch Friedrich II. gehörte zu den Verehrern unseres Philosophen und soll ihn kurz vor seinem Tode neben Newton den größten Denker der Menschheit genannt haben. In England fußt vor allem der radikale „Freidenker" J. Toland mit seinem einflußreichen Werke: „Christianity not mysterious" (1696) ganz auf Locke. Viele Anregungen hat auch die Psychologie von ihm empfangen; ihre in der Folge übliche Auffassung als einer „Naturwissenschaft des inneren Sinnes" gründet sich auf Lockes Lehre und fand besonders im Begriff der „Ideenassoziation", den Locke zwar nicht geschaffen, aber als erster zu umfassender Anwendung gebracht hatte, ein willkommenes methodisches Hilfsmittel zu der lange beliebten mechanistischen Deutung der psychischen Phänomene. Lockes Forderung einer Trennung der Staatsgewalten wurde besonders von Montesquieu in seinem Werke: „De l'esprit des lois" (1748) aufgenommen und fortgebildet, seine Auffassung vom menschlichen Naturzustande und dem Verhältnisse von Natur und Staat von Rousseau seinem „Contrat social" (1762) zugrunde gelegt. Auch Lockes Ansichten über Erziehung gelangten erst durch ihre Fortbildung in Rousseaus „Emile ou sur l'éducation"(1762) zu berechtigtem Ansehen und weitester Verbreitung.

Die Fortbildung der systematischen Hauptgedanken Lockes konnte sich in zwei Richtungen bewegen: Es konnten (im Anschluß an) seine Bemerkung, daß die Sensationsideen den Reflexionsideen zeitlich vorausgehen müssen, versucht werden, die Tätigkeiten und Zustände der Seele selbst aus der Wirkung der Sinneswahrnehmungen abzuleiten und alle höheren Bewußtseinsgebilde aus deren Umbildung zu begreifen. Das geschah durch den Sensualismus des Condillac. Brachte man damit den von Locke nur gelegentlich geäußerten Gedanken, daß der Schöpfer auch die Materie mit der Fähigkeit zu denken begabt haben könnte, in Verbindung, so ergab sich eine Wendung zum Materialismus, wie sie durch La Mettrie und die französischen Aufklärer tatsächlich vollzogen wurde. Weit folgerichtiger aber mußte es erscheinen, auch die Sinnesempfindungen nur als Zustandsänderungen der Seele aufzufassen und sie so als innere Vorgänge mit den Selbstwahrnehmungen auf eine erkenntnistheoretisch gleiche Stufe zu stellen. Diesen Schritt tat Berkeley, der damit die Lehre Lockes zu einem spiritualistischen Idealismus fortbildete. Lockes Kritik des Substanzbegriffes endlich mußte zuerst dort wirksam werden, wo seine eigene Substanzenlehre den schwächsten Punkt aufzeigte: in Hinsicht der materiellen Substanzen. Auch hier hat Berkeley mit seinem Immaterialismus die letzten Folgerungen gezogen. Zu größter Bedeutung gelangte diese Seite seiner Philosophie aber allerdings erst auf dem Umwege über Berkeley und Hume bei Kant, der durch seine Auffassung der „Substanz" als apriorischer Denkform die Lockesche Kritik zu Ende führte und sie zugleich von ihren Unzulänglichkeiten befreite.

GEORGE BERKELEY
nach dem Bild von Smibert in der National Portrait Gallery zu
London aus dem Jahre 1728

BERKELEY

I. ALLGEMEINES

1. DIE PERSÖNLICHKEIT

George Berkeley ist am 12. März 1685 zu Dysert im südlichen Irland als Sohn eines höheren Zollbeamten geboren, der einer Seitenlinie des adeligen Hauses Berkeley angehörte. Mit fünfzehn Jahren bezog er die Universität Dublin, wo er sich neben dem scholastischen Unterricht privatim an den Schriften Descartes', Malebranches, Lockes und Newtons bildete. Das wissenschaftliche Tagebuch seiner Jünglingsjahre gibt uns ein gutes Bild seiner inneren Entwicklung und zeigt, daß die späteren Grundmotive seiner Philosophie: Versöhnung zwischen Wissen und Glauben durch Rückgang auf die Unmittelbarkeit der Erfahrung und subjektiven Erlebens, schon frühzeitig in ihm lebendig waren, aber auch den überwältigenden Eindruck, unter dem der junge Denker durch Lockes „Essays" stand. In seiner Stellung als Hofprediger des Statthalters von Irland unternahm Berkeley teils in dessen Gesellschaft, teils allein ausgedehnte Reisen, die ihn nach Frankreich und Italien bis Sizilien führten. Sein Reisetagebuch zeugt von dem vielseitigen Interesse, mit dem er die landschaftlichen und sozialen Verhältnisse der bereisten Länder auf sich wirken ließ, aber auch von dem ans Romantische streifenden Naturgefühl, das ihn beseelte. Im Jahre 1715 fand in Paris die verhängnisvolle Unterredung mit Malebranche statt, welche durch die Aufregung, die ihm Berkeleys kühne, aber doch auch in seiner eigenen Lehre angelegten Folgerungen verursachten, den Tod des bereits schwerkranken Philosophen beschleunigt haben soll. Missionseifer, sein lebhafter Sinn für freie Natur und allerlei Weltverbesserungspläne bewogen Berkeley zu dem kühnen Unternehmen, auf den Bermudainseln im

Atlantischen Ozean Missions- und Erziehungsanstalten zu gründen, welche den Grundstock einer Ansiedelung bilden sollten, von der er sich ein goldenes Zeitalter für Wissenschaft, Religion, Kunst und Erneuerung eines naturgemäßen Lebens erwartete. Da aber die versprochene Geldunterstützung seitens der Regierung ausblieb, mußte Berkeley bald wieder nach großen eigenen Vermögensverlusten in die Heimat zurückkehren. Berkeley hat das Mißlingen dieses Planes niemals ganz verwunden. Seit 1734 Bischof in Cloyne (im südlichen Irland), entfaltete er dort eine überaus segensreiche Tätigkeit sowohl als Seelsorger wie als Menschenfreund und Patriot. Insbesondere trat er für religiöse Duldsamkeit ein und war daher auch bei den Katholiken seines Sprengels, deren Aufnahme an die Universität er durchsetzte, sehr beliebt. Seine letzten Lebensjahre verbrachte Berkeley in Oxford, wo einer seiner Söhne studierte, und wo er im Alter von 68 Jahren am 23. Januar 1753 starb.

In Berkeley vereinigen sich in merkwürdiger Weise scheinbar ganz entgegengesetzte Charakterzüge: Güte und Milde mit mutiger Unternehmungslust, eine oft kindlich fromme Naivität mit durchdringendem Scharfsinn, ein ausgesprochen mystischer Zug mit klarstem Wirklichkeitssinn, eine fast ängstliche Rücksichtnahme auf die herrschenden Ansichten und die kirchliche Lehre mit der unerhörten Kühnheit seiner eigenen, scheinbar ans Paradoxe streifenden Lehren. Ebendieser Anschein von Paradoxie hat es verschuldet, daß diesem selbständigen, an Tiefe und Folgerichtigkeit einem Locke weit überlegenen Denker lange Zeit nicht jene ernste Beachtung geschenkt wurde, die seine große Bedeutung verdient. Selbst Kant spricht — ungeachtet der vielen Berührungspunkte seiner eigenen Lehre mit der Berkeleys — noch mit gewisser Geringschätzung vom „guten Bischof Berkeley" und auch nicht immer mit genügender Sachkenntnis. Seine Philosophie, unverstanden wie sie war, galt lange als eine Art gelehrter Kuriosität, die nicht ganz ernst zu nehmen sei. In neuerer Zeit hat sich ihm im Zusammenhang mit dem wiedererstarkten erkenntnistheoretischen Interesse und im Anschluß an verwandte positivistische Lehren die Aufmerksamkeit wieder intensiv zugewandt und dank einer verständnisvolleren Würdigung seine große und keineswegs bloß historische Bedeutung ins helle Licht gerückt. Seinen Wert als Mensch hatten allerdings schon die Zeitgenossen zu schätzen gewußt. Zu seinen Freunden gehören die Dichter Swift und Pope, von denen der letztere von ihm sagte, er habe „jede Tugend unter dem Himmel" gehabt.

2. WERKE

Berkeley war ein frühreifer Geist. Als Fünfundzwanzigjähriger veröffentlichte er sein Hauptwerk, die „Prinzipien der menschlichen Erkenntnis" (A treatise concerning the principles of human knowledge) 1710. Ein Jahr vorher war bereits die bedeutsame Abhandlung: „Versuch zu einer neuen Theorie des Sehens" (An essay towards a new theory of vision) erschienen. In dialogischer Form und zum Teil abgeklärterer Gestalt wiederholen die Gedanken seines Hauptwerkes die „Dialoge zwischen Hylas und Philonous" (Three dialogues between Hylas and Philonous in opposition to sceptics and atheists) 1713, welche sich am besten zur ersten Einführung in seine Philosophie eignen. Von seinen sonstigen Schriften, die sich, seinem vielseitigen Interesse entsprechend, auf mannigfache Materien erstrecken (so handelt seine letzte Arbeit von Versteinerungen und Erdbeben), sind noch philosophisch bemerkenswert die sieben Gespräche gegen die Freidenker: „Alciphron oder der schwache Philosoph" (Alciphron or the minute philosopher) vom Jahre 1732. Sie richten sich ebensowohl gegen die ästhetische Moralphilosophie Shaftesburys wie gegen Mandeville mit seiner Predigt des Egoismus, verwickeln die Gegner in einen Streit untereinander und lassen aus ihrer gegenseitigen Widerlegung den Glauben an die übernatürliche Religion siegreich hervorgehen. Ein merkwürdiges Buch ist sein Alterswerk: „Siris" 1744, das mit einer Anpreisung des Teerwassers als Universalheilmittel beginnt, aber bald zu den höchsten metaphysischen Fragen aufsteigt und sich in einer an Platon orientierten Mystik verliert. Mit den tagebuchartigen Aufzeichnungen seiner frühesten Jugend (Common place Book)[50] von 1705 bis 1708 hat sein Alterswerk gemein, daß es uns einen Blick in die letzten Motive seines Philosophierens gestattet, welche von Anfang bis zu Ende in einer tief religiös-ethischen Veranlagung seiner Persönlichkeit wurzeln. Eine Gesamtausgabe von Berkeleys Werken hat A. C. Fraser in vier Bänden veranstaltet (Oxford 1871, II. A. 1901); die Hauptwerke sind in guter deutscher Übersetzung in der „Philosophischen Bibliothek" erschienen. Sehr im Gegensatze zu Locke gewähren Berkeleys Schriften in ihrer gedrängten, aber klaren und anziehenden Darstellungsweise dem Leser anregendsten Genuß.

3. BERKELEYS PROBLEM UND METHODE

Das reiche Erbe, das Locke an angeregten, aber nur halb gelösten Problemen der Philosophie hinterlassen hatte, findet in Berkeley einen verständnisvollen und erfolgreichen Bearbeiter und Vollender. In Lockes Lehre selbst hatte der Erfahrungsbegriff eine merkwürdige Wandlung durchgemacht: seiner Grundlage nach ruht er ja durchaus auf der ungeprüften Voraussetzung, daß die Erfahrung es ist, die uns mit den Dingen verbindet; im weiteren Verlauf stellte es sich aber heraus, daß dasjenige, was wir eigentlich „erfahren", eben immer nur Vorstellungen sind, deren Beziehung auf etwas, das nicht Vorstellung wäre, deshalb immer problematisch bleiben muß. Die Erfahrung war so zu einem immanenten Bewußtseinsvorgang geworden, von dem der Weg zu einer bewußtseinstranszendenten Realität nur durch mehr oder weniger unsichere Schlüsse gefunden werden konnte. Als unvermeidliche Folgerung — wenn auch Locke selbst sie zu ziehen sich noch scheute — hätte sich ergeben müssen, daß die Erfahrung es eigentlich ist, die uns von den Dingen trennt, insofern sie wie ein trübendes Medium sich zwischen sie und unseren Geist einschiebt: Erfahrungsinhalt und Erfahrungsgegenstand sind zweierlei und können nur durch eine begriffliche Konstruktion, die dem Geiste des Empirismus fremd ist, in Zusammenhang gebracht werden. Die Forderung eines solchen Zusammenhangs, an der Locke im Sinne einer naiv-realistischen Abbildungstheorie festhielt, mußte so mit der kritischen Einsicht in ihre Unerfüllbarkeit in Widerstreit kommen, woraus sich eben die halbskeptische Resignation ergab, mit der seine Philosophie abschloß.

Was Locke auf halbem Wege stehen ließ, das dachte Berkeley — wenigstens nach einer Seite hin — mit anerkennenswerter Folgerichtigkeit zu Ende. Er sah klar, daß die idealistische Wendung, welche die Erfahrungsphilosophie unter Lockes Händen zu nehmen begann, in ihren ersten Voraussetzungen begründet ist und daher ohne Gewaltsamkeit nicht aufgehalten werden kann. Ihre Vereinbarkeit mit der natürlichen Weltansicht, mit objektiver Naturerkenntnis und nicht zuletzt mit den Grundlehren der Moral und Religion ist sein Problem. Berkeleys Philosophie ist so durchaus von der Absicht getragen, die skeptischen Folgerungen, die sich aus einem immanenten Erfahrungsbegriff zu ergeben scheinen, als unbegründet darzutun. Denn jene Vereinbarkeit bildete in der Tat für Berkeleys positiv gerichteten Geist von Anfang an nicht so sehr ein Problem als ein Postulat, an dessen Erfüllbarkeit ihm der ganze Wert weltlichen Erkenntnisstrebens überhaupt zu hängen schien. Seine unerschütterliche Grundüberzeugung ist daher, daß der folgerichtige Empirismus zwar zu einer rein idealistischen Weltansicht führe, daß diese aber weder in natürlichen noch in übernatürlichen Fragen einen Verzicht auf objektive Wahrheit bedinge, sondern im Gegenteil ihre sicherste Grundlage bilde. Seine ganze Philosophie ist nur die Ausführung und Begründung dieser Grundanschauung.

Wenn Locke mehr in der Art eines analysierenden Naturforschers an seine Aufgabe herangetreten war, so ist Berkeleys Methode mehr die einer intuitiven Besinnung auf die Wesensbeschaffenheit des Gegebenen, also in gewissem Sinne mehr der des Psychologen verwandt. Sich klarmachen, was eigentlich in uns vorgeht, vorschnelle, wenn auch sich aufdrängende Deutungen abschneiden und jeder festgewurzelten Ansicht gegenüber sich die Unbefangenheit der Betrachtung wiedergewinnen und das alles ohne umständliche Beweise, sondern nur durch einfachen Hinweis auf das wahrhaft Tatsächliche unseres Bewußtseins ist die Kunst, welche er meisterlich handhabt. Daher haben seine Lehren, soweit sie sich innerhalb des Erfahrbaren halten, etwas unmittelbar Überzeugendes und durch ihre geniale Einfachheit Gewinnendes. Berkeley ist ein Klassiker psychologisch-philosophischer Intuition.

II. NOMINALISMUS
1. DER BEGRIFF DER SUBSTANZ

Berkeley erkennt sehr richtig, daß es die Annahme von Substanzen war, welche in Lockes Lehre eine gewisse Unsicherheit gebracht und zu skeptischen Folgerungen in Hinsicht unseres theoretischen Könnens geführt hatte. Die Einsicht in die Unerkennbarkeit der metaphysischen Welt hatte den Wert der uns allein erreichbaren Erkenntnis der empirischen Vorstellungswelt herabgedrückt. Es bedurfte daher nur der Entlastung der erfahrbaren Wirklichkeit von jedem Vergleich mit einer nicht erfahrbaren Wirklichkeit höherer Ordnung, um jenes Ungenügen an der empirischen Erkenntnis zu beheben [51]. Diese Aufgabe war besonders dringlich in Hinsicht der körperlichen Substanzen, da die eigene Existenz intuitiv feststand und die Existenz Gottes auf alle Fälle durch den Glauben gesichert war. An einer kritischen Erörterung des Begriffs materieller Substanzen hängt daher die ganze Frage, ob Wissen und Gewißheit oder Zweifel und Eingeständnis des Nichtwissens.

Nun sind „Substanzen" nach Locke zusammengesetzte Ideen, aus einfachen Ideen durch Reproduktion, Assoziation und Abstraktion hervorgegangen. Im besondern hatte sich ihm der Begriff ausgedehnter Substanzen zu der Vorstellung eines unbekannten Etwas überhaupt verflüchtigt, das ihm mit dem Begriff einer ihrer Struktur nach unerkennbaren metaphysischen Materie zusammenfiel. Es war so unter Absehen von allen Besonderheiten anschaulich vorstellbarer Körper nur der ganz allgemeine und unvorstellbare, daher rein abstrakte Begriff materieller Substanzialität überhaupt übriggeblieben. Hier legt nun Berkeley die Axt an die Wurzel dieses problematischen Begriffes. Bevor er wie Locke die Frage nach seiner metaphysischen Realität aufwirft, will er zuerst seine psychologische Wirklichkeit untersuchen. Gibt es überhaupt abstrakte Allgemeinvorstellungen dieser Art?

2. DIE ABSTRAKTEN ALLGEMEINVORSTELLUNGEN

Nach Locke besitzen wir die Fähigkeit der Bildung abstrakter Allgemeinvorstellungen oder allgemeiner unanschaulicher Begriffe. Eben dadurch unterscheidet sich — wie auch später Schopenhauer meinte —

SUBSTANZBEGRIFF / ABSTRAKTE ALLGEMEINVORSTELLUNGEN

die menschliche Intelligenz ihrem Wesen nach von der tierischen. Diese Allgemeinbegriffe entstehen dadurch, daß der Verstand das vielen ähnlichen Vorstellungen Gemeinsame heraushebt, von den individuellen Differenzen absieht und das so entstandene Abstraktionsprodukt durch ein Wortzeichen fixiert. Alle Namen mit Ausnahme der Eigennamen beziehen sich auf solche Allgemeinvorstellungen. So entstehen „Gattungen" und „Arten": aus der Vorstellung vieler räumlicher Dinge der Begriff „Ausdehnung", aus der Vorstellung vieler phänomenaler Körper der Begriff der „Materie". Versteht man unter Begriffsrealismus die Ansicht, daß den Allgemeinbegriffen reale Gegenstände entsprechen, und unter Nominalismus die Lehre, daß das Allgemeine nur eine subjektive Zusammenfassung von allein realen Einzelexistenzen ist, so war auch Locke ein gemäßigter Nominalist, insofern ihm die Allgemeinheit zwar nicht bloß am gemeinsamen Namen zu haften schien (extremer Nominalismus), wohl aber ein Erzeugnis menschlicher Denktätigkeit bedeutete (Konzeptualismus). Sein Fehler war, daß er aus dieser Anschauung nicht die letzten Folgerungen für seinen Substanzbegriff zu ziehen wußte.

Berkeley unterscheidet genau zwischen Allgemeinvorstellungen schlechthin und Vorstellungen, die allgemein und zugleich abstrakt sein sollen *(abstract and general ideas)*. Gegen diese letzteren richtet sich sein Angriff. Er geht hier im Nominalismus am weitesten, indem er nicht nur die reale Existenz des „Allgemeinen" bestreitet, sondern auch die psychologische Existenz abstrakter Vorstellungen vom Allgemeinen. Ich vermag, so sagt sich Berkeley, allerdings frühere Wahrnehmungen zurückzurufen (Reproduktion) und sie mannigfach und abwechselnd miteinander zu verbinden (Assoziation), auch nur das oder jenes (nach meinem Belieben) in Betracht zu ziehen (Abstraktion): so kann ich mir ganz wohl einen Mann mit zwei Köpfen vorstellen oder Auge und Ohr für sich betrachten. Aber deshalb sind Vorstellungen dieser Art noch nicht selbst etwas Abstraktes. Denn jedem solchen Vorstellungsinhalt muß doch wieder eine ganz bestimmte Gestalt, Farbe usw. zukommen; er bleibt also trotzdem für sich betrachtet immer etwas Individuelles. Wer kann einen „Menschen" vorstellen, der weder groß noch klein, weder schwarz noch weiß, weder Mann noch Frau wäre? Wer ein „Dreieck überhaupt", das weder rechtwinklig noch spitzwinklig noch stumpfwinklig, weder gleichseitig noch ungleichseitig noch gleichschenklig sein dürfte, da es doch alle diese verschiedenen Dreiecke unter sich befassen soll? Oder eine „Bewegung", die weder schnell noch langsam, weder krummlinig noch geradlinig wäre, und bei der auch von dem bewegten Körper abgesehen würde? Oder eine „Farbe im allgemeinen", die weder rot noch blau noch gelb wäre? Kurz etwas also, das alles das nicht wäre, was es vorstellen soll und doch wieder alles zugleich sein müßte? Solche Vorstellungen gibt es nicht und kann es gar nicht geben. Jede Vorstellung vielmehr, die wir überhaupt vollziehen können, ist in allen ihren Teilen bestimmt, also konkret und individuell. Wenn wir ein abstraktes Dreieck vorstellen wollen, so wird allen Anstrengungen der Einbildungskraft zum Trotz immer wieder die Vorstellung eines Dreieckes von ganz bestimmter Größe, Gestalt und Beschaffenheit daraus. Allgemeine und abstrakte Ideen sind somit nicht nur Einbildungen in dem Sinne, daß ihnen nichts Reales entspricht — „Nominalwesen" im Sinne Lockes —, sondern sie sind auch selbst ein nur eingebildeter Besitz unseres Geistes, auf einer merkwürdigen Selbsttäuschung beruhend.

Dieser vernichtenden Kritik der abstrakten Allgemeinvorstellungen scheint aber nun doch die Tatsache entgegenzustehen, daß es gleichwohl möglich ist, Aussagen zu machen, die von der Gesamtheit der gemeinten Dinge gelten. Der Lehrsatz, daß in einem (ebenen) Dreiecke die Winkelsumme gleich zwei Rechten ist, läßt sich ohne weiteres auf alle Dreiecke anwenden, auch wenn er z. B. nur an einem rechtwinklig-gleichschenkligen Dreiecke bewiesen sein sollte. Ihn an allen möglichen Dreiecken zu beweisen, wäre ebenso unmöglich als überflüssig. In Wahrheit verhält es sich so, daß ich zwar nur ein einzelnes, konkretes Dreieck im Sinn hatte, von dessen Besonderheiten, durch die es sich von andern Dreiecken unterschied, aber bei der Beweisführung keinen Gebrauch machte. Man kann dann allerdings diese eine bestimmte Figur gleichsam als ein Dreieck überhaupt betrachten, insofern man eben an ihr nur das in Betracht zieht, was allen Dreiecken gemeinsam ist und von ihrer eigenen individuellen Beschaffenheit abstrahiert. Aber dadurch wird jene Vorstellung nicht selbst zu einer „abstrakten", sondern bleibt so individuell bestimmt wie früher. Sie erlangt nur allgemeine Bedeutung dadurch, daß wir sie als Muster oder Beispiel für alle ihr ähnlichen gebrauchen. Diese repräsentative Stellung, die wir ihr damit einräumen, ist eigentlich das, was wir mit ihrer „Allgemeinheit" meinen. Es gibt also weder an sich selbst allgemeine noch an sich selbst abstrakte Vorstellungen, sondern nur konkrete Einzelvorstellungen, die vermöge eines Abstraktionsprozesses allgemeine Geltung dadurch erlangen, daß sie als Stellvertreter aller ihnen gleichartiger Vorstellungen aufgefaßt werden.

3. MITHILFE UND GEFAHREN DER SPRACHE

In dieser für die theoretische und praktische Beherrschung der Fülle unserer Vorstellungen unentbehrlichen Denkoperation leistet uns die Sprache wesentliche Dienste. Zwar sind auch die Worte ursprünglich alle Eigennamen und erlangen erst allmählich allgemeine und repräsentative Bedeutung. Dann aber können sie im Sprechen und Lesen gebraucht werden wie die Buchstaben der Algebra, von denen auch jeder eine bestimmte Quantität bezeichnet, ohne daß es doch zum richtigen Fortgang der Rechnung nötig wäre, sich bei jedem Schritte dieser ihrer Bedeutung zu erinnern. Eben darin liegt aber nun auch eine gewisse Gefahr. Nicht jedem Worte nämlich liegt eine solche repräsentative Bedeutung zugrunde. Die Sprache dient ja überhaupt nicht bloß der Mitteilung von Vorstellungen und Gedanken, sondern ursprünglich viel mehr der Erweckung von Gemütserregungen, der Erregung von Stimmungen, dem Antriebe zu Handlungen. Beim Hören oder Lesen einer Rede werden in uns oft ganz unmittelbar und ohne deutliche Vorstellungen Affekte der Liebe, des Hasses, der Bewunderung oder Verachtung wachgerufen. Es gibt aber auch genug Worte, denen überhaupt keine deutliche Vorstellung entspricht oder die, ohne gerade bedeutungslos zu sein, doch keine bestimmte Einzelvorstellung bezeichnen; eben dadurch entstand der täuschende Schein, als ob es auch abstrakte Vorstellungen geben müsse, die diesen Worten zugrunde lägen. „Wer weiß," sagt Berkeley, „daß Namen nicht immer Ideen vertreten, wird sich die Mühe ersparen, nach Ideen zu suchen, wo keine gewesen sind." Daraus ergibt sich der methodische Grundsatz, soviel als nur immer möglich auf die gemeinten Vorstellungen selbst zurückzugehen und sich durch Namen, welche durch langen, gewohnheitsmäßigen Gebrauch einen gewissen Nimbus erworben haben, nicht blenden zu lassen. Wir müssen zuerst lernen, den Vorhang von Worten *(courtain of words)* wegzuziehen, der uns den Baum der Erkenntnis verhüllt, wenn wir seine Früchte pflücken wollen [52].

Auch Hobbes hatte mit ähnlichen Argumenten wie Berkeley die Existenz von Allgemeinvorstellungen bekämpft; wenn ein Maler, meint er, den Auftrag erhält, einen Menschen schlechthin zu malen, so kann das nur heißen, daß es ihm überlassen bleibt, sich einen beliebigen Menschen auszusuchen, der aber doch immer ein bestimmter Mensch sein wird. Hobbes leugnete so, daß den Vorstellungen in irgendeinem Sinne Allgemeinheit zukomme, die er aber ausdrücklich einer bestimmten Klasse von Namen zuspricht. Nach Berkeley können sowohl Vorstellungen wie Worte allgemeine Bedeutung in ü b e r t r a g e n e m Sinne, keine von beiden aber im buchstäblichen Sinne besitzen.

Nach Locke wieder werden Worte dadurch allgemein, daß sie als Zeichen für a l l g e m e i n e Ideen gebraucht werden; nach Berkeley hingegen allein dadurch, daß sie als Zeichen für alle e i n z e l n e n Ideen gebraucht werden, die vermöge ihrer Ähnlichkeit eine gemeinsame Behandlung vertragen. Berkeley geht von der Voraussetzung aus, daß die abstrakten Allgemeinvorstellungen anschaulich vorstellbar sein müßten, was sie ihrer Natur nach nicht sein können, daher er ihre auch nur psychologische Existenz überhaupt in Abrede stellt. Er setzt ferner, und zwar mit Unrecht voraus, daß unsere anschaulichen Vorstellungen jederzeit in allen ihren Teilen durchgängig bestimmt wären, was sie tatsächlich nicht zu sein pflegen. Der wirkliche Vorgang ist wohl der, daß anfangs ziemlich unbestimmte Einzelvorstellungen auf Grund einer Regel, d. i. einer wenn auch nur andeutungsweise bewußten Definition, nach einer bestimmten Richtung hin determiniert werden, und zwar nur gerade nach jener Richtung, die uns in einem bestimmten Falle interessiert, während sie in jeder anderen Hinsicht unbestimmt und variabel bleiben. So entstehen tatsächlich „Begriffe" nicht durch Abstraktion, sondern durch bestimmt gerichtete Determination. Der Lockeschen Abstraktionstheorie gegenüber aber ist Berkeley durchaus im Recht. Die Folgerungen, die er aus seinem Nominalismus nach dieser Richtung hin zog, mußten zur Aufhebung der Lehre Lockes von den primären Qualitäten und seines Begriffs der materiellen Substanz führen und somit in erkenntnistheoretischem Idealismus und in Immaterialismus enden [53].

III. IDEALISMUS UND IMMATERIALISMUS

1. PRIMÄRE UND SEKUNDÄRE QUALITÄTEN

Locke hat gelehrt, daß wir die Dinge niemals unmittelbar erkennen, sondern immer nur mittels der Ideen, die wir von ihnen haben; er hatte aber unter den Sensationsideen den wichtigen Unterschied festgehalten zwischen solchen, die auf primäre Qualitäten der Körper selbst hinweisen, also objektiv so existieren, wie sie in unserem Bewußtsein auftreten, und solchen, die in ihrer Art bloß subjektiv sind, wenn sie auch durch Kräfte, die von den Dingen ausgehen, bewirkt werden; er nannte diese Kräfte sekundäre Qualitäten der Dinge. Zu den primären Eigenschaften zählte er Ausdehnung, Gestalt, Zahl, Bewegung und Undurchdringlichkeit, die als Ideen wie als reale Beschaffenheiten sich gleichen. Hier setzt nun Berkeleys nominalistische Kritik ein. Denn auch die genannten „primären Qualitäten" sind ja in ihrer Allgemeinheit nichts anderes als abstrakte Begriffe und, da es solche in Wahrheit gar nicht gibt, nur leere Worte, denen keine Idee entspricht. Wirklich gegeben sind uns auf das unmittelbare Zeugnis unseres Bewußtseins hin immer nur Einzelvorstellungen: die Wahrnehmung einer konkret-bestimmten Ausgedehntheit, einer bestimmten Zahl, ein bestimmter Einzelfall von Bewegung, zeitlich und örtlich bestimmte Erfahrungen über den Widerstand, den ein Körper dem Eindringen eines anderen leistet. Eine einfache Besinnung zeigt uns so, daß auch die sogenannten primären Qualitäten nur auf Einzelempfindungen unseres Gesichts- und Tastsinns beruhen und sich darin ihrem Wesen und Ursprung nach in nichts von den Farben-, Ton-, Geruchs- und Geschmacksempfindungen unterscheiden, die Locke in ihrer Eigenart nur als subjektive Bewußtseinsmodifikationen hatte gelten lassen. Dazu kommt, daß Ausdehnung, Bewegung usw.

überhaupt nur in Verbindung mit sinnlichen Bestimmtheiten vorstellbar sind; keine Anstrengung der Abstraktion vermag zu bewirken, daß ein ausgedehnter oder bewegter Körper ohne jede Farbigkeit vor unseren Geist trete, oder eine Bewegung, die weder rasch noch langsam, eine Gestalt, die weder rund noch eckig wäre. So wie Wasser derselben Temperatur der einen Hand kalt und der anderen warm erscheinen kann, so ändern sich auch Größe und Kleinheit, Schnelligkeit und Langsamkeit je nach dem Bau und der Lage *(frame or position)* unserer Sinnesorgane. An und für sich betrachtet sind daher die ausgedehnten Objekte weder groß noch klein, weder fern noch nahe, sondern sie sind das alles nur in bezug auf uns, die Wahrnehmenden, und in einem bestimmten Augenblicke der Wahrnehmung.

Ebenso sind die Maßzahlen der Dinge ganz relativ je nach dem Maßstabe, den wir anlegen; die nämliche Ausdehnung kann als eins oder drei oder sechsunddreißig bestimmt werden, je nachdem wir sie im Verhältnisse zu einer Elle, einem Fuß oder einem Zoll betrachten. Einer Milbe müßte ihre Umgebung als ungeheurer Berg erscheinen. Objektiv betrachtet kann aber nicht ein und dasselbe Ding zu gleicher Zeit verschiedene Größe haben; das alles beweist daher, daß auch Größe und Gestalt nur subjektive Vorstellungen sind, die sich in ihrer Qualität nach dem Vorstellenden richten, nicht nach „Dingen", denen sie anhafteten. **Alle Sensationsideen stehen somit auf erkenntnistheoretisch gleicher Stufe**, und wenn es von den Sinnesempfindungen überhaupt gilt, daß sie, so wie sie sind, nur innerhalb des Bewußtseins existieren, so gilt ganz das gleiche auch von den „primären" Eigenschaften. Die wirkliche Erfahrung zeigt uns nur unter gewissen Vorbedingungen und in gewissen Zusammenhängen ihr Auftreten im Bewußtsein, enthält aber keinerlei Hinweis auf eine Realitätsdifferenz zwischen ihnen. Nur in Worten und auf Grund eines vermeintlichen Abstraktionsprozesses vermögen wir die einen absolut zu denken, während wir den anderen ihre natürliche Relativität und Subjektivität belassen. Erlebt werden beide in durchaus gleicher Weise [54].

2. DIE THEORIE DES SEHENS

Eine weitere Stütze findet diese Auffassung in Berkeleys Untersuchungen über die Natur unserer Raumanschauung, welche einen wichtigen Beitrag zur psycho-physiologischen Optik darstellen. Auch hier geht Berkeley unter vorläufiger Ausschaltung aller physikalischen, physiologischen und anatomischen Erklärungsversuche im wesentlichen als introspektiver Psychologe zu Werke.

Versuchen wir einmal, uns von allem freizumachen, was langjährige Erfahrung und Übung in unsere Gesichtswahrnehmungen hineinzutragen pflegen, und einzig und allein auf das zu achten, was das Auge selbst uns darbietet. Es zeigt sich dann, daß uns rein optisch genommen nur eine Mannigfaltigkeit von Licht und Farben gegeben ist, und daß uns das Auge keine anderen Unterschiede kennen lehrt als die von hell und dunkel und von verschiedenen Farbenqualitäten in mannigfaltiger Abstufung. Was uns die Gesichtsempfindung für sich allein zu bieten vermöchte, läge vor uns wie ein Gemälde, wie eine zweidimensionale Mannigfaltigkeit von Farben, Lichtern und Schattierungen. Einem operierten Blindgeborenen müßten die neuen Empfindungen so innerlich nahe vorkommen wie seine seelischen Erlebnisse. Auf den bloßen Anblick hin wüßten wir nicht einmal zu sagen, welche von den gesehenen Farbenpunkten zusammengehören, also z. B. in der Gestalt eines Mannes von der Umgebung sich loslösen und herausheben sollten. Erst Erfahrungen des Tastsinnes und die Beobachtung der erfahrungsmäßigen Bewegungsphasen bei menschlichen Figuren vermögen unser Urteil darüber zu leiten. Dadurch, daß diese sekundären Erfahrungen infolge ihrer häufigen Begleitung mit den primären Gesichtsempfindungen assoziativ verschmelzen, entsteht der Anschein, als würden wir alles das s e h e n, was wir wahrzunehmen glauben. Je genauer und eindringender nun die Analyse, desto mehr verringert sich die Zahl der unmittelbar optischen Elemente der Gesichtswahrnehmung im Verhältnis zu den assoziativen. So wird, genau genommen, eine E n t f e r n u n g niemals gesehen. Die optischen Empfindungen dienen uns hier nur als Zeichen oder gleichsam als Vorbedeutungen für gewisse Tastempfindungen, die wir unter bestimmten Umständen erhalten würden. Wenn ich sage: „Ich sehe diesen Turm eine Meile weit entfernt", so heißt das eigentlich nur: ich müßte eine gewisse Zeit gehen, um den Turm anfassen zu können. „Gesehen" habe ich nur einen Farbenfleck von gewisser Undeutlichkeit und Verschwommenheit, und erst auf Grund längerer Übung kommen wir dazu, aus der Empfindung einer gewissen Anstrengung des Auges sofort auf eine bestimmte Entfernung zu schließen. Ein notwendiger Zusammenhang zwischen jenen Sehmerkmalen und der erschlossenen Entfernung besteht aber nicht. Dasselbe gilt von der Schätzung der Größen gesehener Gegenstände. Wären wir ausschließlich auf unser Gesicht angewiesen, so müßten wir den Daumen, der uns den Turm, oder die Hand, die uns das Firmament verdeckt, für ebenso groß halten wie diese. Auch glauben wir im Freien viel mehr zu sehen als im Zimmer, während doch die Zahl der sichtbaren Punkte in unserem Gesichtsfeld ganz die gleiche ist. Am auffallendsten zeigt sich diese Mitwirkung nicht optischer Faktoren aber in der Tatsache des Aufrechtsehens. Im „aufrecht" genannten Bild ist der Kopf eines Mannes von der Erde am weitesten entfernt, während seine Füße ihr zunächst sind. Genau so verhält es sich aber auch in dem „umgekehrt" genannten Netzhautbild. Da wir nun das eigene Auge und seine Lage im Raum nicht sehen, so kann, wenn wir von „Bildumkehrung" sprechen, dies nur mit Rücksicht auf ein Nichtgesehenes geschehen, nämlich durch Vergleich des Netzhautbildes mit der getasteten Erde und dem getasteten Auge. Erst dadurch wird uns ein Widerstreit der Lagen bemerkbar, der dann durch unser Urteil behoben wird. Nur für unsere Urteilskraft besteht also dieses Problem, nicht für die unmittelbare Sehempfindung. Was gewöhnlich „Anschauung" heißt, kommt also nur dadurch zustande, daß sich beständig Urteilsakte, die sich auf mannigfache Erfahrungen des Tastsinnes stützen, in unsere Gesichtswahrnehmungen einschieben.

Berkeley ist somit auch in psychologischem Sinne Vertreter des Empirismus oder der genetischen Theorie, welche den Aufbau unserer räumlichen Anschauung aus Elementen, die nicht alle im optischen Sinne räumlich sind, lehrt (im Gegensatz zum Nativismus, der die Raumanschauung durch angeborene Beschaffenheiten der Sinnesorgane und Sinneszentren bedingt sein läßt). Für Berkeley ergaben sich aus dieser psychologischen Theorie aber auch wichtige erkenntnistheoretische Folgerungen. Zwar hielt er in seiner Erstlingsschrift noch daran fest, daß unsere Tastempfindungen den tastbaren Objekten unmittelbar entsprechen; er hat das später selbst damit begründet, daß es nur außerhalb des Planes seiner Abhandlung über das Sehen lag, sich auf die Widerlegung dieser vulgären Ansicht einzulassen. Seine wahre Meinung aber ist, daß zwar praktisch die Tastempfindungen einen gewissen Vorrang vor den Gesichtswahrnehmungen einnehmen, so daß uns diese zumeist nur als eine Art Vorzeichen für jene gelten, daß aber theoretisch zwischen ihnen kein Unterschied besteht. Die sicht- und tastbaren „Dinge" sind nicht etwas, das der Wahrnehmung vorherginge und „empfunden" werden müßte, sondern sie sind selbst nichts anderes als Verschmelzungsgruppen von Gesichts- und Tastempfindungen. Dasselbe gilt aber folgerichtig von unseren eigenen Sinnesorganen; auch sie werden uns nur auf die gleiche Weise vorstellbar wie andere Dinge. **Das Primäre sind somit unsere Empfindungen, nicht die Gegenstände, auf die sie nachträglich bezogen werden.** Wenn man also unter „äußerem Sinn" das Vermögen versteht, von Kraftwirkungen der Körper affiziert zu werden und diese Affektionen dann in Empfindung umzusetzen, so gibt es in dieser Bedeutung überhaupt keinen äußeren Sinn! Diese Einsicht, die sich schon aus der Untersuchung des Sehvorganges ergibt, erhält nun weiterhin ihre umfassende Bestätigung durch eine methodische Analyse unseres Bewußtseins.

3. ANALYSE DES BEWUSSTSEINS

Was zeigt uns nun die Analyse unseres Bewußtseins, wenn wir uns streng an das tatsächlich Vorfindbare halten? Seine Inhalte *(the objects of human knowledge)* gliedern sich zunächst in Sinneswahrnehmungen *(ideas imprinted on the senses)*, in Selbstwahrnehmungen der Tätigkeiten und Zustände unserer Seele und in Ideen, welche aus diesen ursprünglichen Eindrücken vermittels des Gedächtnisses und der Einbildungskraft durch Verbindung, Trennung oder auch nur einfache Vergegenwärtigung gebildet werden und hinter jenen an Bestimmtheit, Lebhaftigkeit und Beständigkeit stets deutlich zurückstehen. Den Ausdruck „Idee" pflegt Berkeley in etwas engerem Sinne als Locke zu gebrauchen, insofern er bei ihm jeden festumrissenen und bestimmten Bewußtseinsinhalt, nicht aber vereinzelte Empfindungen umfaßt, aber weiter als Hume, der darunter nur die sekundären Vorstellungsgebilde (also die Ideen dritter Art bei Berkeley) begreift. Gemeinsam ist bei Berkeley allen Ideen die reine Bildhaftigkeit und Inaktivität, während er begriffliche Vorstellungen von unanschaulichen Objekten (wie der eigenen Seele) als „notions" bezeichnet. Gemeinsam ist den obengenannten drei Gruppen von Ideen somit, daß sie anschaulicher Natur sind und als tatsächlicher Besitz unseres Bewußtseins allein vorgefunden werden, wenn wir vorläufig alles fernhalten, was der menschliche Geist etwa an Deutungen oder Denkgewohnheiten in sie hineinzutragen pflegt. Sie gleichen sich auch darin, daß sie an und für sich keinerlei Hinweis auf etwas außerhalb unseres Bewußtseins enthalten und in dieser Hinsicht untereinander durchaus gleichwertig sind. „Erfahren" bedeutet somit gar nichts anderes als ein Bemerken *(to perceive)* des in unserem Bewußtsein (sich abspielenden) Ablaufs unserer Vorstellungen. Erfahrung ist so zu einem selbstgenügsamen Vorgang in der Seele geworden, der bei Ausschluß vorschneller Deutungen durch nichts herausfordert, ihn mit Dingen außerhalb unseres Bewußtseins in Zusammenhang zu bringen. Oder kurz: **Alle Erfahrung ist eigentlich innere Erfahrung**[56].

4. DIE VORSTELLUNGEN KÖRPERLICHER DINGE

Berkeleys Interesse knüpft sich besonders an die erste der drei Arten von Ideen: an die „Sensationen", wie er sie gleich Locke auch zu nennen pflegt. In Hinsicht ihrer hatte ja sein Vorgänger durch Einführung des Begriffs „sensitiver" Erkenntnis den Standpunkt reiner Erfahrbarkeit verlassen und sich mit seinen eigenen Voraussetzungen in Widerspruch gesetzt. Für Berkeley liegt nun die Sache so, daß ihm auch die äußere Erfahrung nichts anderes bedeuten kann als ein Bemerken des Auftretens und des Ablaufs der Sensationsideen im Bewußtsein. Dem steht aber nun die gewöhnliche, allgemein verbreitete und in einem instinktiven Glauben festverwurzelte Meinung gegenüber, daß unsere Wahrnehmungen nur die Folge von Wirkungen seien, welche an sich selbst reale Dinge auf unsere Seele ausüben. Unterscheiden wir denn nicht sehr deutlich unseren subjektiven Bewußtseinsinhalt von der objektiven Welt der Körper und Ereignisse? Unsere Vorstellungen als — wenn auch vielleicht unvollkommene — **Bilder** der Dinge von den **Dingen** selbst? Liegt nicht

DIE VORSTELLUNGEN KÖRPERLICHER DINGE

der ganze Wert unserer „Wahrnehmungen" gerade darin, daß in ihnen tatsächlich etwas „wahrgenommen" wird, zu dem sie sich verhalten wie die mehr oder weniger getreuen Kopien zum Original? Eben von dieser Voraussetzung war ja der ganze Empirismus und mit ihm auch Locke ausgegangen und hatte gerade darin seinen Vorzug vor dem wirklichkeitsfremden Rationalismus mit seinem Ausgang von der Innerlichkeit des reinen Denkens erblickt. Gerade hier aber setzt nun in Berkeley die entscheidende Wendung der Erfahrungsphilosophie ein.

Gegeben, vorfindbar, erfahrbar sind, so sagt sich unser Philosoph, immer nur unsere Vorstellungen selbst, nicht aber irgend eine Beziehung dieser Vorstellungen auf ein Nicht-Gegebenes, Nicht-Vorfindbares, Niemals-Erfahrbares. Wollen wir daher dem allerersten Grundsatz des Empirismus: nur vom Erfahrbaren auszugehen, nicht untreu werden, so müssen wir uns auch streng an die schlichte Aussage unseres Bewußtseins halten und dürfen daher auch nicht von den Dingen aus unsere Vorstellungen erklären wollen, sondern müssen umgekehrt trachten, von diesen aus die Annahme von Dingen zu verstehen. Nun nehmen wir, wie Berkeley sagt, durch die Sinne niemals etwas wahr, was wir nicht unmittelbar wahrnehmen. „Dinge" sind aber kein Gegenstand unmittelbarer Wahrnehmung. Denn an und für sich ist jede Empfindung, so wie sie im Bewußtsein auftritt, von jeder anderen real verschieden. Wenn wir einen Turm aus der Ferne rund und aus der Nähe eckig sehen, so sind wir im Banne der gewöhnlichen Meinung geneigt, das so aufzufassen, als wäre es ein und derselbe Gegenstand, der uns je nach der Lage unserer Sinnesorgane bald rund und bald eckig erscheint. Eine strengere Besinnung auf das wirklich Erfahrene belehrt uns aber bald, daß es zwei ganz verschiedene, ihrem Inhalte nach gar nicht zusammenhängende Bilder waren, die wir hier nacheinander in uns aufgenommen haben. Wenn wir einen Wagen vorfahren hören, ihn dann durchs Fenster erblicken und schließlich besteigen, so sind das ebenfalls drei ganz geschiedene, nur zeitlich aufeinanderfolgende Vorstellungen: eine akustische, eine optische und eine haptische; von ihrer Beziehung auf denselben Gegenstand „Wagen" liegt in der Wahrnehmung selbst unmittelbar nichts. Wenn wir sie trotzdem in Zusammenhang bringen, so geschieht dies durch ein Verstandesurteil, nicht durch die Erfahrung als solche. Es gibt daher, streng genommen, gar keine Wahrnehmung „Desselben" durch mehrere Sinne: die gesehene Flamme brennt nicht, sondern ist nur ein leuchtendes Zeichen für die Gefahr einer Annäherung. Wenn wir nun nach der Erfahrungsgrundlage unserer Dingbegriffe fragen, so zeigt sich allein, daß in der Erfahrung die einzelnen Empfindungen bald fester und bald loser zusammenhängen. Gruppen fester zusammenhängender Empfindungen werden aus Gründen praktischer Verständigung dann unter einen gemeinsamen Namen gebracht und als ein „Ding" bezeichnet. So werden z. B. gewisse Gesichts-, Tast-, Geruchs- und Geschmacksempfindungen, welche vereint auftreten, als Einheit aufgefaßt und „Apfel" genannt. „Apfel" ist somit nur ein Sammelname für eine Anzahl regelmäßig einander begleitender Einzelempfindungen. Alle „Dinge" sind so nichts anderes als ein **Inbegriff bestimmter Vorstellungen** (*collection of ideas*) und existieren außerhalb dieser Vorstellungen so wenig wie eine Farbe außerhalb des Sehens oder ein Ton außerhalb des Hörens. Die ganze Körperwelt setzt sich nur aus solchen durch Worte fixierten Empfindungsgruppen zusammen. **Die sogenannte „Außenwelt" ist in Wahrheit nur ein Teil unserer Innenwelt**[57].

5. EMPIRISCHER IDEALISMUS

Nicht die „Körper" sind also das Erste, sondern die Empfindungen. Daher können auch nicht diese von jenen herrühren, sondern umgekehrt baut sich unsere Vorstellung von Körpern nur aus Empfindungen auf. Dann fehlt aber auch jede Grundlage, um den Substanzbegriff auf unsere Körpervorstellungen anzuwenden. „Substanz" soll nach Locke der unerkennbare und unvorstellbare Träger der sinnlichen Eigenschaften sein; wenn ich aber von einer Sache behaupte, daß sie existiere, so muß ich mir doch zumindest eine Vorstellung von ihr machen können: was ich mir schlechterdings nicht vorstellen kann, das existiert für mich auch nicht! Das, was ich mir aber allein wirklich vorstellen kann, sind die sinnenfälligen Empfindungskomplexe. Sie durch die Sprache als „Dinge" zu fixieren, entspricht einem praktischen Bedürfnis; ihnen aber einen substantiellen Kern anzudichten, ist eine über-

EMPIRISCHER IDEALISMUS

flüssige Erfindung. Die phänomenalen Körper unserer Umwelt, jene also, die wir sehen, greifen, riechen können, die einzigen Dinge also, von denen wir unmittelbar wissen, sind somit substanzlos. Wenn wir von einer Kirsche die Empfindungen der Weichheit, Feuchtigkeit, Röte und Säure mit Süßigkeit gemischt abziehen, so bleibt nichts übrig; die Kirsche hat aufgehört zu existieren, denn sie ist kein von diesen Empfindungen verschiedenes Wesen. Und wäre sie es, so könnten wir davon niemals etwas wissen. Denn dieses metaphysische Wesen stünde dann eben ganz außerhalb unseres Bewußtseins; es wäre uns nicht nur seiner Essenz, sondern auch seiner Existenz nach unbekannt und würde daher für uns gar nicht existieren. Es gibt also keine "sensitive" Erkenntnis einer von unseren Vorstellungen unabhängigen Außenwelt, sondern nur eine intuitive Erkenntnis dieser Vorstellungen selbst und ihres Ablaufs im Bewußtsein. Die einzigen wirklichen Objekte der Erkenntnis sind unsere eigenen Vorstellungen. Daraus folgt aber auch, daß wir in keiner Art eines Seins habhaft werden können, das außerhalb unseres Bewußtseins läge. Denn selbst der Gedanke eines solchen extramentalen Seins ist ja selbst wieder ein Gedanke in uns. Jeder Versuch, das Bewußtsein wahrhaft zu transzendieren, ist somit von vornherein zur Aussichtslosigkeit verdammt. Wie das Sein der körperlichen Dinge, so fällt "Sein" für uns durchaus mit "Bewußt-sein" zusammen. "Sein" heißt vorgestellt werden: *Esse ist soviel wie Percipi (their esse is percipi)*. Es folgt das ganz einfach daraus, daß es allgemeine Wesenheiten neben den Einzeldingen nicht gibt und die Einzeldinge wieder abgesehen von ihren wahrnehmbaren Eigenschaften nichts sind. Das Ergebnis ist somit ein erkenntnistheoretischer Idealismus, der in Hinsicht der objektiven Welt keine andere Art Existenz anerkennt als eine ideelle: es gibt nur Ideen, aber keine diesen Ideen entsprechende oder von ihnen unabhängige Realität. Dieser Idealismus ist ein empirischer und subjektiver Idealismus, weil er, von einer empirischen Analyse des Bewußtseins ausgehend, lehrt, daß die Ideen dem Subjekt immanent sind und nur existieren, insofern sie von einem Subjekt perzipiert werden [58].

6. WIDERLEGUNG VON EINWÄNDEN

Berkeley hat sich nicht verhehlt, daß seine These von der Substanzlosigkeit der Körperwelt dem zähen Widerstand fest eingewurzelter Denkgewohnheiten begegnen müsse. In den „Dialogen" zwischen Hylas, dem Verteidiger der realistischen, und Philonous, dem Anwalt der idealistischen Weltansicht, hat er in meisterhafter Weise und mit dramatischer Lebhaftigkeit diesen Kampf der Meinungen geschildert und überaus geschickt die möglichen Einwände der Gegner vorweg erledigt.

Den angreifbarsten Punkt in Berkeleys Argumentation bildet wohl der Umstand, daß er — hierin mehr Sensualist als Locke — nur vom Sinnlich-anschaulichen ausgeht und dabei zu verharren verlangt, was naturgemäß von vornherein die Annahme einer Substanzialität der körperlichen Phänomene ausschließt. Dagegen liegt nun der Einwand nahe, daß eine reale Außenwelt, wenn auch nicht unmittelbar erfahren, so doch auf Grund des Erfahrbaren erschlossen und im Denken erfaßt werden könne. Darauf erwidert nun Berkeley, daß jene Körperwelt, die uns tatsächlich umgibt und welche die einzige ist, die uns interessiert, gar nicht erschlossen zu werden braucht, sondern eben so, wie sie ist, ganz real als Inhalt unseres Bewußtseins existiert. Zu ihr aber noch eine zweite, substantielle Körperwelt hinzuzudenken, liegt weder ein Anlaß noch eine Berechtigung vor. Eine solche Verdoppelung der Sinnenwelt wäre ganz wertlos, denn sie würde unser Wissen in keiner Weise bereichern und ebensowenig etwas zur Erklärung der Phänomene beitragen. Auch diese Doppelgängerin unserer Bewußtseinswelt wäre ja doch wieder nur eine Vorstellung oder ein Gedanke in unserem Geiste und könnte nur nach dem Vorbilde der uns allein gegebenen Erfahrungswelt gedacht werden. Hylas wendet gelegentlich dagegen ein, daß die Anwendung des Mikroskopes ganz sinnlos wäre, ohne die Voraussetzung, daß den Körpern an sich selbst eine dem unbewaffneten Auge verborgene Struktur zukomme. Philonous entgegnet, daß das Bild, das ich mit freiem Auge, und das, welches ich im Mikroskop wahrnehme, ganz verschieden sind, genau so wie eine Gesichts- und Tastempfindung „desselben" Gegenstandes. Es wird in jenen beiden Fällen nicht „dasselbe" wahrgenommen, einmal genauer und das andere Mal unge-

WIDERLEGUNG VON EINWÄNDEN

nauer, sondern es sind zwei ganz getrennte Eindrücke, die ich hier nach Maßgabe der Umstände empfange. Das Mikroskop vermittelt mir nur einen bisher verborgenen Zusammenhang verschiedenartiger Vorstellungen, und „je mehr jemand von dem Zusammenhang der Vorstellungen erkennt, um so mehr Erkenntnis der Natur der Dinge darf man ihm zusprechen". Wir bleiben also auch hier ganz im Umkreise des Sinnlich-vorstellbaren.

Gleichwohl drängen sich noch eine Reihe von Fragen auf. Scheint nicht durch den subjektiven Idealismus Berkeleys jeder Unterschied zwischen Wirklichkeit, Traum und Phantasie verwischt zu werden, da wir es doch in allen drei Fällen gleicherweise nur mit „Vorstellungen" zu tun haben? Jenen Unterschied zu leugnen, entgegnet Berkeley, sei ihm nie in den Sinn gekommen. Worauf gründet sich denn überhaupt diese Unterscheidung? Offenbar doch nur auf eine deutlich fühlbare Differenz zwischen unseren Vorstellungen selbst. Die primären sinnlichen Ideen sind stärker, lebhafter, bestimmter, geordneter und zusammenhängender als die der Einbildungskraft, und unterscheiden sich von diesen vor allem sehr merklich dadurch, daß ihr Auftreten ganz unserer Willkür entzogen ist. Zwischen diesen beiden Gruppen von Vorstellungen besteht nun ganz dieselbe Realitätsdifferenz, welche die „Materialisten" zwischen unsere Vorstellungen überhaupt und die Dinge setzen. Man kann daher sehr wohl (in Anpassung an den Sprachgebrauch) die Gesamtheit der primären Vorstellungen als „wirkliche Dinge" bezeichnen und die nachbildenden Ideen der Einbildungskraft als „Bilder der Dinge". Es besteht allerdings — Berkeley knüpft hier an das erwähnte Beispiel Lockes an — ein sehr fühlbarer Unterschied, ob ich bloß träume oder mir einbilde mich verbrannt zu haben, und einer wirklichen Verletzung durch Brandwunden; aber doch kein größerer als der zwischen der sinnlichen Wahrnehmung der Flamme und ihrer Reproduktion in Erinnerung und Einbildung. Sowenig nun jemand behaupten wird wollen, daß ein Schmerz, um wirklich zu sein, außerhalb meiner Seele existieren müßte, ebensowenig braucht man die unmögliche Annahme zu machen, daß das „wirkliche" Feuer außerhalb meines Bewußtseins existiert. Abstufungen der Realität lassen sich auch innerhalb unserer Vorstellungswelt festhalten, ohne daß wir deshalb das Gebiet des Bewußten zu überschreiten brauchten. So besteht z. B. die Sonne, welche ich bei Tage sehe, als „wirkliches Ding", d. i. als sinnlich-unwillkürliche Vorstellung in meinem Bewußtsein; die Sonne, welche ich bei Nachtzeit „bloß" vorstelle, existiert gleichfalls in meinem Bewußtsein, aber als abgeblaßte und nachbildliche Vorstellung. Es ist also eine immanente psychologische Differenz zwischen unseren Vorstellungen, welche an die Stelle der üblichen Entgegensetzung von Vorstellung und Vorstellungsgegenstand tritt.

Scheint sich nun aber nicht trotzdem die so gerettete empirische Wirklichkeit in einen Strom zusammenhangloser Wahrnehmungsfragmente aufzulösen, der kein anderes Gesetz kennt, als die psychologische Ordnung unseres Bewußtseins und den Zufall gelegentlicher Empfindungen? Mit dem augenblicklichen Eindruck scheint ja auch die Existenz der Dinge zu erlöschen, so daß die Bäume in einem Garten oder die Stühle in einem Zimmer verschwinden, wenn niemand da ist, der sie wahrnimmt, und in ebenso rätselhafter Weise wieder neugeschaffen werden, wenn ein vorstellendes Wesen hinzutritt. Wie erklärt sich dann die Möglichkeit einer Voraussage natürlicher Ereignisse oder die Annahme unveränderlicher Naturgesetze? Auf diese Fragen kann allerdings erst die Metaphysik die letzte Antwort erteilen. Vorläufig genüge es, darauf hinzuweisen, daß in allen diesen Fällen der erkenntnistheoretische Sachverhalt durch den Idealismus in keiner Weise geändert wird. Es ist einmal so, daß sich in unseren sinnlichen Ideen eine solche beständige Ordnung und ein derartig fester Zusammenhang offenbart, daß unser Glaube an eine konstante Naturgesetzlichkeit nicht nur nicht enttäuscht, sondern immer wieder von neuem bestätigt wird. Unerklärt muß vorläufig der Grund dieser merkwürdigen Tatsache bleiben. Auch die Annahme einer substantiellen Außenwelt ist ja der Versuch einer solchen Erklärung, aber ein unzulänglicher. Denn da jene der Voraussetzung nach ganz außerhalb unseres Bewußtseins steht, kann sie in diesem auch nichts wirken. Es ist so viel, als wenn sie gar nicht existieren würde. Wir bleiben nach wie vor auf unsere Vorstellungen und deren immanente Beschaffenheiten angewiesen; würde sich nicht in ihnen selbst eine von unserer subjektiven Willkür unabhängige Ordnung kundgeben, welche uns den Aufbau eines zusammenhängenden Weltbildes gestattete, — das Dasein einer solchen Welt jenseits unseres Bewußtseins würde uns dazu nicht verhelfen [59].

7. IMMATERIALISMUS

Eine besondere Auseinandersetzung verlangt die Annahme einer metaphysischen Materie (*material substance*), weil diese gerade von der Wissenschaft mit besonderer Hartnäckigkeit festgehalten zu werden pflegt. Sie unterscheidet sich von der üblichen Verdoppelung unserer Sinnenwelt dadurch, daß in diesem Begriffe Merkmale zusammengetragen werden, welche jeden unmittelbaren Vergleich mit der Erfahrungswelt unseres Bewußtseins ausschließen. Die Materie soll eine aus kleinen Teilen zusammengesetzte, träge, empfindungslose Substanz sein, der nur die Eigenschaften der Ausgedehntheit, Bewegung und Undurchdringlichkeit eignen. Also im ganzen eine unerfahrbare Wesenheit, ein bloßes Gedankending (*something intelligible*), dem aber absolute Existenz zugeschrieben wird. Wir wissen bereits, daß ein solches Gedankenwesen nur eine abstrakte Allgemeinvorstellung sein könnte und daß die von Locke so genannten „primären Eigenschaften" auch nichts anderes sind als subjektive Empfindungen. Sollen nun einzelne ausgewählte Empfindungen ein von jedem Bewußtsein unabhängiges Dasein führen, indem sie einem selbst empfindungslosen Substrate anhängen? Oder soll in der Materie und ihren Kräften die hervorbringende Ursache unserer unwillkürlichen Vorstellungen gesucht werden? Das widerspräche schon ihrem Begriffe als einer trägen, inaktiven Masse. Überdies müssen auch die überzeugtesten Anhänger dieser Ansicht zugeben, daß es schlechthin unbegreiflich ist, wie eine selbst empfindungslose Substanz Empfindungen sollte hervorbringen können. Das, was selbst ungeistig ist, kann niemals Ursache eines Geistigen sein.

Die stärkste Stütze findet aber der Glaube an die Materie in der Überzeugung von ihrer Unentbehrlichkeit für die **Mechanik und Korpuskulartheorie**. Diese, so sagt man, hätten uns wertvollste Einsichten in die Naturvorgänge erschlossen und seien doch nur möglich unter der Voraussetzung eines nur den Bewegungsgesetzen unterliegenden Stoffes. Berkeley bestreitet sowohl die gerühmte

Fruchtbarkeit der mechanistischen Denkweise als auch ihre Gebundenheit an den Begriff einer metaphysischen Materie. Zu welchen Dunkelheiten, Widersprüchen, Scheinproblemen und endlosen Streitigkeiten hat nicht in der Naturphilosophie dieser Begriff schon geführt! Dabei vermochte uns die Mechanik weder den Übergang der Bewegung von einem Körper auf einen anderen, noch auch die Entstehung eines Tier- oder Pflanzenkörpers im geringsten begreiflich zu machen. Ebensowenig kann man auf Grund der Bewegungsgesetze das Auftreten der Empfindungen im Bewußtsein irgendwie verstehen. Soweit aber die Mechanik im Recht ist, hat sie ihre Ergebnisse immer noch der Berechnung phänomenaler Bewegungs- und Massenverhältnisse zu danken, die, wie gezeigt, selbst Ideen sind, nicht aber dem gänzlich unfruchtbaren Begriff einer metaphysischen Materie. Es bedürfe, meint Berkeley, gar nicht solcher müßiger Erfindungen von Gedankenwesen, da — wie seine Metaphysik zeigt — die Möglichkeit besteht, die Naturerscheinungen auf eine andere, viel einfachere Weise zu erklären. Auch die metaphysische Materie ist somit ein sowohl unmöglicher als überflüssiger Begriff, der nichts erklärt, sondern nur den natürlichen Sachverhalt in Verwirrung bringt und so dem Skeptizismus den Boden bereitet.

Fehlt so unserem Philosophen überhaupt das Verständnis für die methodische Bedeutung des naturwissenschaftlichen Hypothesenbaues, so ist auch nicht verwunderlich, daß er auf Grund seiner streng phänomenalistischen Auffassung die mathematische Physik seines großen Zeitgenossen Newton ablehnen mußte. Newtons Begriffe eines absoluten Raumes, einer absoluten Zeit und absoluten Bewegung widerstritten durchaus seiner subjektivistischen Erkenntnislehre. Berkeley kennt nur die Vorstellungen einzelner räumlicher Dinge, aber nicht die Vorstellung eines Raumes als solchen oder einer unbegrenzten homogenen Ausgedehntheit losgelöst von allem sinnlichen Inhalt. Was man „leeren Raum" nennt, ist nach ihm nichts als die Wahrnehmung, daß ich gelegentlich mit meinem Körper eine Bewegung vollziehen kann, ohne Widerstand zu finden; treffe ich auf einen solchen, so sage ich, daß ein anderer Körper da ist, der mich hindert. Daher mußte ihm der leere, unendliche, unbewegliche, absolute Raum als reines Phantom erscheinen. Aus dem gleichen Grunde mußte er aber auch die von Newton erfundene Fluxionsrechnung ablehnen. Jedes Verlassen der unmittelbaren Anschaulichkeit bedeutete ja für ihn ein Abirren vom Wege der Erfahrung. Daher läßt er die Mathematik überhaupt nur insoweit gelten, als sie sich innerhalb der Grenzen des sinnlich Vorstellbaren hält; er teilt ihr nur den Rang einer praktischen Wissenschaft zu, welche mannigfachen Zwecken des Lebens diene [60].

8. EINSTIMMIGKEIT MIT DER NATÜRLICHEN WELTANSICHT

Berkeley wird nicht müde, immer wieder darauf hinzuweisen, daß seine scheinbar so befremdliche Lehre mit der natürlichen, unverdorbenen Meinung des gesunden Menschenverstandes durchaus übereinstimme. Der Glaube an eine extramentale Körperwelt ist nicht Sache der natürlichen, im guten Sinne des Wortes naiven, d. i. von keinen gelehrten und halbgelehrten Vorurteilen angekränkelten Denkweise (*common sense*). Allerdings sind die Menschen wegen der Unwillkürlichkeit gewisser Vorstellungen geneigt, diesen selbst eine Art Existenz außerhalb des Geistes zuzuschreiben, ohne sich des Widerspruchs in dieser Annahme bewußt zu werden. Diesem emotional bedingten Glauben unterschiebt sich dann aber weiterhin seine vermeintliche Korrektur durch die Philosophen, welche zwar nicht Empfindungen, dafür aber ihnen entsprechende materielle Objekte außerhalb des Geistes verlegen. Für die noch unverkünstelte Vorstellungsweise gilt aber als unzweifelhaft real nur das Sicht- und Greifbare. Frage den Gärtner — sagt Philonous zu Hylas —, warum er glaubt, daß jener Kirschbaum dort im Garten ist, und er wird dir sagen, weil er ihn sieht und tasten kann. Frage ihn, warum er glaubt, daß ein Orangenbaum dort nicht ist, und er wird dir sagen, weil er ihn nicht wahrnimmt. In diesem Sinne ist auch nach Berkeley die Körperwelt durchaus real, genau so wirklich wie unsere Vorstellungen, von denen sie ja selbst ein Teil ist. Berkeley bezweifelt also keineswegs die empirische Realität unserer räumlichen Umwelt. Die Dinge sind so wirklich und auch genau so beschaffen, wie sie uns erscheinen: ausgedehnt, farbig, tönend, bewegt oder ruhend, kurz so, wie wir sie wahrnehmen. Es ändert sich so durch seinen

Idealismus an der gewöhnlichen Weltansicht gar nichts; im Gegenteil: sie wird durch ihn gestützt und gegen ihre Entwertung durch Erfindung einer nur gedachten, noch „wirklicheren" Welt geschützt. Solange wir unter „Außenwelt" nur unsere Empfindungswelt verstehen, ist alles einfach, klar und unzweideutig, und alle Prädikate, die wir ihr auf Grund der Erfahrung beilegen, behalten ihre volle Gültigkeit. „Ein Körper ist schwer" heißt: wir empfinden einen gewissen Druck, wenn wir ihn auf unsere Hand legen; „ein Körper ist ausgedehnt" heißt: wir brauchen eine gewisse Zeit und einen gewissen Kraftaufwand, um ihn zu umfassen oder zu umgehen; „ein Körper ist undurchdringlich" heißt: er leistet unserem Eindringen Widerstand. Aber auch wissenschaftliche Wahrheiten lassen sich, recht verstanden, sehr wohl in jener phänomenalistischen Sprache ausdrücken. So könnte es z. B. scheinen, daß der Umschwung der Erde um die Sonne, weil er sinnlich nicht unmittelbar wahrgenommen werden kann, für die idealistische Interpretation nicht existiere. Diese ganze Frage aber läuft in Wahrheit doch nur darauf hinaus, ob die astronomischen Beobachtungen zu dem Schluß berechtigen, daß wir, auf einen bestimmten Punkt im Weltall gestellt, die Erde tatsächlich im Chor der Planeten um die Sonne kreisend s e h e n würden. Daran zu zweifeln aber haben wir keinen Grund. Die unmittelbare Wahrnehmung ergänzt sich so durch die Voraussetzung bestimmter W a h r n e h m u n g s m ö g l i c h k e i t e n, die mit dem unmittelbar Wahrgenommenen in gesetzmäßigem Zusammenhange stehen. Sie treten auch dort in die Lücke direkter Wahrnehmung ein, wo wir trotz deren Unterbrechung an die Fortexistenz des Wahrgenommenen glauben — ein Gedanke, den dann viel später J. St. Mill wieder aufgenommen und durchgeführt hat. Nun würde es allerdings sehr schwerfällig anmuten, wenn wir uns jederzeit der korrekten idealistischen Ausdrucksweise befleißigen wollten. Es hindert uns aber nichts, im gewöhnlichen Leben jene Ausdrücke zu gebrauchen, welche uns zu praktischen Zwecken am dienlichsten und kürzesten erscheinen (so falsch sie auch im strengen theoretischen Sinne sein mögen), sofern sie nur geeignet sind, die von uns gewünschten Vorstellungen oder Gemütsbewegungen hervorzurufen. Hier rigoros zu sein, wäre ebenso lächerlich, wie wenn man einem Anhänger des Kopernikanischen Systems verbieten wollte, vom Aufgang und Untergang der Sonne zu sprechen. „In solchen Dingen", sagt Berkeley, „müssen wir denken mit den Gelehrten und sprechen mit dem Volke."

Berkeley ist also weit davon entfernt, das Sein in bloßen Schein verwandeln zu wollen. Der Gegensatz beider bleibt durchaus aufrecht, nur ist er innerhalb des Bewußtseins verlegt. Der Name „Vorstellung" soll nicht das Vorgestellte entwerten, sondern es nur in seinem unaufhebbaren Zusammenhang mit einem vorstellenden Geiste charakterisieren. Wer aber „Dinge" als „Vorstellungen" bezeichnet, der muß auch umgekehrt einen Teil seiner Vorstellungen als „Dinge" gelten lassen: „Ich will", belehrt Philonous seinen Gegner, „nicht Dinge in Vorstellungen verwandeln, sondern vielmehr Vorstellungen in Dinge. Denn jene unmittelbaren Gegenstände der Wahrnehmung, welche nach dir nur Erscheinungen der Dinge sind, nehme ich für die wirklichen Dinge selbst." Fassen wir sie aber im Sinne des philosophischen Realismus tatsächlich nur als E r s c h e i n u n g e n (einer hinter ihnen stehenden) transsubjektiven Realität auf, so sehen wir uns vor das unlösbare Problem gestellt, unsere Vorstellungen mit dieser Realität in Übereinstimmung zu setzen. Dann verwickelt uns aber alsbald die Unmöglichkeit ihres Vergleichs mit etwas seinem Wesen nach Unvorstellbarem rettungslos in alle Fallstricke des Skeptizismus. Für Berkeleys Idealismus und Immaterialismus besteht diese Gefahr nicht: denn für ihn sind unsere Dingvorstellungen nicht Kopien der Dinge von mehr als zweifelhafter Treue, sondern die Originale selbst. Für ihn besteht die Frage nach der Übereinstimmung des subjektiven Bewußtseinsinhaltes mit einer objektiven Wirklichkeit gar nicht: alles, was auf unmittelbarer Empfindung beruht, ist subjektiv und objektiv zugleich. Damit ist die Philosophie von jenem Scheinproblem für immer befreit, das sie sich doch nur selbst aufgeladen: „Wir erregen erst eine Staubwolke und klagen nachher, daß wir nicht sehen können." Im Grunde könnte man Berkeleys Meinung nicht kürzer wiedergeben als mit dem Satze: Es ist alles so, wie es eben ist! Abgeschnitten sind nur alle in vorgefaßten Lehrmeinungen wurzelnden oder überstürzten Deutungen des einfachen Sachverhalts. Berkeleys Lehre ist somit zwar **Idealismus** und **Immaterialismus**, aber keineswegs **Illusionismus**. Das Geniale an Berkeley ist dabei, daß er zu so überraschenden, eine große Wahrheit enthaltenden, (wenn auch) nicht vollständigen Ergebnissen auf dem Wege einfachster Besinnung gelangt, indem er nur alles vom Erfahrungsbegriff abstreift, was wir ganz unberechtigt in ihn hineinzutragen gewohnt sind [61].

IV. SPIRITUALISTISCHE METAPHYSIK

1. VON DER ERKENNTNISTHEORIE ZUR METAPHYSIK

Einen so wichtigen und für die Folge bedeutsamen Schritt zur Umbildung des überlieferten Substanzbegriffes die Kritik auch darstellt, welche Berkeley vom Standpunkte seines Idealismus aus an ihm übt, so vermag doch auch er, der radikalste Leugner materieller Substantialität, sich noch nicht völlig der suggestiven Kraft des Substanzgedankens überhaupt zu entziehen. Und da ihm die funktionelle, erst durch Kant angebahnte Auffassung des Substanzbegriffes, welche ihn von der Beziehung auf Transzendentes entlastet und zugleich seine Anwendung innerhalb des Phänomenalen rechtfertigt, noch fremd blieb, mußte auch er den Schritt in die Metaphysik vollziehen, die bei ihm nach Ausschaltung der Materialität nur **spiritualistischen** Charakter tragen konnte. Die beiden schwierigen Zumutungen, welche Berkeleys Lehre an den Leser stellt: die Substanzlosigkeit der phänomenalen Körperwelt und die Immanenz der Ideen im subjektiven Bewußtsein, werden durch seine Metaphysik wesentlich erleichtert, aber auch in ihrer Kühnheit und Tragweite ebenso wesentlich abgeschwächt und verkümmert.

Die Kritik der realistischen und materialistischen Theorien hatte nur substanzlose Ideen als letzte Wirklichkeitselemente unserer räumlichen Umwelt zurückgelassen. Diese sind, wenn man Lockes Terminologie anwenden will, nicht etwa (wie manchmal zu lesen steht) durchwegs „sekundäre Qualitäten" — solche gibt es nach Berkeley gar nicht, weil die affizierenden Körper fehlen —, sondern alle sind „primär", weil sie es sind, die in ihrer Gesamtheit und ohne Unterschied den empirischen „Körper" konstituieren. **Sollen nun diese Qualitäten, losgelöst von** jedem substantiellen Hintergrunde, ganz für sich selbst, freischwebend und gleichsam heimatlos existieren? Eine solche absolute Existenz der Ideen erscheint Berkeley als etwas Unmögliches. Er hält es für eine Sache allgemeiner Zustimmung, daß Ideen nicht für sich bestehen können, sondern eines substantiellen Trägers (support) bedürfen. Die Ideen sind ja ihrem Wesen nach etwas Passives; sie sind überhaupt nur etwas, insofern sie perzipiert werden. Sie setzen somit ein Aktives voraus, das sie perzipiert. Wenn daher auch unseren Ideen keine substantiellen Gegenstände entsprechen, so muß es doch substantielle Wesen geben, welche diese Ideen haben oder denen sie inhärieren. So kommt auch bei Berkeley der Begriff der Substanz als eines Trägers der Ideen wieder zu seinem Rechte. Nur daß es nicht die Materie ist, der diese Rolle zufällt, sondern immateriellen seelischen Wesenheiten oder spirituellen Substanzen. Nur der Begriff der ausgedehnten Substanz ist somit bei Berkeley gefallen, nicht auch der der geistigen oder denkenden Substanz! Es entfallen daher für Berkeley alle Fragen, welche sich sonst auf die Beziehung zwischen Seele und Leib zu richten pflegen, weil eben nur das Seelische substantielle Wirklichkeit besitzt. Dagegen besteht für ihn das Problem, auf welchem Wege die Seele, die ja nach empiristischer Voraussetzung über keinen eingeborenen Besitz von Vorstellungen verfügt, die Empfindungen empfängt, aus deren Verknüpfung und Verschmelzung sich dann ihr räumliches Weltbild aufbaut.

Auch in dieser Hinsicht hatte die Erkenntnistheorie eine unbeantwortete Frage zurückgelassen. Sie konnte zwar zeigen, daß es einen immanenten Unterschied zwischen unseren Vorstellungen gibt, der praktisch zureicht, innerhalb des Umkreises der allgemeinen Subjektivität einen Bestand objektiver Wahrheit und Wirklichkeit abzugrenzen; sie konnte aber nicht zeigen, worauf sich dieser wichtige Unterschied gründet. Woher rührt die Unwillkürlichkeit und Beständigkeit der sinnlichen Ideen, woher stammt die feste Naturordnung, die uns überall entgegentritt? Anders ausgedrückt: Welche Macht hebt die primären Wahrnehmungsinhalte aus dem wirbelnden Strom innerer Erlebnisse, aus ihrem zufälligen Zusammengeraten in der individuellen Erfahrung

111

heraus und weist ihnen, jeder willkürlichen Beeinflussung unzugänglich, einen bestimmten Ort im Raume und eine bestimmte Stelle in der Zeit an? Oder kurz: Was bedingt, daß sich in unseren Vorstellungen noch eine andere Ordnung offenbart als die rein psychologische? Da bei Berkeley die Zuordnung der Empfindungen zu einer urbildlichen Körperwelt fehlt, sucht er auch dieses Grundproblem des erkenntnistheoretischen Idealismus durch seine spiritualistische Metaphysik, und zwar in höchst origineller Weise durch Eingreifen eines schöpferischen Geistes zu lösen.

2. DIE ENDLICHEN GEISTER

Das die Ideen perzipierende tätige Wesen ist das, was wir Bewußtsein (*mind*), Geist (*spirit*), Seele (*soul*) oder das eigene Selbst (*myself*) zu nennen pflegen. Mit diesen Worten, sagt Berkeley, bezeichne ich nicht eine meiner Ideen, sondern ein von ihnen allen ganz verschiedenes Wesen, in dem sie existieren und durch das sie perzipiert werden. Das Gemeinte ist also eine geistige Substanz (*spiritual substance*), welche den Ideen als ihr Träger unterliegt. In der Regel wird aber das spirituelle Seelenwesen (*spirit, soul*) von seinen funktionellen Auswirkungen in Form bewußter Geistigkeit (*mind*) unterschieden. Solcher Kraftäußerungen gibt es zwei Arten: Wille (*will*) als Ausdruck für die Aktivität des Geistes im Hervorbringen und Bearbeiten der Ideen, und Verstand (*understanding*) als Ausdruck für das mehr passive Aufnehmen und Behalten der Ideen. Zwischen beiden wird nicht streng unterschieden und zumeist die tätige Seite unseres bewußten Lebens stärker betont, besonders auch in den Aufzeichnungen des „Tagebuchs". Der kraftbegabte Urgrund beider ist das metaphysische Seelenwesen, während sie selbst unser empirisches Ich ausmachen. Da Berkeley unter „Idee" immer nur sinnlich-anschauliche Vorstellungen versteht, so ist klar, daß wir von der Seele als einem rein geistigen Wesen keine Idee im gleichen Sinne wie von den phänomenalen Körpern zu bilden imstande sind. Die Selbstwahrnehmung vermittelt uns daher keine eigentliche Vorstellung vom eigenen Ich, sondern gibt uns von ihm nur eine Art Begriff (*notion*). So wenig man einen Ton mit Augen sehen kann, ebensowenig ist es mög-

DIE ENDLICHEN GEISTER

lich, die aktive Natur des Geistes in passiven Ideen wiederzugeben. Da uns aber die unanschaulichen Vorstellungen der Selbstwahrnehmung immer nur Kenntnis von unseren bewußten Seelenvorgängen vermitteln, so bleibt bei Berkeley mit der Annahme eines metaphysischen Substrates der psychischen Erscheinungen auch dessen Unerkennbarkeit bis zu einem gewissen Grade aufrechterhalten. Was die Natur des menschlichen Geistes betrifft, so haben Berkeleys Anschauungen eine gewisse Wandlung durchgemacht. Während in der früheren Zeit zwar das logische Denken als etwas Selbstverständliches vorausgesetzt wird, aber doch gegenüber der Frage nach dem Stoffe der Erkenntnis mehr in den Hintergrund tritt, werden im „Siris" die intellektuellen Funktionen ausdrücklich höher bewertet als die sinnlichen und als die „sicheren Führer zur Wahrheit" bezeichnet, im Gegensatz zu den „zerfließenden Phantomen" unseres Vorstellungslebens.

Was nun unser Wissen über die Existenz der endlichen Geister betrifft, so hat jeder vom eigenen Dasein durch die Selbstwahrnehmung unmittelbare Kenntnis *(an immediate knowledge)*. Die Annahme einer Beseelung anderer Wesen, also die von *„other spirits"*, stößt bei Berkeley auf Schwierigkeiten. Denn da wir nur Anschauliches vorzustellen vermögen, tritt von unseren Mitmenschen immer nur ihre leibliche Seite vor unser Bewußtsein, während ihr Innensein uns unzugänglich bleibt. Und da ferner auch jener Ideenkomplex, den wir als Du-Körper auffassen, doch nur in Form einer subjektiven Idee gegeben ist, wäre eigentlich der Solipsismus die natürliche Folge des Berkeleyschen Idealismus. Berkeley gibt auch zu, daß wir weder eine unmittelbare Gewißheit *(an immediate evidence)* noch eine beweisbare Erkenntnis *(a demonstrative knowledge)* vom Dasein anderer endlicher Geister besitzen. Da ihm aber dieses für seine Person von Anfang an feststeht, so hilft er sich durch einen Analogieschluß: die Vorstellungen der Du-Körper sind für uns Merkzeichen, den sie bildenden Ideengruppen nach Analogie unseres eigenen Innenlebens eine Seele zuzusprechen. Der Gedankengang ist also dabei der, daß solche Ideenkomplexe, welche dem Ideenkomplex, den wir unseren eigenen Leib nennen, ähnlich sind, auch auf ein unserer Seele ähnliches geistiges Wesen schließen lassen.

8 Reininger, Locke

Der Satz, der sich aus der psychologischen Analyse unseres Bewußtseins ergab: „Es existieren nur Ideen", bedarf jetzt vom Standpunkte der Metaphysik aus einer Ergänzung: „**Es gibt nur Geister und die Ideen dieser Geister.**" Dabei bleibt aber zu bedenken, daß hier das Wort „Existenz" nicht in gleichem Sinne gebraucht wird: das Wesen der Geister besteht im aktiven Perzipieren ihrer Ideen, das der Ideen selbst im passiven Perzipiertwerden durch die Geister (*perceive and perception*). Der uniforme Ausdruck „Existenz" bezeichnet somit nicht, wie Berkeley ausdrücklich hervorhebt, etwas Gemeinsames zwischen den beiden Gruppen des Existierenden, die vielmehr eine ihrem Wesen nach ganz verschiedene Daseinsform besitzen[62].

3. GOTT ALS SCHÖPFER DER IDEEN

Die Existenz eines unendlichen Wesens steht für den frommen Bischof von vornherein mindestens ebenso fest wie das Dasein endlicher Geister. Zwar anerkennt er auch den teleologischen Gottesbeweis (aus der Zweckmäßigkeit und planvollen Einrichtung der Welt, glaubt aber auf der Grundlage seines Idealismus einen noch viel strengeren neuen Beweis führen zu können. In der Tat besitzt der Gottesbegriff, ähnlich wie für Descartes, im System Berkeleys neben seiner spezifisch religiösen auch eine rein erkenntnistheoretische Bedeutung, und bildet so ein notwendiges Glied seines Gedankenzusammenhanges.

Unerklärt blieb bisher der erste Ursprung unserer Vorstellungen und die in ihnen sich kundgebende unbeeinflußbare Ordnung ihres Auftretens. Vermöge jener Aktivität, welche das tiefste Wesen des Geistigen ausmacht, vermag zwar unsere Seele selbst Vorstellungen hervorzubringen, aber eben nur die willkürlichen Ideen der Einbildungskraft. Daher müssen die unserer Willkür entzogenen Empfindungen und ihre Reihung eine andere Ursache haben, die somit außerhalb der endlichen Geister gesucht werden muß. Diese Ursache kann aber, das hat die Kritik der realistischen Hypothesen bereits gezeigt, selbst wieder nur geistiger Natur sein, also nach Analogie unserer Selbstwahrnehmung ein wollendes und denkendes Wesen. Ohne Willensmacht könnte es nicht wirken; Wille ist uns aber nur aus der inneren Erfahrung geistiger Wesen bekannt. Ohne selbst

Vorstellungen zu haben, könnte es keine mitteilen. Es gibt also einen Geist, der in mir die sinnlichen Ideen erregt. In Anbetracht der unendlichen Mannigfaltigkeit der Ideen, welche in jedem Augenblick im Bewußtsein aller Einzelgeister auftauchen, und wegen der die Macht und Einsicht der endlichen Geister weit übertreffenden Unabänderlichkeit und planvollen Ordnung dieser Ideen muß dieser schöpferische Geist unendlich größere Macht und Intelligenz besitzen als wir: er muß als unendlich mächtig, weise und gut gedacht werden, d. h. als Gott. Wie wir den Künstler aus seinem Werk erkennen, so erkennen wir das Dasein Gottes aus der Tatsache unseres geordneten Weltbildes. Gott also ist es, der unmittelbar und ohne Vermittlung einer materiellen Körperwelt die sinnlichen Wahrnehmungen in allen Einzelgeistern (nach seinem Ratschluß) in bestimmter Weise und Ordnung hervorruft. Gott ist also auch nach Berkeley der Schöpfer der Welt; nur daß diese Welt nicht eine Welt materieller Substanzen ist, sondern eine Welt von Ideen, gebunden an das Bewußtsein endlicher Geister. Berkeleys Gottesbeweis ist somit nur eine idealistische Wendung des kosmologischen Arguments. Eine Vorstellung von Gott gewinnen wir damit im eigentlichen Sinne so wenig, wie wir eine solche von geistigen Wesen überhaupt zu bilden vermögen, daher Berkeley den ontologischen Gottesbeweis, der von der Existenz einer Idee Gottes in unserem Geiste ausgeht, folgerichtig als verkehrt ablehnt. Auch von Gott vermögen wir nur einen Begriff zu bilden, der dadurch entsteht, daß wir die intuitiv erkannten Kräfte unserer eigenen Seele (erhöhen) und ihre Unvollkommenheiten ausscheiden, der aber eben deshalb der wirklichen Größe Gottes stets (höchst unangemessen) bleiben muß.

4. DIE EINHEIT DER GEISTIGEN WELT

In gewissem Sinne sind so unsere Ideen doch Abbilder einer absoluten Wirklichkeit: zwar nicht transzendenter Gegenstände, wohl aber der ewigen Ideen im Geiste Gottes. Insofern mögen, meint Berkeley, die wahrgenommenen Dinge immerhin „äußere" genannt werden, nämlich in Hinblick auf ihren Ursprung, insofern sie nicht vom eigenen Geist erzeugt, sondern ihm von außen her eingeprägt werden. Wir nehmen so durch unsere Ideen gleichsam am unendlichen Geiste teil, nur in der Rolle passiv Empfangender, während in Gott selbst die Ideen aktiv aus seinem Schöpferwillen hervorgehen. Man hat sich dabei auch der Vorstellung zu entschlagen, als wenn auch Gott gleich uns die Ideen der Dinge in Gestalt sinnlicher Bilder in sich trüge; der Charakter der Passivität, welcher den Empfindungen anhaftet, würde seiner Vollkommenheit nicht angemessen sein. Als reiner Geist erzeugt er die Ideen durch reines Denken, nicht in sinnlicher Imagination, wie das später ähnlich auch Leibniz lehrte.

Die Ideen — und mit ihnen die phänomenale Körperwelt — treten damit aus der Enge des subjektiven Individualbewußtseins heraus. Sie führen ein überindividuelles Dasein: einmal als Gedanken Gottes, dann aber auch als Bewußtseinsinhalte anderer endlicher Geister, die sie in gleicher Weise wie wir von Gott empfangen haben. Der Satz, daß Körper nicht außerhalb des Geistes existieren, bedarf daher jetzt der Einschränkung, daß er nicht in bezug auf diesen oder jenen Einzelgeist verstanden werden darf, sondern nur in bezug auf alle Geister, welche es auch seien. Eine große Gemeinsamkeit des Vorstellens umschlingt so alle geistigen Wesen und auch die vermeintliche Paradoxie, daß Gegenstände zu existieren aufhörten, wenn sie gerade niemand wahrnimmt, löst sich durch den Gedanken, daß sie auf alle Fälle im göttlichen Bewußtsein weiterbestehen. Sogar den biblischen Schöpfungsbericht weiß Berkeley auf diese Art mit seinem Idealismus in Einklang zu bringen: die Weltschöpfung bedeutet nur, daß Gott die von Ewigkeit her in seinem Geiste vorhandene Weltvorstellung nach und nach endlichen Geistern wahrnehmbar gemacht hat, — was allerdings voraussetzt, daß es bereits vor Erschaffung des Menschen geistige Wesen gegeben hat, für welche die Dinge ihren Anfang nehmen konnten.

Gott ist aber nicht nur der Urheber unserer Ideen, sondern auch der Schöpfer der endlichen Geister selbst. Und wie unsere Ideen den Ideen Gottes gleichen, so sind auch die endlichen Geister dem unendlichen Geiste wesensgleich, wenn auch beschränkter in ihrem Gesichtskreis und in jeder Hinsicht minder vollkommen. **Daher bilden auch alle Geister mitsamt ihren Ideen einen gro-**

ßen Zusammenhang oder eine Einheit in Gott, der alles in allem wirkt und durch den alles besteht, in dem auch „wir leben, weben und sind"⁶⁴.

5. WAHRHEIT, IRRTUM UND SÜNDE

Was kann auf dem Boden dieser metaphysischen Weltansicht Wahrheit und Irrtum bedeuten? Kann es überhaupt falsche Vorstellungen geben, da doch alle von Gott herrühren? Es ist eine ähnliche Sachlage wie die, vor welche sich Descartes gestellt sah, nachdem er in der „Wahrhaftigkeit" Gottes die Bürgschaft für die Zuverlässigkeit unserer Erkenntniskriterien gefunden zu haben glaubte. Für den Einzelgeist liegt die Sache nun so, daß die Musterbilder aller Dinge in Gott für ihn etwas Transsubjektives bedeuten. „Wahr" werden daher jene Vorstellungen sein, welche mit den Vorstellungen des göttlichen Geistes übereinstimmen und folglich auch mittelbar mit den Vorstellungen anderer endlicher Geister; „falsch" werden jene genannt werden müssen, die nur in diesem oder jenem Einzelgeist bestehen. Daß es aber falsche Vorstellungsweisen überhaupt geben kann, hängt damit zusammen, daß Gott ja nur die unwillkürlichen Ideen in uns direkt hervorruft, während in ihrer Kombination der Aktivität der endlichen Geister ein gewisser Spielraum gelassen ist. Empfindungen sind daher in ihrer Art immer „wahr": wenn ein zur Hälfte ins Wasser getauchtes Ruder gebrochen erscheint, so ist diese Vorstellung nach Maßgabe der Umstände durchaus richtig; irrtümlich wird sie nur, wenn wir schließen, daß das Ruder auch außerhalb des Wassers dieselbe Knickung zeigen werde. Kurz gesagt: der Irrtum liegt niemals in den einzelnen, von Gott gewirkten Vorstellungen, sondern allein in ihrer vorschnellen willkürlichen Kombination zu Urteilen. Wenn wir bedenken, welche große Rolle Verstandesurteile schon im Zustandekommen der Gesichtswahrnehmung spielen, so erklärt sich die Möglichkeit des menschlichen Irrens hinlänglich. Auch Descartes hatte dessen Grund in vorschnellen Urteilen gesehen; bei Berkeley fehlt aber die Angabe des Kriteriums der Klarheit und Deutlichkeit, d. i. der logischen Evidenz, um unser Urteil ihm entsprechend einzurichten oder aufzuschieben. Ein viel bedenklicherer Einwand droht dem gläubigen Philosophen aus dem Begriff der Sünde.

Da Körper als passive Ideen nicht selbst zu wirken vermögen, so muß Gott auch als unmittelbarer Bewirker aller wahrnehmbaren Bewegungen gedacht werden. Ist er dann aber nicht auch der Urheber aller verbrecherischen Handlungen, die von menschlichen Körpern ausgeführt werden? Dagegen macht Berkeley geltend, daß die Sünde gar nicht in den oder jenen sichtbaren Handlungen ruht, sondern allein in der Gesinnung des Handelnden. So ist zwar der Mord sündhaft, nicht aber die Tötung eines Menschen im Kriege oder eine gesetzliche Hinrichtung. Daher ist auch Gott nicht die Ursache der Sündhaftigkeit, mag er auch gleich jene Taten bewirken, die bei unfrommer Gesinnung als Sünde gelten. Da aber zuletzt Gott doch auch die Gedanken des Mörders lenkt oder ihn durch Erregung entsprechender Vorstellungen zumindest in Versuchung führt, während er doch gar nicht wollen kann, daß der Mensch sündige, so wird auch Berkeleys Erklärung dieser Grundschwierigkeit jeder theistischen Weltanschauung nicht gerecht [65].

6. NATURERKENNTNIS UND TELEOLOGIE

Es drängt sich ferner die Frage auf, in welchem Sinne auf dem Standpunkte des spiritualistischen Idealismus Berkeleys von Naturerkenntnis überhaupt noch die Rede sein kann? Die Naturwissenschaft hat es doch mit Körpern, den Bewegungen dieser Körper und den Ursachen dieser Bewegungen zu tun. Nun sind aber nach Berkeley alle „Körper" nur Ideenkomplexe, und alle „Bewegungen" nur von Gott in den endlichen Geistern hervorgerufene Ideenfolgen. Ideen können aber infolge ihres passiven Charakters auch nicht aufeinander wirken. Daher stehen die Naturerscheinungen auch untereinander in keinem kausalen Zusammenhang, sondern jede verdankt ihr Dasein einem besonderen Schöpfungsakte der Gottheit. Der vermeintliche kausale Zusammenhang der Naturvorgänge beruht daher auf einem täuschenden Schein: nicht eine bewegte Kugel z. B. stößt die ruhende vor sich her, sondern Gott ist es, der nacheinander die Vorstellungen einer rollenden Kugel, ihres Auftreffens auf eine ruhende und die darauf folgende Bewegung dieser letzteren erweckt. Daher gibt es, wie keine Naturkausalität und keine Naturkräfte, so auch keine Naturgesetzlichkeit, wenn man darunter eine zwangsweise Regelmäßigkeit versteht, welche den Naturvorgängen selbst innewohnt. Nun ist es zwar möglich, auf Grund fortgesetzter Aufmerksamkeit auf den gottgewollten Ablauf unserer Vorstellungen ihm eine gewisse Regelmäßigkeit und Gleichförmigkeit abzulauschen und darauf eine Voraussicht des Kommenden zu bauen. Aber jene Gleichmäßigkeit beruht doch allein auf der Konstanz des göttlichen Willens und auf der Weisheit und Güte des Schöpfers aller Dinge, der es vorzieht, uns bestimmte Ideen immer durch eine Reihe von Mittelgliedern vorzuführen. Gott könnte ebensogut die Bewegungen des Uhrzeigers unmittelbar bewirken, statt uns die Vorstellung zu erwecken, daß zu diesem Zwecke die Tätigkeit eines Uhrmachers und die Funktion eines Mechanismus vorhergehen müsse. Naturgesetze beruhen daher nur auf der Beobachtung, daß gewissen Ideen bestimmte andere Ideen gewöhnlich zu folgen pflegen, und das Vertrauen auf sie ist nur das Vertrauen auf die Beständigkeit des göttlichen Willens. Als notwendig beweisen läßt sich aber die Naturordnung nicht, da wir auch nicht mit Sicherheit wissen können, ob der Urheber der Dinge stets gleichmäßig und unter Einhaltung der gewohnten Ordnung handeln werde. Wunder bleiben immer möglich, wenn es auch Gott offenbar vorzieht, sich durch Vorführung der Harmonie des Geschehens an unsere Vernunft zu wenden, als uns durch außerordentliche und überraschende Ereignisse zum Glauben an sein Dasein zu zwingen.

Berkeley hat wiederholt und nicht ohne Glück zu zeigen versucht, daß richtig verstandene Naturerkenntnis mit seinem Idealismus nicht nur verträglich ist, sondern sogar eine Klärung ihrer Aufgabe erfährt, weil sie durch ihn von metaphysischen Erwartungen und absoluten Anforderungen befreit wird. Für ihn gibt es kein Inneres der Natur mehr wie für Bacon, und keine unbekannten Träger der Erscheinungen wie für Locke, und daher auch keine Enttäuschung über ihre Unerkennbarkeit. Bei ihm findet sich auch bereits einer der Hauptsätze Humes, daß der Zusammenhang der Erscheinungen nicht logisch deduzierbar ist. Aber allerdings muß nach ihm die Naturwissenschaft darauf verzichten, die Naturvorgänge aus immanenten Ursachen zu erklären; ihr bleibt nur die bescheidenere Aufgabe, sie zu beobachten und zu beschreiben: an Stelle der ätiologischen hat so nach Berkeley die streng phänomenologische Methode der Naturforschung zu treten. Es ist dabei nur ein durch den Siegeszug der klassischen Mechanik seiner Zeit mitbedingtes Mißverständnis Berkeleys, wenn er die Mechanik, welche jede Bewegung aus anderen Bewegungen ableiten und alles auf Druck und Stoß zurückführen will, als das Falscheste erklärt, was sich denken lasse. Sie wäre es nur, wenn sie selbst Metaphysik sein wollte; in dem berühmten Ausspruch Kirchhoffs, daß es nur ihre Aufgabe sei, die in der Natur vor sich gehenden Bewegungen auf die vollständigste und einfachste Weise zu beschreiben, kommt Berkeleys Auffassung zu ihrem Rechte.

Die letzte Wertung der Naturerkenntnis ist nun allerdings von seiten Berkeleys eine rein theologische. Denn von metaphysischem Standpunkte aus bedeuten ja die Naturgesetze doch nichts anderes als die von der göttlichen Vorsehung nach allweisem Plane gewollte Ordnung des Vorstellungsablaufs in den einzelnen Geistern, dazu bestimmt, uns zur Verehrung des göttlichen Wesens und zur Befolgung seiner Gebote zu leiten. Der ganze Naturlauf hat so letzten Endes den Sinn einer Menschheitserziehung durch zweckentsprechende Erregung gewisser Vorstellungen. Statt unnützer Bemühungen, in das (gar nicht vorhandene) Innere der Natur einzudringen, sollten wir uns vielmehr bemühen, diese Absicht Gottes zu erkennen, seine Gedanken und seinen Willen sowohl im regelmäßigen (Naturgesetz) wie im unregelmäßigen (Wunder) Ablauf unserer Vorstellungen aufzusuchen und zu bewundern. Unter höchstem Gesichtspunkte tritt daher an Stelle der kausalen Naturbetrachtung ganz und gar die teleologische aus dem Willen und der Weisheit des Schöpfers und seines Erziehungsplanes. Sogar die dysteleologischen Bildungen der Natur weiß Berkeley durch eine Art Theodizee als notwendige Nebenwirkungen des allgütigen Schöpferwillens zu begreifen. Berkeleys System endet so auch mit einer völligen Versöhnung der Philosophie mit dem kirchlichen Glauben, da es kein Dogma gibt, das durch seine Verschiebung in die metaphysische Weltbetrachtung nicht Platz in ihm fände [66].

V. ZUR WÜRDIGUNG BERKELEYS

1. BERKELEY ALS ERKENNTNISTHEORETIKER

In der Beurteilung Berkeleys ist der erkenntnistheoretische Teil seiner Lehre vom metaphysischen streng zu trennen. Im ersteren liegt seine Bedeutung für die Entwicklung der Erfahrungsphilosophie, sein kaum hoch genug anzuschlagendes Verdienst für die Aufhellung wichtigster Probleme und sein lebendiges Fortwirken bis in die Gegenwart herein. Sein Satz: „*Esse* heißt *Percipi*" gehört, richtig verstanden, zu jenen Wahrheiten, von denen Schopenhauer sagt, daß es ihr Schicksal sei, zuerst als paradox verlacht und später als trivial geringgeschätzt zu werden. Aber auch die Lehren, daß es nur repräsentative Vorstellungen von allgemeiner Bedeutung gibt, daß in unseren Gesichtswahrnehmungen Urteile und Assoziationen mit Tast- und Bewegungsempfindungen wirksam sind, daß die Erfahrung ein immanenter Vorgang in unserem Bewußtsein ist und an sich keinerlei „sensitiven" Hinweis enthält, daß zwischen primären und sekundären Qualitäten kein Unterschied besteht, die Einführung des Begriffs der Wahrnehmungsmöglichkeiten, die Kritik am Begriffe der Materie, endlich das Postulat phänomenologischer Naturforschung, — all das ist, mancher Rückschläge ungeachtet, teils zu einem unverlierbaren Besitz der Philosophie geworden, teils steht es noch heute im Mittelpunkt lebhafter Erörterung. Berkeleys Idealismus ist — was nicht nachdrücklich genug immer wieder hervorzuheben ist — nicht Irrealismus, sondern nur Immaterialismus: er leugnet nicht die empirische, sondern nur die metaphysische Außenwelt, und auch diese nur insofern, als sie materialistisch gedacht wird. Sätze etwa wie die, daß nach Berkeley die räumliche Umwelt nur in unserem Kopfe existiere, oder daß die Dinge nach ihm nur real zu sein scheinen, würden ein arges Mißverständnis seiner Lehre bedeuten. **Sein Idealismus ist vielmehr nur der Versuch, das tatsächlich Gegebene vom Standpunkte der reinen Erfahrung aus zu charakterisieren, und das, was wirklich erfahren wird, von dem zu scheiden, was wir in die Erfahrung bloß hineinzudenken gewohnt sind.** Daß er nur das unmittelbar Anschauliche als wahrhaft vorfindbar gelten läßt,

121

bedeutet die Eigentümlichkeit, aber auch die Schwäche des Berkeleyschen Idealismus. Dadurch aber, daß Berkeley über die einleuchtende Wahrheit, daß wir es unmittelbar immer nur mit unseren Vorstellungen zu tun haben, mit der Behauptung hinausgeht, daß alles Seiende „geistiger" Natur sei, wird die Reinheit seines erkenntnistheoretischen Idealismus getrübt. Berkeley behauptet zwar mit Recht, daß das Physische kein absolutes, sondern auch nur ein „bewußtes" Sein bedeutet; aus metaphysischen Motiven unterschiebt sich dem aber die Behauptung, daß es psychischer Art und eine Wesensäußerung geistiger Substanzen sei. Als Folge dessen schlägt sich Berkeley gelegentlich auch mit dem Scheinproblem herum, ob nicht, weil die Ausdehnung nur im Geiste existiert, der Geist selbst ausgedehnt gedacht werden müsse, ohne doch darauf eine befriedigende Antwort zu finden. In Wahrheit will aber sein Idealismus gar nicht das Physische leugnen, sondern nur das „Materielle", das ihm unterlegt wird. Physisches und Psychisches sind aber Korrelatbegriffe, und wer das eine aufhebt, macht auch das andere sinnlos. Daß Berkeley diesen fundamentalen Unterschied nicht ausdrücklich genug innerhalb des Bewußtseins festgehalten hat, verleiht seiner Lehre jenen oft bemerkten Anschein von Paradoxie und das zum Widerspruch Reizende, was man ihr gegenüber stets empfunden hat. In diesem Sinne sagt Hume über Berkeleys Schriften: „Sie lassen keine Antwort zu und bringen doch keine Überzeugung hervor. Ihr einziger Erfolg ist jene momentane Bestürzung, jene Unentschiedenheit und Verwirrung, welche das Ergebnis des Skeptizismus sind." In Wahrheit ist aber Berkeleys Ergebnis gar kein skeptisches: denn dadurch, daß er die Existenz des Nichtideellen überhaupt verneint, scheidet für unseren Bewußtseinsinhalt jeder Vergleichspunkt aus, durch den die reine Erfahrungswirklichkeit in ihrem unmittelbaren Realitätswert herabgedrückt werden könnte, wie das durch den Realismus geschieht, der sie nur als Kopie gelten läßt, gleichsam als Schatten, den die Dinge in unser Bewußtsein werfen. Dadurch, daß für Berkeley die Erfahrungswelt eben die zu erkennende Außenwelt selbst ist, erscheint bei ihm das Erkenntnisobjekt in greifbare Nähe gerückt: denn ein Wissen von unseren „Vorstellungen" (welche ja die Dinge selbst sind) ist möglich und erreichbar; es nimmt an Gewißheit an der intuitiven Selbsterkenntnis teil; es ist mit der Ausdehnung der Erfahrung einer unbeschränkten Bereicherung fähig; es ist für unseren Erkenntniswillen durchaus befriedigend, weil seine Selbstgenügsamkeit nicht durch den dunklen Hintergrund unerreichbarer Ziele getrübt wird; es steht endlich mit den praktischen Lebensfragen in unmittelbarem Zusammenhang und ist darum auch biologisch wertvoll. Daher konnte Berkeley im Gegensatz zu jenem Ausspruche Humes am Schluß seiner „Dialoge" mit Recht seine Lehre dem im Springbrunnen aufsteigenden, aber nach den nämlichen Gesetzen wieder herabsinkenden Wasser vergleichen: auch sie biegt, nachdem sie auf den ersten Blick den Skeptizismus heraufzubeschwören schien, bis zu einem gewissen Punkt verfolgt, wieder zur natürlichen Weltansicht zurück [67].

2. BERKELEY ALS METAPHYSIKER

Esse heißt *percipi;* alles *percipi* setzt aber ein *percipere,* also aktive Geistigkeit voraus; diese kann wieder nur begriffen werden als Wesensäußerung geistiger Substanzen: diese letzteren haben daher allein absolute Existenz. Mit diesem Gedankengang vollzieht Berkeley die Wendung zu einem pluralistischen Spiritualismus, der eine Vielheit substantiell-psychischer Wesen annimmt. Aus dem erkenntnistheoretischen Idealismus läßt sich diese Annahme nicht begründen. Denn nicht nur, daß sich gegen spirituelle Substanzen dieselben Einwände erheben ließen wie gegen die materiellen, und reine Aktivitätszentren, als welche Berkeley die „Geister" aufgefaßt haben will, sich zu „Trägern" der Ideen wenig eignen, fehlt vom Standpunkte des strengen Empirismus überhaupt jede Berechtigung, hinter die Bewußtseinserscheinungen zurückzugehen und nach einer hervorbringenden Ursache unserer Empfindungen zu fragen. Woher können wir wissen, ob uns nicht — wie Kant bei ähnlichem Anlasse sagt — unsere Vorstellungen eher vom Vater der Lüge als vom Geiste der Wahrheit eingeflößt werden? Die tiefere Bedeutung, welche der theosophische Abschluß im System Berkeleys besitzt, besteht in der Unmöglichkeit, vom Standpunkte eines reinen und noch dazu stark sensualistisch gefärbten Empirismus aus die feste Ordnung und den gesetzmäßigen, von ihrer Zuordnung zu einem subjektiven Individualbewußtsein unabhängigen

Zusammenhang der Erfahrungsbestandteile zu erklären. In diesem systematischen Sinne ist der Gott Berkeleys nichts anderes als die personifizierte Weltordnung selbst, welche jeder Erscheinung ihre bestimmte Stelle in Raum und Zeit anweist, indem sie das Auftreten der Empfindungen in einer unabänderlichen Ordnung und Reihenfolge zwangsweise regelt.

Man würde aber Berkeley überhaupt nicht völlig verstehen und ihm auch nicht gerecht werden können, wenn man seine Metaphysik allein als Ausdruck eines theoretischen Bedürfnisses auffassen wollte. Zweifellos haben in ihr religiöse Motive, ja geradezu mystische Stimmungen das entscheidende Wort gesprochen. Am Schlusse seines Hauptwerkes bezeichnet Berkeley als „Hauptabsicht und Ziel seiner Arbeit" die Betrachtung Gottes und unserer Pflicht (*consideration of God and our Duty*). So betrachtet, erscheint seine Lehre als Reaktion gegen den aufklärerischen, religionsfremden Geist der mechanistischen Naturbetrachtung, auch in jener gemilderten Form, welche sie in Lockes Lehre von der materiellen Struktur der ausgedehnten Substanzen angenommen hatte. In der Annahme einer ihrer selbst unbewußten Materie erblickte Berkeley eine Hauptstütze des religiösen Skeptizismus und der unfrommen Systeme des Atheismus und der Irreligiosität. Die „*immaterial hypothesis*", welche sich schon in den ersten Eintragungen seines wissenschaftlichen Tagebuches ausgesprochen findet, schien ihm dem gegenüber als eine Schutzwehr gegen den gottlosen Materialismus; sie bildet zweifellos den Quellpunkt seiner ganzen Lehre. Sie entspricht nämlich dem mystisch-religiösen Bedürfnis, die Scheidewand, welche die Existenz einer selbständigen Außenwelt zwischen dem menschlichen und dem göttlichen Geiste aufzurichten scheint, abzutragen. Die unmittelbare Einwirkung Gottes auf die Seele durch schöpferische Gestaltung seiner Bewußtseinswelt hingegen, welche sich leicht im Sinne einer von höchsten Zwecken bestimmten erzieherischen Leitung ihres Denkens und Wollens, also im Sinne der Vorsehung, deuten ließ, schien ihm ein intimeres Verhältnis des Menschen zu Gott anzubahnen. Es ist ja von jeher der Zug aller Mystik, den Menschen der Gottheit so nahe als möglich zu bringen. Die deutliche Wendung zur Mystik im „Siris", wo die Überzeugung vom Dasein Gottes als das Erste und Gewisseste gilt, dient dafür als Bestätigung. Es ist Berkeley so wenig wie anderen gelungen, dieses sein im tiefsten Grunde seiner Persönlichkeit wurzelndes mystisches Erleben zu einer streng beweisbaren und theoretisch unanfechtbaren Weltansicht zu gestalten, obwohl zugegeben werden muß, daß seine Lehre von der Empfindungsschöpfung durch einen überlegenen Geist grundsätzlich ebenso möglich ist wie die Lockesche Annahme einer Affektion durch bewußtseinstranszendente Gegenstände. Die Unbeweisbarkeit seiner These tut aber weder der zarten Schönheit und Tiefe seines religiösen Gefühls, noch seinem redlichen Bemühen um die Wahrheit, noch auch seiner Bedeutung für die Entwicklung der Philosophie Eintrag, — mochte es ihm nach einem treffenden Vergleich auch ergangen sein wie den Kreuzfahrern: daß er in der Tat für andere Aufgaben und Zwecke wirkte, als die waren, welche er sich gestellt hatte [68].

3. BERKELEY UND MALEBRANCHE

Die Lehre Berkeleys steht dem System des Okkasionalisten Malebranche in vieler Hinsicht so nahe, daß sie von manchen mit diesem verwechselt und Berkeley von den Zeitgenossen geradezu für einen der Anhänger des Malebranche und — gleich irrtümlich — wie dieser für einen theoretischen „Egoisten" gehalten wurde. Malebranche hatte, ausgehend von der Unvergleichbarkeit der geistigen und körperlichen Substanzen und daher auch der Unmöglichkeit ihrer gegenseitigen Beeinflussung, gelehrt, daß wir die Ideen der ausgedehnten Dinge unmittelbar in Gott schauen, während wir mit der gleichfalls von Gott geschaffenen realen Körperwelt in keinerlei Berührung stehen. Die selbständige Existenz der letzteren bei Malebranche bildet so den Hauptdifferenzpunkt der beiden Lehren, den Berkeley auch wiederholt nachdrücklich betont. Ließ man die Annahme einer materiellen Wirklichkeit außerhalb des Geistes, welche bei Malebranche tatsächlich eine ganz überflüssige Rolle spielt, fallen, so mußte sich eine Lehre ergeben, welche jener Berkeleys ungemein nahe kam. Diese Folgerung hat unabhängig von Berkeley in der Tat ein Anhänger des Malebranche vollzogen: Arthur Collier, ein englischer Geistlicher, dessen Werk: „Clavis universalis" 1713, also drei Jahre nach Berkeleys „Principles" erschien, so daß Berkeley die literarische Priorität besitzt, während Collier allerdings nach seiner eigenen Äußerung schon 1703 zu seiner Ansicht gelangt war. Die Annahme der realen Körperwelt neben der Geisteswelt, so sagt sich Collier, erklärt nichts und ändert auch nichts an unserer Vorstellungswelt; jene würde durch ihr selbständiges Dasein nur die unendliche Realität Gottes gleichsam beschränken. Daher empfindet er die „*extra-existence of the visible world*" als überflüssig, ja als widerspruchsvoll. Daher lehrt auch Collier gleich Berkeley, daß die Körperwelt nur in jenen Vorstellungen besteht, welche Gott in den endlichen Geistern erweckt [69].

4. GESCHICHTLICHE WIRKUNG

Für die Geschichte des Empirismus erscheint als das Wichtigste die Wandlung, welche der Erfahrungsbegriff selbst und mit ihm das empiristische Weltbild in Berkeleys Philosophie durchgemacht haben. Wenn bei Bacon die Körperwelt als das allein und absolut Reale galt und das Bewußtsein von ihr als ihr imaginäres Spiegelbild im Geiste, so hat sich dieses Verhältnis bei Berkeley gerade umgekehrt: die Welt des Bewußtseins ist das allein Reale, während die substantielle Außenwelt als bloße Illusion erscheint. Den Anlaß zu dieser Wandlung bildete allein die vertiefte kritische Analyse des Erfahrungsbestandes selbst, wie sie schon von Locke zum Teil geleistet worden war. Je reiner das empiristische Prinzip zur Durchführung gelangt, desto deutlicher tritt die Unmöglichkeit hervor, durch empirische Vermittlung mit dem An-sich der Dinge in Berührung zu treten, desto mehr schwindet das Vertrauen in die Spiegelnatur des Geistes, desto deutlicher wird die Erfahrung als i m m a n e n ter Vorgang erkannt, dessen Beziehung zu einer dem Bewußtsein transzendenten Wirklichkeit in jeder Hinsicht problematisch bleiben muß. Dadurch, daß Berkeley diese Beziehung gänzlich streicht, scheint er auf den ersten Blick jenen skeptischen Zug, der sich bei Locke um das Erfahrungsprinzip zu legen begann, auf das äußerste zu verschärfen und den Grundgedanken des Empirismus: durch Erfahrung mit den Dingen in engste Berührung zu treten, vollkommen preiszugeben. In Wahrheit wird dieser, allerdings in überraschender Weise, durch Berkeley wieder in alle seine Rechte eingesetzt. Denn wenn er, so wie Bacon gefordert hatte, nur darin seine volle Erfüllung finden kann, daß die Dinge, ganz so wie sie sind, gleichsam Einzug in unser erkennendes Bewußtsein halten, so sind sie bei Berkeley wirklich drinnen: Erfahrungsgegenstand und Erfahrungsinhalt, Vorgestelltes und Vorstellung fallen unmittelbar zusammen! Damit ist die Erfahrungsphilosophie vor eine ganz neue Aufgabe gestellt. Mit Lockes Begriff der immanenten Wahrheit, den dieser selbst im Stiche gelassen hatte, muß nun wirklich ernst gemacht und versucht werden, das Erkenntnisproblem in Anpassung an Berkeleys neuen Erfahrungsbegriff zu lösen: diese Aufgabe wird durch Hume im Sinne des Positivismus erfüllt.

Darüber hinaus hat Berkeleys Lehre nicht nur auf religiös gestimmte Gemüter, welche deutlicher als sonst irgendwo bei ihm die Natur als unmittelbare Sprache der Gottheit zur Menschenseele aufgefaßt fanden, von jeher eine mächtige Wirkung ausgeübt, sie hat auch die introspektive Psychologie befruchtet und vor allem das Problem der Realität der Außenwelt in seiner ganzen Wucht auch den kommenden Zeiten vor Augen gestellt. Ihr Einfluß erstreckt sich so nicht nur auf die englische Philosophie ihrer Zeit, auf Hume, Reid, Priestley u. a., sondern bis auf die Gegenwart. Der moderne Positivismus von J. St. Mill bis E. Mach zeigt deutlich Spuren ihres Einflusses oder wenigstens engere Geistesverwandtschaft. Besonders die Lehre Machs läßt sich geradezu als eine Erneuerung des erkenntnistheoretischen Berkeleyanismus auffassen.

HUME

I. ALLGEMEINES

1. DIE PERSÖNLICHKEIT

David Hume ist geboren am 26. April 1711 zu Edinburgh als der zweite Sohn eines schottischen Gutsbesitzers. Seine Erziehung lag, nachdem er den Vater in frühen Jahren verloren, ganz in der Hand seiner trefflichen Mutter, die er überaus hochschätzte. In den klassischen Sprachen gründlich vorgebildet, zeigte Hume schon in jungen Jahren ein leidenschaftliches Interesse für Literatur und alte Philosophie; Cicero und Seneca waren ihm besonders lieb. Gleichwohl wiesen Gesundheits- und Vermögensverhältnisse auf einen praktischen Beruf hin. Da seine Abneigung gegen das juristische Studium sich als unüberwindlich erwies, versuchte er es mit dem Kaufmannsstand, den er aber ebenfalls bald wieder unbefriedigt verließ. Es folgte dann ein dreijähriger Aufenthalt in Frankreich, zuerst in Reims, dann in La Flèche in Anjou, wo Descartes seine erste Ausbildung erhalten hatte und wo nun auch Hume in größter Zurückgezogenheit und Sparsamkeit als Privatgelehrter seinen Lieblingsstudien oblag. Hier reifte in dem erst Sechsundzwanzigjährigen der Plan zu seinem Hauptwerke, dem „Treatise of Human Nature", dessen Manuskript er druckfertig in die Heimat mitbrachte. Der erwartete Erfolg blieb jedoch aus, was dem ehrgeizigen jungen Philosophen keinen geringen Kummer verursachte. Um so günstigere Aufnahme fanden seine „Moralischen und politischen Essais" (1741), welche nicht nur seinen Ruhm begründeten, sondern auch zur Verbesserung seiner materiellen Lage wesentlich beitrugen. Seine Bewerbung um eine Professur für Psychologie und Ethik an der Universität Edinburgh schlug jedoch fehl. Er trat dann als Sekretär in die Dienste des Generals St. Clair, den er auf seinen Reisen nach Frankreich, Wien

DAVID HUME
Schabblatt von Martin (1767) nach dem Bild von Ramsay in der
National Gallery of Scotland zu Edinburgh aus dem Jahre 1766

und Turin begleitete. In diese Zeit fällt die Umarbeitung seines Hauptwerkes in die verkürzte Gestalt der „Enquiry". Aber nicht diesem, sondern den 1752 veröffentlichten „Political discourses" hatte er es zu verdanken, wenn von nun an sein Ruhm als Schriftsteller feststand. Gleichwohl war seine abermalige Bewerbung um eine Professur der Logik in Glasgow vergeblich. Er trat dann die Stelle eines Bibliothekars an der Juristenfakultät in Edinburgh an, die seinem neuerwachten historischen Interesse ebenso entgegenkam wie sie es ihrerseits beförderte. Hier entstanden seine religionsphilosophischen Schriften und sein großes sechsbändiges Werk über die „Geschichte Englands von Julius Cäsar bis zur Revolution von 1688", das insofern bahnbrechend genannt werden muß, weil es keine bloße Staats- und Kriegsgeschichte gibt, sondern überall die sozialen Verhältnisse, die Literatur, Kunst und die Sitten der Zeit berücksichtigt. Damit war — 1761 — die literarische Wirksamkeit Humes abgeschlossen. Die folgenden fünf Jahre wirkte er im Staatsdienste, teils in London, teils als Gesandtschaftssekretär in Paris, wo ihm am Hofe seine konservativen politischen Anschauungen ebenso zustatten kamen, wie in den Salons sein Freidenkertum in religiösen Fragen, so daß der „ungeschlachte Schotte" bald zu einem der Mittelpunkte des gesellschaftlichen Lebens der Residenzstadt wurde. In diese Zeit fällt auch seine Bekanntschaft mit Rousseau, den er auf Bitten seiner Freunde nach England mitnahm und dort dem mit sich und der Welt zerfallenen einsamen Grübler Zuflucht und Unterhalt gewährte, von dessen überreizter Empfindlichkeit aber nur mit Undank belohnt wurde, so daß bald eine völlige Entzweiung der beiden Männer eintrat. Die letzten acht Jahre seines Lebens verbrachte Hume in wissenschaftlicher Muße und selbsterworbenem Wohlstand in seiner Vaterstadt Edinburgh, wo er nach längerer, mit echt philosophischem Gleichmut ertragener Krankheit am 25. August 1776 einem Leberleiden erlag.

An Hume werden seine Freiheit von Affekten, seine Güte, Offenherzigkeit, seine Duldsamkeit und sein sanguinisch-liebenswürdiges Naturell allgemein gerühmt. Im übrigen war er ein Mann, der auch im praktischen Leben auf festen Füßen stand und einen sicheren Blick für die realen Verhältnisse besaß. Enthusiastische Stimmungen waren ihm fremd; weder die Kunst noch die Liebe spielten in seinem Leben eine Rolle. Diese Kühle und Nüchternheit seines Temperamentes färbt auch auf seine Philosophie ab, der man es auf den ersten Blick nicht ansehen würde, daß sie die einzige wirkliche Leidenschaft dieses Mannes bildete. Seine Jugend war auch nicht frei von schweren Zweifeln und inneren Kämpfen, die sein sonst so gelassenes Gemüt auf das heftigste bewegten. Es gelang ihm aber bald, ihrer Herr zu werden und sie in jene Höhe kühler Objektivität zu erheben, die seiner Natur allein zusagte. Daneben war es nur literarischer Ehrgeiz, der manchmal, besonders als ihm anfangs der Erfolg versagt blieb, lebhaftere Wellen in seinem Gemüte warf. Alles in allem war er gerade der Mann, dessen die von Berkeley zurückgelassene Problemlage bedurfte: ein kritisch veranlagter Geist, der gleichwohl fest im Tatsächlichen wurzelte [70].

2. WERKE

Hume war gleich Berkeley ein frühreifer Geist, dessen philosophische Entwicklung mit dem Erscheinen seines Erstlingswerkes im wesentlichen abgeschlossen war und dessen philosophische Produktivität auch verhältnismäßig bald versiegte. Humes Hauptwerk führt den Titel: „Abhandlung über die menschliche Natur" (Treatise of human nature) und zerfällt in drei Teile, von denen die beiden ersten: „Über den Verstand" und „Über die Gemütsbewegungen" (Of the understanding and of the passions) 1739, der dritte Teil: „Über die Moral" (Of morals) 1740 erschienen. Es liegt in guter deutscher Übersetzung, herausgegeben von Th. Lipps, vor (1. Bd. 1895, 2. Bd. 1906). Da dieses tiefsinnige, aber etwas schwerfällige und schlecht disponierte Werk nicht die verdiente Anerkennung fand, veröffentlichte er 1748 eine abgekürzte, straffer gefaßte, aber auch abgeschwächte Darstellung seiner grundlegenden Gedanken unter dem Titel: „Untersuchung über den menschlichen Verstand" (Enquiry concerning human understanding, deutsch von R. Richter, 1907) und 1751 eine ebensolche Darstellung seiner Moralphilosophie in der „Untersuchung über die Prinzipien der Moral" (Enquiry concerning the principles of morals, deutsch von G. Masaryk, 1883). Die Meinungen über den unterschiedlichen Wert der beiden Werke sind geteilt, obwohl Hume selbst in der Vorrede zur „Enquiry" sein früheres Buch verleugnet hat. Die Entscheidung wird wohl in der Richtung zu treffen sein, daß formell die spätere Schrift den Vorzug verdient, während inhaltlich der „Treatise" reicher und kühner genannt werden muß. Die so überaus wichtige Kritik des Begriffs der geistigen Substanzen findet sich überhaupt nur hier. Am bündigsten wird man wohl das Verhältnis der beiden Werke kennzeichnen, wenn man sagt, daß sich das jüngere zum älteren so verhält, wie Kants „Prolegomena" zu seiner „Kritik der reinen Vernunft"[71].

Vollständig getrennt von diesen erkenntnistheoretischen Untersuchungen, aber durch den gleichen Geist der Untersuchung mit ihnen verbunden sind die religionsphilosophischen Schriften Humes: die „Dialoge über die natürliche Religion" (Dialogues on natural Religion) 1751 verfaßt, aber erst nach Humes Tode 1779 von seinem Neffen herausgegeben (deutsch von F. Paulsen, 1905) und die „Naturgeschichte der Religion" (Natural history of Religion), vermutlich auch um 1751 verfaßt und 1757 erschienen; dazu zwei kleine Aufsätze über die Unsterblichkeit der Seele und den Selbstmord. Die „Naturgeschichte" wurde in deutscher Übersetzung von W. Bolin unter dem Titel: „Anfänge und Entwicklung der Religion" (1909) herausgegeben. Während die meisten Historiker der Philosophie Humes Hauptleistung in seiner Erkenntnistheorie erblicken, fehlt es auch nicht an Stimmen, welche das Schwergewicht seiner geschichtlichen Bedeutung in seine Religionsphilosophie verlegen, die ja tatsächlich gleich jener ebenfalls einen wichtigen Wendepunkt in der Geistesgeschichte darstellt[72]. Die unmittelbarere und noch stärkere Wirkung ist aber doch von den erkenntnistheoretischen Schriften ausgegangen. Bis 1748 hatte Hume seine Werke anonym herausgegeben; mit seinem vierzigsten Lebensjahre ungefähr schloß seine philosophische Produktion überhaupt ab. Humes Darstellung ist klar, lichtvoll, gedrungen und genußreich, wenn sie auch an Schönheit und Lebendigkeit hinter der Berkeleys zurücksteht.

3. HUMES PROBLEM UND METHODE

Hume übernimmt seine Probleme von Locke und Berkeley und führt sie vom Standpunkte der Erfahrungsphilosophie zu ihrer letzten Vollendung. Eben diese Entschlossenheit zu einer auch vor den äußersten Folgerungen nicht zurückschreckenden Durchführung des empiristischen Gesichtspunktes läßt ihn teils als Fortsetzer des Werkes seiner Vorgänger, teils als ihren unerbittlichen Kritiker erscheinen, wo diese selbst von der geraden Linie in der Anwendung ihres Grundprinzipes abgewichen waren. In ersterer Hinsicht galt es die Beschreibung und Analyse des Bewußtseins so weit durchzuführen, daß der empirische Tatbestand gereinigt von allen nicht-empirischen Zutaten und in seine letzten Elemente aufgelöst klar und scharf umrissen vor Augen gestellt wird. Der rein deskriptive Teil dieser Aufgabe war von Berkeley bereits im wesentlichen geleistet, dessen Ergebnisse Hume auch wie etwas Selbstverständliches hinnimmt. Hingegen harrte die Auflösung der komplexen Bewußtseinsphänomene noch vielfach ihrer Vollendung. In dieser Sache war Hume, der sich in seinen Briefen selbst als „Anatom", nicht als „Maler" der menschlichen Natur bezeichnet, unerreichter Meister. Seine Geistesart war sogar allzu einseitig analytisch gerichtet, während ihm das Vermögen des synthetischen Aufbaues aus den gewonnenen Ergebnissen in gleichem Grade fehlte; man hat ihn mit Recht das „Genie der philosophischen Analyse" genannt [73]. Auf Grund dessen konnte dann Hume an die systematische Hauptaufgabe, die ihm zugefallen war, herantreten: an die Erörterung des Erkenntnisproblems auf streng empiristischer Grundlage. Es war dies auch Lockes Hauptthema gewesen, dem er aber mangels folgerichtiger Durchführung seiner Grundgedanken nicht völlig gerecht zu werden vermocht hatte. Berkeley wiederum hatte sich an diesem entscheidenden Punkte in eine Metaphysik geflüchtet, für deren Berechtigung er aus der Erfahrung auch nicht den Schein eines Beweises hatte beibringen können. Hier mit dem immanenten Erfahrungs- und Wahrheitsbegriff völlig Ernst zu machen und aus ihm die letzten Folgerungen zu ziehen, blieb Hume vorbehalten. Daher bezeichnet Hume sein Hauptwerk im Untertitel als einen Versuch, die empirische Denkmethode in die Behandlung der geisteswissenschaftlichen Probleme einzuführen [74]. Auf der Basis einer gründlichen Kenntnis der „menschlichen Natur" sollen die menschlichen Erkenntnisansprüche erwogen und ihrer Erfüllbarkeit nach geprüft werden. Diese kritische Aufgabe aber erfordert es, jene Abwege abzuschneiden, welche es seinen Vorgängern ermöglichten, den reinen Empirismus zu verlassen. Das geschah bei Locke wie bei Berkeley durch die Annahme einer kreatorischen Kausalität als eines Bandes, das die Erfahrungsinhalte mit einer transzendenten Wirklichkeit materieller oder spiritueller Art verbinden sollte; bei Berkeley außerdem durch den Begriff geistiger Substanzen, während die Kritik der materiellen Substanzen durch ihn schon vollzogen war. Eine kritische Erörterung des Substanz- und Kausalitätsbegriffs war also erforderlich, um den subjektivistischen Spiritualismus Berkeleys und den Lockeschen Realismus, diese beiden Fremdkörper im System des reinen Empirismus, zu beseitigen. Eine bis zur Grenze der Möglichkeit gehende Analyse des menschlichen Bewußtseins, das Ziehen der letzten Folgerungen aus ihr für das Erkenntnisproblem, und endlich die Abweisung und kritische Zersetzung aller die Durchführung des reinen Empirismus trübenden Vorstellungsweisen sind somit die Aufgaben, welche Humes harren. Im letzten Teil dieser Aufgabe hat er am wirkungsvollsten seine Meisterhand bewiesen. Sein hoch ausgebildeter psychologischer Sinn in Verbindung mit seiner analytischen Begabung befähigte ihn hier, den geheimsten Wegen menschlicher Gedankenbildung nachzuspüren und ihre feinsten Fäden bloßzulegen. Darauf beruht auch das Auszeichnende gegenüber seinen Vorgängern und Nachfolgern, daß er sich nicht begnügt, den Schein vermeintlichen Wissens zu zerstören, sondern daß er überall bemüht ist, auch die psychologischen Wurzeln eines solchen Scheins und den Anlaß zu seiner Entstehung aufzudecken. Als Psycholog der Erkenntnis ist Hume heute noch unerreicht, und auch dort, wo er fehlgreift, hat er bisher kaum geahnte Probleme aufgedeckt. Es ist derselbe Geist, der auch seine moral- und religionspsychologischen Untersuchungen beseelt. Im Zusammenhang mit seiner Abweisung aller den reinen Erfahrungsstandpunkt verlassenden metaphysischen Theorien mußten ihm die üblichen Auffassungen ethischer und religiöser Fragen zum Problem werden. Aber auch hier ist es ihm viel weniger darum zu tun, diese oder jene Vorstellung als falsch zu erweisen, als vielmehr zu zeigen, wie sie zustande kommen, und sie so genetisch zu verstehen.

In diesem psychologischen Zuge seiner Kritik liegt das Positive seiner sonst wesentlich mit negativen Resultaten endigenden Philosophie.

II. DIE ANALYSE DES BEWUSSTSEINS

1. IMPRESSIONEN UND IDEEN

„Wir mögen", sagt Hume ganz ähnlich wie Locke, „unsere Aufmerksamkeit noch so angestrengt auf eine Welt außer uns richten, wir mögen mit unserer Einbildungskraft bis zum Himmel oder an die fernsten Grenzen des Weltalls dringen; niemals gelangen wir doch einen Schritt über uns selbst hinaus, nie vermögen wir eine Art von Existenz zu erfassen, die hinausginge über das Dasein der Vorstellungen, die in dem engen Kreise unseres Bewußtseins aufgetreten sind." Was immer so auch Gegenstand unseres Denkens bilden mag, so steht doch von vornherein fest, daß wir es immer und überall nur mit den Inhalten unseres Bewußtseins zu tun haben. **Die strengste Immanenz der Erfahrung bildet so die erste Voraussetzung Humes.** Sie ist das wertvollste Ergebnis der Erfahrungsphilosophie vor ihm, mit dem er nun völlig Ernst macht.

Alle Bewußtseinsinhalte ohne Unterschied heißen bei Hume „Perzeptionen" (*perceptions*). Daß solche Perzeptionen existieren, ist die gewisseste Tatsache, die es überhaupt gibt, ja der Begriff der „Existenz" hat gar keinen anderen Ursprung als in jener unmittelbaren Gewißheit des Gegebenseins bewußter Perzeptionen. „Was immer wir vorstellen," sagt Hume, „stellen wir als existierend vor", weil es eben **als Perzeption** unzweifelhafte Realität besitzt. Innerhalb dieser Perzeptionen zeigt sich aber ein bemerkenswerter Unterschied. Es gibt solche, die uns eben jetzt in unmittelbarer Frische und Lebhaftigkeit bewußt werden, und solche, die jenen zwar inhaltlich ähnlich sind, aber hinter ihnen an Stärke und Ursprünglichkeit merklich zurückstehen. Ein Schmerz, den ich eben jetzt empfinde, und ein Schmerz der gleichen Art, dessen ich mich bloß erinnere, mag diesen Unterschied vorläufig deutlich machen. Perzeptionen der ersten Art nennt Hume „**Eindrücke**" (*impressions*), solche der zweiten Art „**Vorstellungen**" (*ideas*) i. e. S. Dieses letztere Wort

134

hat somit bei Hume (eine wesentlich engere Bedeutung)
als bei Locke, der, ebenso wie Descartes und Malebranche,
alle Bewußtseinsinhalte (unter diesem Namen) befaßt, und
eine wesentlich schärfere Umgrenzung als bei Berkeley.
Der Unterschied beider ist nicht etwa, wie der Name
„Impression" vortäuschen könnte, ein solcher des Ursprungs
oder ihrer verschiedenen erkenntnistheoretischen Wertigkeit,
sondern allein ein solcher der Intensität. Der Ausdruck
Impression enthält keinerlei Hinweis auf etwas, das auf
unsere Seele einen „Eindruck" hervorbrächte und worauf
sich daher dieser Eindruck als auf seine Ursache beziehen
ließe. Er bezeichnet vielmehr nur (das subjektive Erlebnis
des passiven Empfangens, aber auch der Stärke, Unmittelbarkeit und Frische, mit dem sein Auftreten im Bewußtsein
verbunden ist, und demgegenüber die inhaltlich gleichen
Ideen nur (wie ein matter Abglanz oder ein schwaches Nach-
bild erscheinen). Obwohl so der Unterschied zwischen Impression und Idee nur ein relativer und gradueller ist,
so besteht doch praktisch (in der Regel) keine Gefahr der
Verwechslung, denn auch die stärksten und lebhaftesten
Vorstellungen werden hinter den schwächsten und mattesten
Eindrücken immer noch deutlich genug an psychischer
Intensität zurückstehen. Diesen Unterschied zwischen dem
Haben von Eindrücken (*feeling*) und dem Haben von Vorstellungen (*thinking*) wird daher jeder auf dem Wege einfacher Selbstbeobachtung feststellen können, mag er auch
einmal deutlicher und einmal weniger deutlich sich bemerkbar machen. Die Impressionen teilen sich — hierin
folgt Hume wieder ganz den Spuren Lockes — in Impressionen der Sinneswahrnehmung (*impressions of
sensation*) und in solche der Selbstwahrnehmung
(*impressions of reflexion*). Beispiele der ersten Art sind
Gesichts-, Ton-, Tast- und Temperaturempfindungen, solche
der zweiten Art sind alle Affekte (*passions*) und Gemütserregungen (*emotions*), wie Lust und Unlust, Liebe und
Haß, Furcht und Hoffnung. Außerdem kennt Hume noch
Bewußtseinsfunktionen oder Geistestätigkeiten (*operations of
the mind*), von denen wir offenbar ebenfalls durch die
Selbstwahrnehmung Kenntnis erhalten. Auch mit dem Auftreten der Ideen im Bewußtsein sind wieder spezifische Impressionen verbunden, die sich nicht auf deren Inhalt,
sondern nur auf die Art seines Gegebenseins beziehen. Gleich

135

Locke meint auch Hume, daß die Sensationsimpressionen denen der Selbstwahrnehmung vorausgehen müssen, da diese ja durch jene erst angeregt werden. Ebenso folgt er Locke in der weiteren Unterscheidung **einfacher** und **zusammengesetzter** Eindrücke *(simple and complex impressions)*, je nachdem sie sich als unzerlegbar in einfachere Elemente erweisen (z. B. „rot"), oder eine solche Auflösung noch gestatten (z. B. „dieser Apfel"). Die gleichen Unterscheidungen wie bei den Impressionen lassen sich auch innerhalb der Ideen festhalten: es gibt einfache und zusammengesetzte Ideen, und zwar sowohl von Sinnesqualitäten wie von Gefühlen und Begehrungen [75].

2. DIE IDEEN ALS KOPIEN VON IMPRESSIONEN

Seinem immanenten Erfahrungsbegriff getreu erklärt Hume die Frage nach der **Herkunft unserer Impressionen** als unbeantwortbar. Ob sie durch transzendente Gegenstände veranlaßt werden, die unsere Sinne rühren (Locke), oder vom Urheber unseres Seins uns mitgeteilt werden (Berkeley), oder endlich, ob sie aus der schöpferischen Kraft des eigenen Geistes stammen, wird sich niemals entscheiden lassen. Das Gefühl der Unwillkürlichkeit und des passiven Erlebens, das sie begleitet, ist ja selbst wieder nur eine Impression der inneren Erfahrung neben anderen. Hume weist daher ausdrücklich und auch hierin wieder in Übereinstimmung mit Locke die Untersuchung des Entstehens der Sinnesempfindungen den „Anatomen" und Naturforschern zu, deren Forschungen sich aber selbstverständlich auch wieder nur innerhalb des Umkreises unserer Perzeptionen bewegen können. Die Gesamtheit der Impressionen und die Reihenfolge ihres Auftretens im Bewußtsein bedeutet so für den Philosophen ein letztes Tatsächliches, hinter das nicht mehr weiter zurückgegangen werden kann; die **Grundlage** jeder weiteren geisteswissenschaftlichen Untersuchung, aber **kein Problem** für sie.

Hingegen können wir allerdings den **Ursprung unserer Ideen** innerhalb unseres Bewußtseins verfolgen. Was in dieser Hinsicht zuerst unsere Aufmerksamkeit erregt, ist die Ähnlichkeit, welche zwischen Impressionen und Ideen in allen Punkten mit Ausnahme ihrer Stärke und Lebhaftigkeit besteht, so daß alle Perzeptionen in unserem

DIE IDEEN ALS KOPIEN VON IMPRESSIONEN

Geiste in doppelter Gestalt aufzutreten scheinen: einmal als Eindrücke und dann auch wieder als Vorstellungen gleichen Inhaltes. Dabei zeigt sich aber weiterhin die auffallende Erscheinung, daß beim ersten Vorkommen der Perzeptionen zeitlich immer die betreffenden Impressionen vorhergehen, niemals aber die ihnen gleichenden Ideen das erste sind. Fehlen die primären Eindrücke, so fehlen auch die entsprechenden Vorstellungen: ein Blindgeborner hat keine Vorstellung von Farben, ein Taubgeborner keine Vorstellung von Tönen; wer nie eine Ananas gegessen hat, weiß auch nicht, wie sie schmeckt. Das legt nun den Gedanken nahe, daß alle Ideen eine Art Widerschein (*reflexion*), Abbilder (*images*) oder Kopien (*copies*) ehemaliger Impressionen darstellen. Dem steht nun allerdings der naheliegende Einwand entgegen, daß wir doch Vorstellungen zu haben scheinen, denen keine Impression entsprach, wie z. B. die Vorstellung eines goldenen Berges, und daß wir uns umgekehrt, z. B. von einer großen Stadt, die wir gesehen, keineswegs eine getreue Vorstellung in allen Einzelheiten zu machen imstande sind. Dieser Einwand hebt sich aber, wenn wir den Unterschied einfacher und zusammengesetzter Perzeptionen bedenken. Einen goldenen Berg haben wir allerdings niemals gesehen; wohl aber haben wir Gold und Gebirge gesehen. Die zusammengesetzte Vorstellung „goldener Berg" führt sich also in ihren Elementen durchaus auf ehemalige Wahrnehmungen zurück, während in deren Kombination unserer Einbildungskraft ein gewisser Spielraum gelassen ist. Schränken wir also jene Behauptung auf das Verhältnis einfacher Impressionen zu einfachen Ideen ein, so dürfen wir es als allgemeine Wahrheit aussprechen, d a ß a l l e I d e e n e n t w e d e r i n i h r e r G ä n z e, z u m i n d e s t a b e r i h r e n B e s t a n d t e i l e n n a c h K o p i e n e i n s t i g e r I m p r e s s i o n e n s i n d. Es wäre denkbar, daß eine Impression keine deutliche Spur im Geiste hinterläßt (wie in jenem Beispiele der großen Stadt); es ist aber ausgeschlossen, daß eine Idee in uns auftaucht, welche n i c h t auf eine frühere Impression zurückwiese. Nur zu verbinden, zu trennen und mannigfach umzustellen vermag unser Geist seine Ideen, aber er ist unvermögend, aus eigener Kraft auch nur eine einzige spontan hervorzubringen. Nun läßt sich dieser Satz wegen der großen Zahl und Mannigfaltigkeit unserer Ideen allerdings nicht streng beweisen. Hume führt eine Art indirekten Beweis, indem er auffordert, eine Idee zu nennen, welche sich nicht in ihren Elementen auf frühere Impressionen zurückführen ließe. Selbst Vorstellungen, welche als solche durchaus erfahrungsfremd anmuten, wie die eines allwissenden und allgütigen Gottes, zeigen bei näherer Prüfung, daß sie gleichwohl auf einzelne primäre Erfahrungen zurückweisen, in diesem Falle z. B. auf die Selbstwahrnehmung geistiger Tätigkeiten in Verbindung mit deren Steigerung ins Unermeßliche. In einem einzigen Fall jedoch glaubt Hume, selbst eine Ausnahme von seinem Gesetz feststellen zu müssen. Angenommen, wir hätten alle Schattierungen einer Farbe, z. B. Blau, durch Wahrnehmung kennen gelernt mit Ausnahme einer einzigen, die uns zufällig nie zu Gesicht gekommen ist: wären wir dann nicht imstande, diese Lücke durch unsere Einbildungskraft auszufüllen und so eine Idee frei zu schaffen? Hume glaubt, diesen Fall wegen seiner Einzigkeit vernachlässigen zu dürfen. Er wäre aber vielleicht ganz durch die Annahme auszuschalten, daß hier eine Verschmelzung bekannter Farbenschattierungen mit den ebenfalls durch Empfindung bekannten Vorstellungen von Hell und Dunkel vorliegt. Viel gewichtiger ist das Bedenken, daß die Beziehung aller Ideen auf ehemalige Impressionen sich eben nur bei Vorstellungen empirischen Ursprungs restlos durchführen läßt, während sie bei reinen Relationsbegriffen, wie „Identität" und „Kausalität", die Hume selbst als „intelligibel" bezeichnet, versagt, daher er hier zu sehr zu künstlichen Erklärungen seine Zuflucht nehmen mußte, um sie mit seinem Prinzip in Einklang zu bringen [76].

Aus dieser Grundannahme, daß alle Ideen ohne Ausnahme Kopien von Impressionen sind, leitet sich Humes wichtigstes methodisches Prinzip ab: daß eine Idee nur dann gerechtfertigt ist, wenn es gelingt, ihr Urbild in der Erfahrung aufzuzeigen. Das heißt aber wieder nichts anderes, als daß alle nicht-empiristischen Erklärungsversuche von vornherein ausgeschlossen sind. In dieser Hinsicht bedeutet Humes Satz ebenso eine programmatische Erklärung für den reinen Empirismus, wie Lockes Kampf gegen die eingeborenen Ideen oder Berkeleys Kritik der abstrakten Allgemeinvorstellungen. Die Frage Lockes hält Hume

138

durch seinen Satz für erledigt, da es doch nicht auf den zeitlichen Anfang, sondern auf den genetischen Zusammenhang ankomme. Berkeley stimmt er zu, nur daß er seine Lehre noch strenger nominalistisch deutet: es ist nur der gemeinsame N a m e, der ähnliche Vorstellungen zu einer Art Einheit zusammenfaßt und auf Grund seines gewohnheitsmäßigen Gebrauchs für viele ähnliche Dinge deren Vorstellung, wenn auch gleichsam nur potentiell, wachruft.

3. DIE IDEENASSOZIATION

Alle einfachen Ideen sind Kopien einfacher Impressionen, aber nicht alle zusammengesetzten Ideen sind auch unmittelbar Kopien von ehemaligen Empfindungskomplexen. Im allgemeinen hat zwar die Vereinigung (*union*) der einfachen Ideen ihr Vorbild in der natürlichen Verbindung (*conjunction*) der Impressionen. Wo wir dessen gewiß zu sein vermeinen, sprechen wir von Vorstellungen der Erinnerung (*ideas of memory*). Die Einbildungskraft (*imagination*) vermag aber diesen natürlichen Zusammenhang vielfach zu durchbrechen, zu erweitern und durch Verschiebung der Ideen in bezug auf ihre Originale mannigfach abzuändern. Erst durch diese Synthese der einfachen Ideen zu zusammengesetzten und der zusammengesetzten Ideen untereinander entsteht aus den fragmentarischen Eindrücken unser zusammenhängendes Weltbild und der gleichmäßig dahinfließende Strom unseres Bewußtseins. Solche Synthesen sind zwar im einzelnen spontan beeinflußbar, zumeist folgen sie aber bestimmten, unserer Willkür entzogenen Regeln, welche unbewußt die Aneinanderreihung unserer Vorstellungen und Gedanken bedingen. Diese selbst haben die Eigentümlichkeit, sich vermöge einer Art natürlicher Verwandtschaft gegenseitig anzuziehen und so automatisch, wenn auch nicht mit zwingender Gewalt unseren Ideenablauf zu regeln. Dieses Gesetz der Vorstellungsvereinigung (*principle of union*) ist die A s s o z i a t i o n o d e r n a t ü r l i c h e V e r k n ü p f u n g d e r I d e e n (*association or connexion of ideas*), eine Art „Anziehungskraft in der geistigen Welt", welche mit stiller Macht unsere Einbildungskraft in bestimmte Bahnen lenkt. Neu ist weder die Sache noch der Name, sondern nur die zentrale Stellung, welche Hume diesem Prinzip anweist. Schon bei

Platon finden sich die ersten Spuren davon, wenn er die Anamnesis auf die Ähnlichkeit der Sinnendinge mit den in der Präexistenz geschauten „Ideen" zurückführt, bei Aristoteles finden sich bereits Andeutungen der Assoziationsgesetze, Spinoza erklärt sie daraus, daß, wenn der menschliche Körper einmal von zwei oder mehreren Körpern zugleich Affektionen erlitten hat, der Geist dann später von der Vorstellung des einen zur Vorstellung des anderen übergeht; Malebranche, Hobbes und besonders Locke, der auch den schon bei einzelnen Scholastikern üblichen Namen erneuert, machen ebenfalls davon Gebrauch. Diese mannigfachen Ansätze und die meist ziemlich unsystematische Aufzählung von Beispielen bringt nun Hume durch die Aufstellung seiner drei berühmten Assoziationsgesetze zu systematischer Vollendung. Er definiert die Assoziation als das „Prinzip des erleichterten Übergangs von einer Idee zur anderen" und stellt d r e i erfahrungsgemäße Regeln dieser psychischen Attraktion auf: erstens die nach der Ä h n l i c h k e i t (*resemblance*), wie wenn uns ein Porträt an die dargestellte Person erinnert; zweitens die des r ä u m l i c h e n u n d z e i t l i c h e n Z u s a m m e n h a n g s (*contiguity in time or place*), welche z. B. bewirkt, daß bei Erwähnung eines bestimmten Zimmers das Gespräch von selbst auf das benachbarte übergeht; drittens die nach U r s a c h e u n d W i r k u n g (*cause and effect*), indem etwa die Vorstellung einer Wunde der Erinnerung an den durch sie verursachten Schmerz wachruft. Diese Assoziationsgesetze Humes sind von grundlegender Bedeutung für die Psychologie geworden, wenn es auch nicht an Versuchen gefehlt hat, sie zu vereinfachen, und die neuere Zeit überhaupt erkannt hat, daß die mit ihnen gegebene Mechanisierung des Vorstellungsablaufs der wahren Natur des psychischen Lebens keineswegs gerecht wird. Das Wichtige bei Hume ist aber, daß für ihn die Ideenassoziation nicht bloß psychologische, sondern auch erkenntnistheoretische Bedeutung besitzt. Denn da die Impression auf den gegenwärtigen Bewußtseinsmoment beschränkt ist (die jüngst vergangene Impression klingt ja nur mehr in Form einer Erinnerungsvorstellung nach), so setzt sich alles, was „Erkenntnis" heißen kann, der Hauptsache nach aus Ideen zusammen. Die Assoziationsgesetze werden dadurch zu einer geheimnisvollen, den Ideen selbst innewohnenden Kraft, vermöge der sich aus ihnen

WAHRHEIT UND IRRTUM

unser Weltbild allererst aufbaut, das in der Folge der Impressionen nur ein teilweises, in den „Dingen" (mangels jedes „sensitiven" Hinweises in den Impressionen) aber gar kein Vorbild hat. Darum sind sie bei Hume im Gegensatz zu Locke nicht bloß beschreibende Regeln des individuellen Vorstellungsablaufs, sondern zugleich Erkenntnisprinzipien: auf dem Assoziationsgesetze der Ähnlichkeit (und des Kontrastes) beruht die Mathematik, auf dem der Kontiguität beruhen die deskriptiven Wissenschaften, auf dem der Kausalität die ätiologische (erklärende) Naturwissenschaft und die Metaphysik. So wie im wildesten Spiel der Phantasie, in den abspringendsten Gedankengängen, ja selbst im Traum jene Regeln unvermerkt, aber mit sanfter Gewalt unsere Ideenverbindungen bestimmen, so auch in allem, was Erkenntnis und Wissen genannt wird. Sie sind hier sowohl die Quelle der Wahrheit wie des Irrtums. Sie führen daher ganz von selbst zur Erörterung des Erkenntnisproblems hinüber [78].

III. DAS ERKENNTNISPROBLEM

1. WAHRHEIT UND IRRTUM

Was kann Wahrheit und Irrtum auf dem Standpunkte strengster Erfahrungsimmanenz, wie ihn die Analyse des Bewußtseins festgelegt hat, überhaupt bedeuten? Da die Impressionen für uns das schlechthin Letzte und allein Gegebene sind, so besteht in Hinsicht ihrer überhaupt keine Frage nach Wahrheit und Falschheit, aber auch — im Gegensatz zu Locke — ebensowenig eine Frage nach ihrer Realität. Mag die Voraussetzung einer ihnen entsprechenden Körperwelt noch so natürlich, ja ein unabweisbar sich einstellender Glaube sein: vom Standpunkte der reinen Erfahrung aus ist er keineswegs zu rechtfertigen und scheidet daher auch vorläufig als Gegenstand der Untersuchung aus. Die Impressionen sind einfach da, sie beweisen unmittelbar ihre eigene Existenz als Perzeptionen, aber auch nur diese. Es gibt daher auch keine „falschen" Impressionen, denn ihre Beschaffenheit ist ein Gegebenes und wird so, wie sie ist, unmittelbar wahrgenommen. Sie sind genau das, als was sie erscheinen. Auch besteht in Hinsicht ihrer kein Unterschied zwischen „primären" und „sekundären" Quali-

141

täten, wie schon Berkeley gelehrt hatte: Ausdehnung ist nicht vorstellbar ohne Farbigkeit, Undurchdringlichkeit nicht ohne Widerstandsempfindung. Da ferner alle einfachen Ideen unmittelbar Kopien von einfachen Impressionen sind, so kann auch in ihnen kein Irrtum sein. Dieser kann somit erst dadurch entstehen, daß die einfachen Ideen durch die Macht der Assoziation oder der Einbildungskraft anders verbunden werden, als es der ursprünglichen Verbindung der Impressionen entspricht, ohne daß wir diese Verschiebung bemerken. Dabei ist jede solche Verbindung, sei sie der ursprünglichen entsprechend oder nicht, als solche, also als psychologischer Tatbestand (*natural relation*) betrachtet, für die Untersuchung wieder ein Gegebenes. Erst in der Beurteilung dieser Verhältnisse, also in der reflexiven Beziehung (*philosophical relation*) der Ideen auf ehemalige Impressionen oder aufeinander findet sich Wahrheit und Irrtum. Hume hat in seinem Erstlingswerk sehr unsystematisch sieben Gesichtspunkte oder Kategorien dieser verstandesmäßigen Vorstellungsbeziehung zusammengestellt, hat aber diese Aufstellung später fallen gelassen. In der Tat muß ja nach den Prinzipien des reinen Empirismus der Erkenntniswert allein im Gegebenen, also in den Perzeptionen, gegründet sein, nicht in spontanen Denkbeziehungen. Die Rolle des Denkens kann, wie schon Bacon gefordert hatte, nur eine ganz sekundäre sein: ein Feststellen dessen, was ist, nicht ein Schaffen ursprünglicher Einsichten. Hume hat auch in jener genialen Einseitigkeit, mit der er sein Prinzip durchführt, zwischen Vorstellen und logischem Denken nicht nur psychologisch, sondern auch erkenntnistheoretisch niemals deutlich unterschieden. Da die Impressionen, welche in ihrer Unmittelbarkeit ohnehin auf den gegenwärtigen Bewußtseinsmoment beschränkt sind, keinen Gegenstand weiterer Untersuchung bilden, beschränkt sich der Erkenntnisakt allein auf die Beurteilung der Ideenassoziationen. Welches Kriterium leitet uns dabei [79]?

2. DER GLAUBE

Alles Erkennen beruht nach Hume auf einem Gefühle der Evidenz (*evidence*), einem Gefühle (*feeling, sentiment*) der Überzeugtheit, das sich von selbst an gewisse Bewußtseinsinhalte knüpft. Eine solche von Evidenz begleitete

Perzeption oder Perzeptionsverbindung heißt dann „Erkenntnis" *(reason, knowledge)*. In den Ideen selbst muß daher der Anlaß für den Eintritt jenes Überzeugungsgefühles liegen. Nun wiederholt sich tatsächlich zwischen unseren Ideen gewissermaßen jener psychologische Unterschied, der zwischen Impressionen und Ideen besteht. Es gibt Ideen, welche lebhafter empfunden werden, die mit einem starken natürlichen Wirklichkeitsgefühl verbunden sind und so unmittelbarer auf ihren Ursprung in einstigen Impressionen zurückweisen als andere: wir pflegen sie Erinnerungsvorstellungen *(ideas of memory)* zu nennen. Ideen, denen dieser Charakter fehlt und die daher im allgemeinen auch schwächer auf uns wirken, schreiben wir der Einbildungskraft zu und nennen sie Phantasievorstellungen *(ideas of imagination)*. Dieser Unterschied beruht allein auf der größeren Kraft und Lebhaftigkeit, dem Nachdruck und der Energie, mit denen sich die Ideen der ersten Gruppe aufdrängen, da wir ja nicht imstande sind, sie mit den vergangenen Eindrücken zu vergleichen. Diese rein immanenten Eigenschaften gewisser Ideen bilden so überhaupt den Anlaß, von „Gedächtnis" zu sprechen, also überzeugt zu sein, daß sie direkt auf ehemalige Impressionen hinweisen. Wenn uns ein Freund von einer gemeinsamen Begebenheit erzählt, wir uns dieser aber zunächst nicht erinnern, sondern das Ganze vielleicht für eine Anekdote halten, bis uns dann auf einmal die Erwähnung eines bestimmten Umstandes jene wirkliche Begebenheit als solche ins Gedächtnis zurückruft, so veranschaulicht der Wechsel der Stimmung, den wir in diesem Augenblicke erleben, sehr gut jenen Unterschied im Wesen unserer Vorstellungen überhaupt. Diese Differenz ist keine absolute: so wie sehr lebhafte Ideen sich den Impressionen bis zur Ununterscheidbarkeit anzunähern vermögen, so kann auch eine Verwechslung von Phantasie- und Erinnerungsvorstellungen eintreten. Jenes differenzierende Wirklichkeitsgefühl nennt Hume „Glaube" *(belief)*. Er ist nicht Sache der Reflexion, sondern ein Gefühl, das sich in gewissen Fällen von selbst aufdrängt und in anderen ausbleibt, also selbst eine Impression besonderer Art, welche sich an das Auftreten bestimmter Ideen knüpft. Dieser Glaube ist in allen Fällen „viel eigentlicher ein Akt des fühlenden als des denkenden Teils unserer Natur" und bedeutet nichts anderes als den spezifischen Erlebnischarakter gewisser Vorstellungen, nämlich den höheren Grad von Lebhaftigkeit und Gewalt, mit dem sie auf uns wirken. Halten wir uns an das streng Erfahrbare, so wäre es falsch zu sagen, daß er auf dem Gedächtnis beruhe; er selbst **macht** erst gewisse Vorstellungen zu „wirklichen", da wir ohne ihn gar keinen Anlaß, aber auch gar keine Möglichkeit hätten, zwischen den Ideen jene Unterscheidung zu machen, daher sich der Begriff des „Gedächtnisses" eigentlich nur als eine nachträgliche Auslegung dieses Gefühlstones bestimmter Ideen darstellt. Der „Glaube" ist als Impression selbst eine letzte Tatsächlichkeit des Bewußtseins. Ihm wohnt sowenig wie den Assoziationsregeln eine zwingende Macht inne; er läßt sich aber auch ebensowenig willkürlich hervorrufen. Wir können zwar in der Phantasie den Kopf eines Menschen auf den Leib eines Pferdes setzen, aber es steht nicht in unserem Belieben, an die Existenz dieses Geschöpfes zu glauben. Dieser gefühlsmäßige Glaube also ist es, der Ideen und Ideenverbindungen für uns zu Tatsachen macht, d. h. sie als Kopien ehemaliger Eindrücke erscheinen läßt[89].

3. DIE ERKENNTNIS VON TATSACHEN

Auf dem richtigen Einsetzen dieses Gefühls beruht somit die Wahrheit unserer Ideenverbindungen. Richtig wird es dann sein, wenn es bei Ideen eintritt, die so, wie sie sind, auf einstigen Impressionen beruhen; falsch, wenn es sich bei Ideen einstellt, die in ihrer jetzigen Gestalt kein unmittelbares Vorbild besitzen, so daß der „Glaube" am unrechten Ort einsetzt. Da dieser Glaube selbst ein elementares und unbeeinflußbares Gefühl ist, kann seine Kontrolle nur darin bestehen, daß wir in jedem einzelnen Fall auf dem Wege nachträglicher Besinnung und Vergleichung jene Impressionsfolge tatsächlich nachweisen, auf welche sich die fragliche Ideenverbindung bezieht. Findet sich für eine zusammengesetzte Idee keine originale Impression, so ist sie als ein Kunstgebilde unserer Einbildungskraft und als assoziative Täuschung erkannt. Gelingt es hingegen, ihr Original im Zusammenhang der primären Erfahrung aufzuzeigen, so ist die betreffende Idee „erklärt" und gerechtfertigt. Damit ist eine sichere Methode der Realerkenntnis gewonnen: Tatsachen erkennen heißt im Grunde nur, sich der Impressionen in richtiger Verbindung und Reihenfolge erinnern. Die Mitarbeit des Verstandes besteht dabei nur darin, unsere Erinnerungsvorstellungen durch den konkreten Nachweis ihrer Erfahrungsgrundlage zu legitimieren und (in ihre Reproduktion) systematische Ordnung zu bringen. Der kausal-genetische Zusammenhang von Ideen und Impressionen erhält dadurch erkenntnistheoretische Bedeutung, daß er zugleich als **Norm** für die repräsentative Geltung der Ideen verwendet wird [81]. Die Aufgabe der Tatsachenerkenntnis wäre geleistet, wenn es gelänge, die primäre Erfahrungswirklichkeit der Impressionen in einer geordneten Folge von Ideen so abzubilden, daß jede Impression (durch die ihr entsprechende Idee) vertreten ist und sich keine Idee einschiebt, für die kein Nachweis ihres Ursprungs in originalen Eindrücken erbracht werden kann. Auf der Universalität dieser Abbildung beruht die **Vollständigkeit**, auf dem Ausschluß nicht legitimierbarer Ideen (die **Richtigkeit**) möglicher Realerkenntnis. Sie ist in ihrer Art genügender Gewißheit fähig, nämlich als schlichte Feststellung dessen, was war und ist. Diese Gewißheit ist aber nur assertorischer, niemals apodiktischer Art, denn: „was ist, kann auch nicht sein". Das Gegenteil jeder Tatsache bleibt immer vorstellbar *(conceivable)* und schließt keinen logischen Widerspruch in sich. Der Satz, daß die Sonne morgen nicht aufgehen wird, ist nicht minder verständlich und an sich nicht widerspruchsvoller als die Behauptung, daß sie aufgehen werde. In diesem Sinne und wohl auch, weil die Übereinstimmung der Ideen mit primären Wahrnehmungen niemals (mit absoluter Sicherheit) festgestellt werden kann, besitzt die Tatsachenerkenntnis auch immer nur einen verschieden hohen Grad von **Wahrscheinlichkeit** *(probability)*. Innerhalb dieser natürlichen Grenzen echten Erfahrungswissens hat es weiter keine Schwierigkeit. Denn weder sind die Impressionen selbst wieder (ihrerseits) auf extramentale Gegenstände zu beziehen, mit denen sie übereinzustimmen hätten, noch auch sind sie (innere subjektive Vorgänge) in der Seele, die erst objektiviert werden müßten. Denn da sie, wenigstens für uns, die letzten Seinselemente darstellen, könnte sich auch nur (aus ihnen) allererst der Begriff von Gegenständen, welche sie bewirken, und einer

Seele, die sie hat, aufbauen. Meinungen dieser Art bestehen zwar, da sie aber, wie sich zeigen wird, in der Erfahrung keine Grundlage besitzen, gehören sie zu den assoziativen Verfälschungen des reinen Tatbestandes und können vom Standpunkte des Philosophen aus nicht zugelassen werden. Die strenge Tatsachenerkenntnis gründet sich vielmehr ausschließlich auf das Assoziationsgesetz der Kontiguität: auf die Reproduktion der Eindrücke in ihrer ursprünglichen, räumlichen und zeitlichen Folge. Diese treu wiederzugeben ist die einzige Aufgabe der Realerkenntnis [82].

4. DIE ERKENNTNIS VON VORSTELLUNGSBEZIEHUNGEN

Die bloße Wahrscheinlichkeit der Tatsachenerkenntnis rührt davon her, daß sich ihre Evidenz zuletzt auf das jeder Rationalität ermangelnde Glaubensgefühl stützt, also auf eine seelische Reaktion (eine Impression der inneren Erfahrung), welche nur bis zu gewissem Grade einer Überprüfung ihres richtigen Einsetzens fähig ist. Anders liegt aber die Sache, wenn wir uns ganz im Umkreise unserer Ideen selbst halten ohne Rücksicht darauf, ob und wie sie im einzelnen auf Tatsächliches hinweisen. Hier ist es möglich, **durch Vergleichung der Ideen nach dem Assoziationsgesetze der Ähnlichkeit und der Verschiedenheit** Aussagen über sie zu machen, die jedem Zweifel entrückt sind und daher die Evidenz völliger **Gewißheit** *(certainty)* besitzen. Ob zwei Ideen einander ähnlich oder voneinander verschieden sind, das leuchtet unmittelbar oder intuitiv ein, ohne daß wir über das in den Ideen selbst Enthaltene hinauszugehen brauchten. Die Entscheidung darüber ist mit dem Auftreten der Ideen schon gegeben: sie sind so ähnlich oder verschieden, wie sie sich dem Bewußtsein eben darstellen. Daher müssen auch alle Urteile, welche sich ausschließlich auf diese immanente Verwandtschaft oder Gegensätzlichkeit der Ideen gründen, auch durch sich selbst durchaus sicher und gewiß sein. Aber allerdings erkaufen solche von jeder Erfahrungsgrundlage abgelöste Aussagen ihre logische Apodiktizität mit dem Verluste jeder realen Bedeutung und Geltung: sie sind denknotwendig, aber ohne jede unmittelbare Beziehung zur Wirklichkeit.

Eine solche Art der Erkenntnis ist nur in der Mathematik verwirklicht und auch hier im strengsten Sinne nur in der Arithmetik. Die Mathematik ist ihrem Wesen nach eine Größenvergleichung, die es nur mit Vorstellungsrelationen zu tun hat. Sie ist, wie schon Locke gelehrt hatte, eine demonstrative Wissenschaft auf intuitiver Grundlage. Ihre Sätze folgen durch analytische Ableitung aus gewissen Grundbegriffen und daher mit logischer Notwendigkeit und unabhängig von der Erfahrung. „Sätze dieser Art sind durch die reine Tätigkeit des Denkens zu entdecken, ohne von irgendeinem Dasein in der Welt abhängig zu sein. Wenn es niemals auch einen Kreis oder ein Dreieck in der Natur gegeben hätte, so würden doch die von Euklid bewiesenen Wahrheiten für immer ihre Gewißheit und Evidenz behalten." Im „Treatise" hatte Hume diese Evidenz auf Algebra und Arithmetik beschränkt, da wir in ihnen (in der Einheit) einen untrüglichen Maßstab der Übereinstimmung oder Nichtübereinstimmung der Zahlenverhältnisse besitzen. Die Geometrie als die Wissenschaft von den räumlichen Relationen hatte er deshalb von dieser höchsten Gewißheit ausgeschlossen, weil er damals noch überzeugt war, daß sie letzten Grundes auf sinnlichem Augenschein beruhe. Ein mathematischer Punkt z. B. ist aber niemals durch Empfindung wahrnehmbar, sondern das letzte Element unserer Raumvorstellung ist der eben noch sichtbare und eben noch tastbare, also der physische Punkt. Die Impression eines solchen physischen Minimums ist aber veränderlich und daher bleibt auch die Idee eines solchen Punktes immer bis zu gewissem Grade unbestimmt. Da nun alle geometrischen Gebilde und ihre Vergleichung auf den Punkt als letzte Einheit zurückgehen, bleiben wir in Hinsicht ihrer immer auf eine Gesamtschätzung (*general appearance*) angewiesen, die zwar praktisch hinreichend zuverlässig sein mag, aber doch nicht im strengen Sinne exakt genannt werden kann. Der Mangel eines genauen Maßstabes (*standard*) unterscheidet so die Geometrie zu ihren Ungunsten von der Arithmetik. Daher steht ihm die Geometrie zwar an der Spitze der empirischen Wissenschaften, aber sie erreicht nicht die logische Dignität der Arithmetik. Späterhin kehrte Hume auch in diesem Punkte zu Locke zurück und sah auch in den Objekten der Geometrie nur freie Schöpfungen der Einbildungskraft ohne unmittelbare Erfahrungsgrundlage. Daher sind auch die Sätze der Geometrie, wie z. B. der pythagoreische Lehrsatz, durch die reine Tätigkeit des Denkens (*mere operations of thought*) zu entdecken, ohne von irgend einem Dasein in der Welt abhängig zu sein. Die Mathematik wird so den Empiristen zu einer Art Gedankendichtung oder einem Begriffsspiel, dessen Rückanwendung auf das Erfahrbare ein Problem bedeutet, das vom Standpunkte der reinen Erfahrungsphilosophie unlösbar ist [83].

5. UMFANG UND GRENZEN DES WISSENS

Legt man den strengen Maßstab reiner Erfahrung zugrunde, so ergibt sich eine sehr enge Umgrenzung möglichen Wissens. Mit Ausnahme der reinen Mathematik, welche uns wieder nichts über das Wirkliche zu sagen vermag, kann es überhaupt nur deskriptive Wissenschaften geben: eine möglichst genaue und vollständige Beschreibung der primären Tatsachen in ihrer räumlichen und zeitlichen Anordnung. Allerdings liegt die Möglichkeit vor, über den unmittelbaren Tatsachenbefund insofern hinauszugehen, als man auf Grund wiederholter Erfahrungen gewisse Regeln der Impressionsfolge bemerken, fixieren und auf sie die Erwartung des Künftigen gründen kann. Aber solche Regeln haben selbst immer nur tatsächliche, keine demonstrative Gewißheit; sie gelten streng genommen nur für die Vergangenheit, nämlich als Feststellung, daß es bisher immer so war; wenn wir trotzdem ihre Geltung auch für die Zukunft voraussetzen, so geschieht es bloß aus einer Art instinktivem Erwartungsgefühl, für das sich eine logische Rechtfertigung nicht geben läßt. Daher besitzen Vermutungen dieser Art immer nur einen recht geringen Grad von Wahrscheinlichkeit. Ebenso erweist es sich als möglich, die vielfältigen Einzelerfahrungen auf einige wenige einfache Grundtypen zurückzuführen, z. B. auf Erscheinungen der Schwere, Elektrizität, Kohäsion, Stoßbewegung u. dgl. Damit werden aber nur gewisse Gruppen einander ähnlicher Erscheinungen zu Ordnungszwecken unter gemeinsame Namen zusammengefaßt, keineswegs aber wird uns damit das innere Wesen der Dinge enthüllt. Für Bacons ,,einfache Naturen" ist im System des Empirismus kein Platz mehr. Für das empirisch begründbare Tatsachenwissen bleibt so die deskriptive Methode die allein streng wissenschaftliche und die erkenntnistheoretisch allein zu rechtfertigende.

Können wir uns mit dieser Enge unseres Wissenshorizontes begnügen? Oder vielmehr: begnügen wir uns tatsächlich mit dieser Resignation, die uns der reine Empirismus zumutet? In der Tat weicht sowohl die natürliche wie die wissenschaftliche Auffassung von jener phänomenalistischen Selbstbeschränkung wesentlich ab. Schon der Mathematiker erwartet, daß seine Sätze über Zahl und Raum nicht bloße Gedankenschöpfungen sind, sondern auch vom Wirklichen gelten. Der Naturforscher will durchaus nicht bloß Empfindungen beschreiben, sondern Gegenstände der Natur erkennen, als deren wandelbare Eigenschaften er die sinnlichen Qualitäten ansieht. Er legt daher den Erscheinungen eine beharrende, sich selbst gleichbleibende Materie unter, deren mannigfache Konstellationen er unter der Hülle der sinnlichen Phänomene zu erblicken strebt. Aber auch im naiven Denken glauben wir ja nicht bloß „Impressionen" wahrzunehmen, sondern Dinge, auf welche wir sie unwillkürlich zurückführen. Mindestens im Dingbegriff also wirkt der Gedanke substantiellen Seins fort. Ähnliches gilt aber auch von der Substantialität des Geistigen: wenn wir schon nicht an eine substantielle Seele glauben, so doch um so fester an ein Ich als höchsten Einheitspunkt unseres Bewußtseins und an die Identität unserer Person in allem Wechsel der Perzeptionen. Ebensowenig aber pflegt sich der menschliche Geist bei der bloßen Feststellung von Tatsachen zu beruhigen. Er will nicht nur wissen, was ist, sondern auch warum es ist; er will also nicht bloß beschreiben, sondern auch erklären. Ihm genügt auch nicht die bloße Wahrscheinlichkeit von Vermutungen, er verlangt Notwendigkeit und Sicherheit seines Erkennens. „Erklären" läßt sich aber eine Naturerscheinung nur auf Grund des dritten Assoziationsgesetzes: eine Tatsache ist erklärt, d. h. als notwendig begriffen, wenn sie als Wirkung einer Ursache aufgefaßt werden kann. Vermutungen werden zur Gewißheit, wenn sie sich nicht bloß auf empirische Regeln des Vorstellungsablaufs stützen, sondern auf Gesetze des Naturgeschehens. Im Begriffe des Naturgesetzes ist allein jenes gesuchte Moment der Notwendigkeit enthalten. Ja, wären wir auf die bloße Beschreibung dessen beschränkt, was in unserem Bewußtsein vorgeht, also auf das gegenwärtige Zeugnis der Sinne und die Angaben unseres Gedächtnisses, so müßte auch unser Weltbild jenen fragmentarischen und unzusammenhängenden Charakter tragen, den der Ablauf unserer Vorstellungen gewöhnlich aufweist. Es wäre streng genommen immer nur introspektive Psychologie möglich, nicht aber exakte Naturwissenschaft. Nur die Ursächlichkeit bringt einen objektiven Zusammenhang in den Strom der Erscheinungen, so daß wir gewiß sein dürfen, daß zwei Phänomene nicht bloß zufällig aufeinander gefolgt sind, sondern daß sie notwendig miteinander verknüpft sind, so daß auch die Voraussage ihres gleichsinnigen Wiederkommens in der Zukunft eine sichere Basis gewinnt. Die Kausalassoziation ist so das wichtigste Ordnungsprinzip des Gegebenen und ein unentbehrliches Werkzeug der Forschung. Erst recht alle Schlüsse aber, die über das Erfahrbare überhaupt hinausgehen, sind nur möglich durch Schlüsse vom Gegebenen auf dessen niemals direkt erfahrbare Ursachen. Metaphysik in jedem Sinne hängt ihrer Möglichkeit nach ganz von der universellen Gültigkeit des Kausalprinzipes ab. Die Analyse der reinen Erfahrung zeigt uns aber, wie wir gesehen haben, niemals etwas anderes als das Auftreten einzelner Perzeptionen in gewisser Anordnung und Reihenfolge. Weder die Begriffe des „Raumes" und der „Zeit" als solche, noch der Begriff der „Substanz", des „Dinges" oder eines mit sich identisch bleibenden „Ichs", noch endlich der einer notwendigen Verknüpfung treten in ihr zutage. In allen diesen Fällen ergibt sich somit die Frage, woher jene Begriffe überhaupt stammen und ob eine solche Überschreitung des rein Tatsächlichen vom Standpunkt des folgerichtigen Empirismus aus gerechtfertigt werden kann? Es bedarf somit einer kritischen Überprüfung aller jener Begriffe, die wir, wie es scheint, nicht entbehren können, aber ebensowenig ohne weiteres hinnehmen dürfen, wenn wir dem ersten Grundsatz der Erfahrungsphilosophie nicht untreu werden wollen. Die Erfüllung dieser kritischen Aufgabe ist die bedeutendste Leistung Humes. Aber, wie so oft in der Geschichte der Philosophie, liegt sein größtes Verdienst nicht in den zumeist recht unzulänglichen, wenn

auch scharfsinnigen Problemlösungen, sondern darin, daß
er hier zuerst überhaupt Probleme gesehen hat, an denen
man bisher achtlos vorübergegangen war.

IV. DER PSYCHOLOGISCHE KRITIZISMUS

1. DER METHODISCHE GESICHTSPUNKT

Der Leitgedanke von Humes psychologischem Kritizismus
ist, durch die Aufklärung des Ursprungs jener fraglichen
Begriffe zu entscheiden, ob und inwiefern sie in einem
nachweisbaren Tatbestand wurzeln und daher als Beschreibung eines solchen gelten können. Ihr Ursprung entscheidet über ihre Legitimität. Daher trägt Humes Kritizismus psychologischen Charakter, weil er nicht vom
Problem der logischen Geltung, sondern von dem der
psychologischen Entstehung unseres Begriffsschatzes ausgeht. Da es nun der allerersten Voraussetzung nach überhaupt keine Ideen geben kann, welche ihrem Ursprung nach
nicht auf einstige Impressionen zurückwiesen, so kann
es sich eigentlich nur darum handeln, ob die in Frage
stehenden Begriffe des Raumes, der Zeit, der Substanz, des
Ichs, der Kausalität in ihrer Gänze ein Vorbild in der
Impressionsfolge besitzen, und zwar in jenem Impressionszusammenhange, auf den sie bezogen zu werden pflegen.
Anders ausgedrückt: ob sich bei ihnen kausaler
Ursprung und repräsentative Geltung decken
oder nicht. Im ersten Falle wäre ihre Legitimität erwiesen, im zweiten Falle ihre Illegitimität. Die erste Aufgabe wird daher eine genaue Analyse der fraglichen Begriffe, also ihre Auflösung in einfache Ideen sein. Das
Zweite wird die Überprüfung sein müssen, ob diese einfachen Ideen restlos ihr impressionelles Vorbild in
jenem Zusammenhange von Tatsachen besitzen, auf
den sie der Natur der Sache nach bezogen werden. Sollte
dies nicht der Fall sein, so wäre die Frage ihrer berechtigten Anwendung eigentlich schon entschieden, und zwar
im negativen Sinne: sie sind als Scheinbegriffe entlarvt,
mit denen eine Philosophie der reinen Erfahrung nicht
länger arbeiten kann. Hume begnügt sich aber nirgends
mit dieser bloßen Feststellung, sondern versucht auch den
Grund dieses täuschenden Scheins aufzudecken. Zu diesem
Zwecke muß er nun drittens untersuchen, in welchen Im-

151

pressionen der noch ungedeckte Rest von Bestandteilen jener Begriffe seinen wahren Ursprung hat. Wie sich im einzelnen zeigen wird, glaubt er ihn regelmäßig in einer Impression der inneren Erfahrung zu finden. Daraus ergibt sich nun als vierte und letzte Aufgabe, den psychologischen Mechanismus aufzudecken, auf Grund dessen jene Verschiebung zwischen genetischer und repräsentativer Geltung erfolgt, womit die kritische Untersuchung beendet ist: „Indem wir die Vorstellungen in ein so klares Licht stellen, dürfen wir billig hoffen, allem Streit, der über ihre Natur und Wirklichkeit sich erheben könnte, ein Ende zu machen [84]." Dieses methodische Schema: Analyse der Begriffe, Feststellung des objektiven Befundes, genetische Erklärung des allfälligen Plus auf seiten der subjektiven Ideen, Aufdeckung der natürlichen Täuschung durch die Einbildungskraft, tritt nicht in allen Fällen gleich deutlich hervor; am wenigsten augenfällig noch in Hinsicht von Raum und Zeit, am klarsten in Hinsicht der Kausalität. Es ist aber zum Verständnis von Wichtigkeit, es in allen Fällen vor Augen zu behalten.

2. RAUM UND ZEIT

Geometrie und mathematische Physik handeln von dem leeren Raum als einer unendlichen Größe. Ebenso gilt die Zeit als etwas für sich Bestehendes, das auch wäre, wenn keine Ereignisse in ihr abliefen und das sich ebenfalls ins unendliche teilen läßt. **Welche Grundlage haben diese Vorstellungen in der primären Erfahrung?** Wenn ich den Blick auf die sichtbaren Gegenstände meiner Umgebung richte, dann die Augen schließe und nur auf die Entfernung zwischen jenen Körpern achte, so gewinne ich die Idee der Ausdehnung. Der Anblick des Tisches vor mir ist hinreichend, um mir diese Vorstellung zu verschaffen. Welches sind aber nun die primären Eindrücke, auf welche sich diese Idee stützt? Das letzte, was mir Gesichts- und Tastsinn bieten, sind die Eindrücke kleinster Punkte in bestimmter Anordnung, und zwar so, daß die Impressionen beider Sinne sich decken. Wenn ich nun von der verschiedenen Farbe dieser visiblen Minima absehe und nur ihre Anordnung ins Auge fasse, so gewinne ich die Vorstellung der Entfernung, also ihrer räumlichen Relation und damit die Grundlage meiner Raumvorstellung überhaupt. Ähnlich ist es mit der Zeit. Ihre Vorstellung entsteht durch Aufmerken auf die Folge meiner Perzeptionen überhaupt; im Tiefschlaf, wo der Strom unseres Bewußtseins stockt, haben wir auch kein Bewußtsein der Zeit; je nachdem der Ablauf der Perzeptionen rascher oder langsamer erfolgt, erscheint uns auch die Zeit kürzer oder länger. So wenig wir eine Impression der Ausdehnung als solcher haben, ebensowenig gibt es einen bestimmten Eindruck, welcher der Idee der Zeit als solcher zugrunde läge. Spielt man fünf Noten auf einer Flöte, so gibt uns deren eigentümliche, von der Koexistenz verschiedene Anordnung den Eindruck der Folge oder Zeit; diese ist aber nicht eine sechste Empfindung neben den fünf Gehörsempfindungen und ebensowenig eine Impression der inneren Erfahrung. Daraus folgt, daß Raum und Zeit in konkreter Wirklichkeit nichts anderes sind als eine bestimmte Art und Weise der Anordnung unserer Bewußtseinselemente, Relationsbegriffe also, welche außerhalb und unabhängig von den Perzeptionen, auf die sie sich beziehen, keine Existenz haben. Der „Raum" und die „Zeit", von denen die exakten Wissenschaften reden, sind daher nur abstrakte Vorstellungen, die beim Raum dadurch zustande kommen, daß wir von der Besonderheit der Empfindungsinhalte, bei der Zeit, daß wir von der Besonderheit aller Perzeptionen überhaupt absehen. Kurz: **Raum und Zeit sind für sich genommen nichts, weil ihnen keine Impression zugrunde liegt.** Daraus folgt ferner, daß es **leere Räume und Zeiten** nicht geben kann. Wenn die Vorstellung des Raumes in Wahrheit nichts ist als die Vorstellung des Abstandes sichtbarer und tastbarer Punkte, so ist klar, daß wir uns eine Vorstellung von einem Vakuum oder einem Raum, in welchem **nichts** Sichtbares und Tastbares vorhanden wäre, gar nicht machen können. Das gleiche gilt von einer Zeit, in der nichts geschähe. Beides sind also zu weit getriebene Abstraktionen und im Grunde leere Worte ohne zureichende Erfahrungsgrundlage. Die Behauptung einer **unendlichen Teilbarkeit** endlicher Räume und Zeiten liegt auf gleicher Linie. Die Wahrnehmung führt durchwegs auf weiter nicht teilbare Minima, und auch die Imagination vermag nicht mehr als sie. Wenn wir etwa einen Tintenfleck auf weißem Papier betrachten und uns dann mit dem Auge so weit entfernen, bis er gerade verschwindet, so entspricht der allerletzte Eindruck, den wir von ihm empfingen, dem visiblen Minimum. Daran knüpft Hume die richtige Beobachtung, daß bei Wiederannäherung des Auges der schwarze Punkt zuerst nur intermittierend sichtbar wird. Minima sind also die Eindrücke, welche — wie man heute sagt — an der Schwelle des Bewußtseins liegen. Daß uns in der Frage weiterer Teilbarkeit auch die Einbildungskraft (im Stiche läßt) beweist z. B. der Umstand, daß, wenn etwa ein Sandkorn schon an der Empfindungsgrenze läge, die Vorstellungen, welche wir uns von einem halben, einem viertel oder einem tausendstel Sandkorn zu machen bemühen, anschaulich keinen Unterschied mehr aufweisen. So zwingend also auch die Beweise der Geometer für die unendliche Teilbarkeit des Raumes — und das gleiche gilt analog von der Zeit — erscheinen mögen, der empirische Befund spricht dagegen, und dieser ist die letzte Instanz in der Frage nach der objektiven Gültigkeit unserer Begriffe. Es ist offenbar, daß der genannte Widerspruch sich darauf zurückführt, daß Hume zwischen Denken und anschaulichem Vorstellen nicht unterscheidet: begrifflich sind Raum und Zeit ins unendliche teilbar, anschaulich nicht. Ihre unendliche Teilbarkeit in Gedanken besagt aber gar nicht, daß einzelne Räume und Zeiten aus unendlich vielen Teilen bestehen, sondern nur, daß ihrer Teilbarkeit keine bestimmte Grenze gesetzt ist: sie wird als Möglichkeit behauptet, nicht als Tatsache, und ist erkenntnistheoretisch genommen ein bloßes Postulat. Nur darin hat Hume also recht, daß sie sich nicht empirisch vollziehen läßt.

Es erübrigt noch die Aufgabe, die psychologische Entstehung dieser Scheinbegriffe aufzudecken. Was den Raum und die Zeit betrifft, so entstehen diese Begriffe dadurch, daß die Möglichkeit, von bestimmten Empfindungsinhalten zu abstrahieren, verwechselt wird mit einer von aller Erfüllung unabhängigen Existenz. Die falsche Vorstellung der „Leere" erklärt sich wieder aus einer falsch gedeuteten Erfahrung. Wenn ich in einem sonst verfinsterten Raum zwei leuchtende Gegenstände wahrnehme, so ist die Finsternis zwischen ihnen nicht etwa die Wahrnehmung eines leeren Raumes, sondern soviel wie nichts. Ich habe mich aber bei vielen Gelegenheiten dieser Art durch Tasten oder nachträgliche Beleuchtung überzeugt, daß in jenem Zwischenraum gleichwohl Wahrnehmbares existiert. Darauf beruht eigentlich die Vorstellung einer räumlichen Distanz zwischen jenen zwei Gegenständen. Diese Möglichkeit, eine Ausdehnung zwischen ihnen wahrnehmen zu **können**, wird verwechselt mit der Möglichkeit, diese Ausdehnung tatsächlich auch dann zu sehen, wenn sie nicht mit Empfindungen ausgefüllt ist. So entsteht der täuschende Schein, als wäre es möglich, leere Räume wahrzunehmen oder vorzustellen. Was endlich die unendliche Teilbarkeit betrifft, so verhält es sich damit ähnlich. Wir haben oft gefunden, daß bei oberflächlicher Betrachtung Gegenstände als an der Grenze der Sichtbarkeit liegend und als nicht mehr weiter zerlegbar erscheinen. Wiederholte und genauere Beobachtung, z. B. durch das Mikroskop (in Hinsicht dessen Hume von der Auffassung Berkeleys abweicht), überzeugen uns aber häufig, daß das nicht der Fall ist, sondern daß sich sehr kleine Objekte, z. B. eine Milbe, noch aus sehr vielen Teilen zusammensetzen. Auf Grund solcher Erfahrungen schließen wir dann voreilig, daß diese Teilung ins endlose fortgehen könne, auch wenn ihr weder unsere Sinne noch unsere Imagination mehr zu folgen vermöchten. In allen diesen Fällen handelt es sich also um Selbsttäuschungen, indem wir durch unsere Einbildungskraft (die Hume vom „Verstande" so wenig scheidet wie das Denken vom Vorstellen) versucht werden, wirkliche Erfahrungen ins Unerfahrbare zu verallgemeinern. Das naheliegende Problem der **extensiven Unendlichkeit** oder der unendlichen Größe von Raum und Zeit hat Hume werkwürdigerweise kaum andeutend berührt. Auch hier wäre leicht zu zeigen gewesen, daß unser Seh- und Tastraum stets begrenzt ist, und daß die Vorstellung unendlicher Räume nur dadurch entsteht, daß unserer Phantasie keine Grenze im Fortgang von einer Ausdehnung zu anderen gesetzt ist. Diese empfundene Unfähigkeit — so müßte man im Sinne Humes sagen — der Vorstellung räumlicher und zeitlicher Zusammenhänge, etwa dem Ablauf der Zahlwortreihe, an einem bestimmten Punkte Halt zu gebieten, ist die Impression, auf welche sich die Idee extensiver Unendlichkeit in Wahrheit stützt. Da diese Impression aber ein Erlebnis der inneren Erfahrung ist, so bedeutet ihre Übertragung auf Gegenstände des äußeren Sinnes eine unwillkürliche Verfälschung des Tatbestandes. Denn der wirkliche Raum und die wirkliche Zeit reichen immer nur so weit wie unsere Wahrnehmungen räumlicher und zeitlicher Relationen zwischen wahrnehmbaren Dingen. Hume hat das Raum-Zeitproblem nur im „Treatise" ausführlich behandelt; der dogmatische Ton absoluter Leugnung der fraglichen Begriffe macht in der „Enquiry" einer mehr skeptischen Haltung Platz [86].

3. DIE SUBSTANTIELLE KÖRPERWELT

Alle unsere Ideen weisen auf ehemalige Impressionen zurück, diese Impressionen selbst aber enthalten an und für sich keinerlei natürlichen Hinweis mehr auf etwas hinter ihnen Liegendes oder sie Bewirkendes. Gleichwohl unterliegen wir dem fast unwiderstehlichen Zwange, uns die Vorstellung einer von unseren Perzeptionen unabhängigen, für sich bestehenden und in allem Wechsel der Wahrnehmungen beharrenden, also substantiellen Körperwelt zu bilden. Instinktive Weltauffassung und philosophische Reflexion begegnen sich in dieser Annahme. Ein blinder und mächtiger Naturinstinkt läßt uns schon vor Erwachen der Vernunft unseren Sinnen glauben und verleitet uns zur Annahme der realen Existenz von Gegenständen, die auch bleiben würden, wenn sie von niemandem wahrgenommen würden. Die Auffassung des vorwissenschaftlichen Bewußtseins ist dabei die, daß unsere Wahrnehmungsinhalte selbst ein von uns unabhängiges Dasein führen oder daß ihnen wenigstens im Realen vollkommen gleiche Gegenbilder entsprechen. Selbst die Tiere zeigen durch ihr Verhalten, daß ihnen dieser Glaube nicht fremd ist. Dieser naiven Auffassung läßt sich nun allerdings leicht durch den Einwand entgegnen, daß wir es überall und jederzeit nur mit den Bildern von Gegenständen zu tun haben, niemals unmittelbar mit diesen selbst. Der Tisch, den wir sehen, scheint kleiner zu werden, wenn wir uns von ihm entfernen; der wirkliche Tisch, der unabhängig von uns existiert, erleidet dadurch keine Veränderung. Jener instinktive Glaube an eine Doppelexistenz der Gegenstände, einmal als Vorstellung und dann wieder als selbständige Realität, läßt sich also leicht dahin berichtigen, daß zwischen beiden keine Kongruenz besteht, sondern daß „dieses Haus" oder „jener Baum", die wir in ihrer unmittelbaren Wirklichkeit zu erblicken glauben, nur subjektive Vorstellungen und schwankende Abbilder jener Daseinsformen sind, auf die sie sich beziehen sollen. Aber gerade wegen dieser Veränderlichkeit

DIE SUBSTANTIELLE KÖRPERWELT

der Wahrnehmungen sieht sich auch die philosophische Überlegung veranlaßt, sie als **Wirkungen** selbständiger und unveränderlicher Dinge auf unsere Sinne aufzufassen, mögen diese auch unseren Vorstellungen inhaltlich nicht gleichen. Diese wissenschaftliche Auffassung wird noch durch die Lehre von den primären Qualitäten unterstützt und führt so zuletzt zur Annahme einer in allem Wechsel ihrer Erscheinungen beharrenden **Materie**, welche bei aller Verschiedenheit der wahrgenommenen Eigenschaften doch den letzten Grund ihrer Einheit bilden soll. An die Stelle jenes naiven Realismus des natürlichen Bewußtseins tritt so der reflektierte Realismus der philosophischen Systeme. Gemeinsam ist aber beiden Auffassungen die Annahme einer **selbständigen Existenz** *(distinct existence)*, d. i. des vom wahrnehmenden Subjekt unabhängigen Daseins der Körper und der **kontinuierlichen Fortdauer** dieser ihrer Existenz *(continual existence)*, d. i. ihres Bestandes auch zu jener Zeit, wo wir sie nicht wahrnehmen [87].

Diese teils auf eine Art Naturinstinkt, teils auf vernünftige Überlegung sich stützende und darum kaum abzuweisende Vorstellungsweise erfordert dringend ihre kritische Überprüfung. Fragen wir zunächst, ob und inwieweit der objektive Erfahrungsbefund ihr als Grundlage dienen kann. Da zeigt sich schon, daß nicht einmal der Begriff „**reale Existenz**" in dem hier gemeinten Sinne empirisch gerechtfertigt werden kann. Die Idee der Existenz stammt aus dem Bewußtsein unserer Eindrücke und Vorstellungen, die, wie bereits ausgeführt, sämtlich und ohne Ausnahme als „wirklich" erlebt werden. Zwischen Wahrnehmungen und den ausschweifendsten Phantasien ist hierin kein Unterschied. Eine gesonderte Impression der „Existenz" ist aber dabei nicht zu entdecken; etwas vorstellen und es als seiend vorstellen (nämlich als wirkliche Perzeption) ist ein und dasselbe. Die Vorstellung der Existenz fügt — wie Hume schon vor Kants Kritik des ontologischen Gottesbeweises lehrt — einer anderen Vorstellung nichts Neues hinzu. Daraus folgt, daß die Idee der Existenz eben nur im Erleben unserer Bewußtseinsinhalte ihr impressionales Vorbild hat und daher auch nur auf das Auftreten der Perzeptionen als solcher anwendbar ist. Was zeigt uns nun die Erfahrung in jenen Fällen, in denen wir uns versucht fühlen, an eine reale Existenz außerhalb unseres Bewußt-

157

seins zu glauben? Eine unmittelbare Wahrnehmung einer Existenz, welche über das sinnliche Wahrnehmen selbst hinausginge, kann es offenbar nicht geben, denn eine solche Annahme würde sich selbst widersprechen. Wohl aber zeigt sich in jenen Fällen, wo wir Gegenständen ein unabhängig-beharrendes Dasein zuschreiben, daß die Eindrücke eine merkwürdige Beständigkeit *(constancy)* und einen gewissen Zusammenhang *(coherence)* aufweisen. Jene Berge, Häuser und Bäume, die ich eben jetzt erblicke, sind mir stets in gleicher Gestalt entgegengetreten, und wenn ich jetzt die Augen schließe oder den Kopf abwende, so bin ich doch gewiß, sie im nächsten Augenblicke wieder unverändert wahrzunehmen. Zwar erleidet auch diese Beständigkeit der Impressionen oftmals Ausnahmen, aber immerhin besteht dann ein solcher Zusammenhang unter ihnen, daß wir uns ohne weiteres für berechtigt halten dürfen, trotzdem jene Identität des späteren mit dem früheren zu behaupten. Wenn ich z. B. nach einstündiger Abwesenheit in mein Zimmer zurückkehre, so finde ich freilich mein Feuer nicht mehr in derselben Verfassung wie vorher; aber diese Veränderung ist doch keine andere als jene, die ich oft genug auch bei fortgesetzter Anwesenheit während einer gleichen Zeitdauer beobachtet habe, so daß ich schließen darf, daß nicht die Unterbrechung meiner Wahrnehmung es war, welche diese Veränderung bewirkte. **Jene scheinbare Beständigkeit und dieser regelgemäße Zusammenhang der Impressionen in gewissen Fällen sind also die einzige erfahrungsgemäße Grundlage des Glaubens an selbständige und beharrende Dinge.** Diese Grundlage ist aber unzureichend. Denn jene Beständigkeit der Existenz ist nur eine scheinbare. In Wahrheit ist ja jede Perzeption von jeder anderen real verschieden, und daher ist es ausgeschlossen, daß tatsächlich „dieselbe" Perzeption wiederkehrt. Wenn wir daher sagen: wir nehmen denselben Berg, dasselbe Haus, denselben Baum wahr wie früher, so ist das im strengen Sinne unrichtig. Es sind ihrer Existenz nach durchaus verschiedene und überdies zeitlich getrennte Impressionen, die da einander folgen und die nur den Schein ihrer Identität dadurch erzeugen, daß sie sich inhaltlich überaus ähnlich sind. Dasselbe gilt sogar von der ununterbrochenen Beobachtung des nämlichen „Gegenstandes". Wenn ich diesen Baum vor mir betrachte, so folgen nur in sehr kurzen Zeitintervallen inhaltlich gleiche Impressionen aufeinander, von denen aber doch eine jede sozusagen eine Sache für sich ist und mit den früheren (außer ihrer Ähnlichkeit) nichts gemein hat. Erst recht gilt das natürlich, wenn, wie in dem Beispiele des Feuers, auch die Ähnlichkeit des Wahrgenommenen vermindert ist. Es gibt also im Grunde gar keine Beständigkeit der Wahrnehmung. Damit fällt nun von selbst auch jene natürliche Auslegung (dieser vermeintlichen Beständigkeit) im Sinne einer fortdauernden und insofern von der Wahrnehmung unabhängigen Existenz von Dingen. Diese Auslegung war ja doch nur eine Erfindung des Menschengeistes, um sich die Wiederkehr derselben Impressionen im Ablauf der Zeit begreiflich zu machen. Wenn es nun eine solche Wiederkehr „desselben" gar nicht gibt, ist auch dieser Erklärung der Boden entzogen. Daraus folgt, daß nicht nur der Begriff einer metaphysischen Materie, sondern auch der einer substantiellen (selbständigen) Körperwelt vom Standpunkte des reinen Empirismus aus nicht legitimiert werden kann.

Es erübrigt noch die psychologische Erklärung dieser Scheinbegriffe. Der Glaube an die dauernde Existenz der Körper läßt erst den Glauben an ihr vom Bewußtsein unabhängiges Dasein entstehen. Daher ist zunächst der erstere seiner Entstehung nach zu untersuchen. Wie sich gezeigt hat, gibt es keine mit sich identisch bleibenden Impressionen; die Eindrücke lösen einander nur in raschem Wechsel ab, wobei der frühere in seinem Dasein vernichtet ist, wenn der nächste im Blickpunkt des Bewußtseins erscheint. Sind diese Eindrücke aber inhaltlich gleich oder nur unmerklich verschieden, so bemerken wir ihren Wechsel nicht, sondern sind geneigt, an die Fortdauer ein und derselben, mit sich identischen Wahrnehmung zu glauben. Dasselbe tritt ein, wenn — bei Unterbrechung der Wahrnehmung — die Erinnerung an die früheren Eindrücke im Vergleich mit den späteren keinen angebbaren Unterschied aufweist. Oder kurz: Gleichheit des Inhaltes verschiedener Wahrnehmungen wird mit realer Identität derselben verwechselt. Im Sinne Humes spielt sich also der Vorgang folgender-

159

maßen ab: wenn die Perzeptionen a_1, a_2, a_3, die zwar ihrer Existenz nach verschieden, ihrer Beschaffenheit nach aber überaus ähnlich sind, einander folgen, so erleben wir in diesen Fällen das nämliche, weil unser Geist sich von ihnen in gleicher Weise angeregt fühlt und in gleicher Weise tätig ist. Inhaltlich ähnliche Wahrnehmungen erzeugen so in uns den Eindruck der Gleichartigkeit, d. i. eines gleichartigen Tuns der Seele. Diese Impression der inneren Erfahrung ist nun das wahre Urbild der Idee der Identität. Unsere Einbildungskraft verleitet uns aber, das, was bei Gelegenheit gewisser Sinneseindrücke in uns vorgeht, diesen selbst zu unterlegen und sie so als unverändert fortdauernd aufzufassen. Da sich vermöge der Erinnerung jene Impression der Identität auch dann einstellt, wenn wir uns der Unterbrechung der Sinneswahrnehmungen bewußt sind, so deuten wir sie dann weiterhin so, als wenn den letzteren ein mit sich identisch bleibendes Objekt zugrunde läge, und da erfahrungsgemäß ja auch die sinnenfälligen Gegenstände mancherlei Wechsel und Veränderung unterliegen, entwerfen wir den Begriff der materiellen Substanz als des in allem Wechsel sich Gleichbleibenden. Zusammenfassend kann man also sagen: der objektive Befund zeigt uns nichts anderes als eine Reihenfolge gesonderter Sinneseindrücke, die sich nur in gewissen Fällen bis zur Verwechslung ähnlich sehen. Der subjektive Befund unserer gewohnten Vorstellungsweise enthält darüber hinaus aber noch die Idee der Identität, zunächst unserer Wahrnehmungen selbst, und dann weiterhin der ihnen zugrunde gelegten substantiellen Dingheiten. Diese Idee hat in der sinnlichen Erfahrung keine Grundlage, wohl aber läßt sich die zugehörige Impression in der inneren Erfahrung nachweisen. Durch Verschiebung aus dieser in jene ergibt sich so eine Verfälschung des natürlichen Tatbestandes, welche dann fernerhin zur unberechtigten Annahme einer selbständigen Körperwelt führt. Dazu sei noch bemerkt, daß selbstverständlich auch jener Reflexionseindruck identischen seelischen Verhaltens nicht als real derselbe bleibend gedacht werden darf, sondern nur so, daß er immer wieder von einem anderen gleichen Inhaltes abgelöst wird; „Identität" ist nicht eine Eigenschaft dieser inneren Impression, sondern ihre inhaltliche Bestimmtheit, die sich dann einem Index gleich auch allen inhaltlich gleichen Sensationsideen anheftet. Humes Kritik der ausgedehnten Substanz ist noch viel radikaler und einschneidender als die Berkeleys. Hatte dessen Immaterialismus nur die Annahme einer metaphysischen Materie widerlegt und die Substantialität der Körperwelt geleugnet, die phänomenale Körpervorstellung aber im Sinne eines Ideenkomplexes aufrechterhalten, so löst die noch strengere Durchführung des Empirismus bei Hume auch die phänomenalen Körper in eine zusammenhangslose Reihe isolierter Perzeptionen auf, welche nur auf Grund einer Täuschung unserer Einbildungskraft zu einer vermeintlichen Einheit verbunden werden. Auch das, was die „urteilsfähigsten Philosophen" vom Begriffe des körperlichen Dinges übriggelassen hatten, nämlich ein vom Geiste geschaffenes Zusammen *(collection)* von sinnlichen Qualitäten, besteht nicht vor der Kritik Humes: es bildet sich aus einer diskreten Vielheit sukzessiver Einzeleindrücke und soll doch E i n e s sein; es wechselt beständig in allen seinen Bestandteilen und soll doch d a s s e l b e bleiben! Damit erscheint die Körperwelt in atomisierte Eindrücke aufgelöst, alles Simultane auf die Sukzession von Perzeptionen zurückgeführt, die Materie gar in das Reich „unfaßbarer Chimären" verwiesen. Nur daß Hume dabei anerkennt, daß der empiristisch nicht zu begründende Glaube an die selbständige und fortdauernde Existenz der Körperwelt eine für uns z w a n g s w e i s e Auslegung des Gegebenen bedeutet, der auch der Philosoph im gewöhnlichen Leben sich nicht entziehen und die daher auch durch keine theoretische Kritik vernichtet werden kann [88].

4. DIE SEELE UND DAS ICH

Neben dem Glauben an eine substantielle Körperwelt steht der an einen substantiellen Träger der psychischen Erscheinungen. So behaupten manche Philosophen geradezu, daß der Geist eine einfache, unteilbare und unzerstörbare Substanz sei, deren Wesen im „Denken" bestehe. Da es sich hier um eine Wesenheit handelt, die in der unmittelbaren Erfahrung nicht angetroffen werden kann, deren Existenz aber vielen als das Allergewisseste gilt, bedarf auch dieser Begriff einer kritischen Prüfung. Wenn in Hinsicht der materiellen Substanz diese Kritik durch Berkeley wenigstens zum Teil schon geleistet war, so vermag Hume hier ausschließlich an Lockes Lehre von der Unerkennbarkeit der denkenden Substanzen anzuknüpfen. Die Kühnheit seiner Fragestellung und Ergebnisse ist daher an diesem Punkt am auffallendsten. Der methodische Weg zur Bewältigung dieser neuen Aufgabe ist bereits vorgezeichnet: wenn wir die Berechtigung jenes Begriffes entscheiden wollen, brauchen wir nur zu fragen, auf welche Impression er sich stützt. Vergeblich würden wir im Bereich der Sinneswahrnehmungen und der Selbstwahrnehmungen nach einem solchen Eindruck Umschau halten. Gegeben sind uns überhaupt ja immer nur einzelne Perzeptionen, und da die seelische Substanz etwas von den Perzeptionen Verschiedenes sein soll, so ist von vornherein klar, daß sie in der Reihe impressionell begründbarer Ideen nicht auffindbar sein kann. Nun könnte man vielleicht einwenden, daß doch die Perzeptionen nicht für sich bestehen können, sondern eines „Trägers" bedürfen, dem sie inhärieren. Das war die Lehre Berkeleys. Dem entgegnet Hume, daß alle unsere Perzeptionen voneinander verschieden, unterscheidbar und trennbar sind, daß jede für sich vorgestellt werden und daher auch für sich existieren kann, da ja ihre Existenz eben nur im Vorgestelltwerden besteht. Sie bedürfen daher auch keines Trägers ihrer Existenz. Mit der Widerlegung der Lehre von der Seelensubstanz gibt sich aber unser Philosoph nicht zufrieden; seine Kritik erstreckt sich vielmehr auch auf das Bewußtsein persönlicher Identität, das sich an die Idee des Ichs oder der empirischen Bewußtseinseinheit knüpft, wenn er auch in dieser Hinsicht zwischen beiden nicht genau unterscheidet. Hume behauptet nun, daß wir von einem Ich, das gleichsam über unseren Vorstellungen schwebte, nicht nur keine Impression, sondern in Wahrheit nicht einmal eine Idee besitzen. Es gibt zwar Philosophen, die behaupten, sie seien sich dessen, was sie ihr „Ich" nennen, in jedem Augenblicke auf das unmittelbarste bewußt; ich selbst aber kann — meint Hume — wenn ich mich noch so sorgfältig beobachte, in mir niemals etwas anderes finden als einzelne Perzeptionen: der Wärme oder Kälte, des Lichtes oder der Dunkelheit, der Liebe oder des Hasses, der Lust oder Unlust. „Niemals treffe ich mich ohne eine Perzeption an und niemals kann ich etwas anderes beobachten als eine Perzeption."

Und fehlen die Perzeptionen einmal wirklich, wie im Tiefschlaf, so bin ich mir auch während dieser Zeit „meiner selbst" nicht bewußt, so daß man geradezu sagen kann, daß „ich" dann nicht existiere. Auch das, was ich mein „Bewußtsein" nenne, ist nichts anderes als die „innerlich vergegenwärtigte Perzeption" selbst und nichts, was etwa zu ihr noch außerdem hinzukäme. Daraus folgt, daß es ein „Ich" neben oder über den Perzeptionen überhaupt nicht gibt. „Ich kann überhaupt nichts perzipieren als eben Perzeptionen. Die Zusammensetzung solcher Perzeptionen muß also das Ich ergeben." Das Ich ist also nicht etwas, das Perzeptionen hat, sondern es ist diese Perzeptionen. „Wenn ich aber", das ist die abschließende Meinung Humes, „von einigen Metaphysikern, die sich eines solchen Ichs zu erfreuen meinen, absehe, so kann ich wagen, von allen übrigen Menschen zu behaupten, daß sie nichts sind als ein Bündel oder eine Ansammlung *(bundle or collection)* verschiedener Perzeptionen, die einander mit unbegreiflicher Schnelligkeit folgen und beständig in Fluß und Bewegung sind." An anderer Stelle wieder heißt es, daß das, was wir „Geist" nennen, nichts ist „als ein Haufen oder eine Ansammlung *(heap or collection)* von verschiedenen Perzeptionen, die durch gewisse Beziehungen zur Einheit verbunden sind". Daß schon der Begriff des „Bündels" und mehr noch der der „Einheit" mit dem steten Fluß der Perzeptionen in Widerspruch steht, scheint Hume nicht bemerkt zu haben. Zweifellos aber war es seine Überzeugung, durch seine kritische Untersuchung nicht nur der Annahme einer Substantialität der „Seele", sondern auch dem natürlichen Glauben an das eigene „Ich" den Boden entzogen zu haben. Auch das, was wir unser empirisches Selbstbewußtsein zu nennen pflegen, ist nach Hume eine Illusion.

Da dem Worte „Ich" nicht nur keine Impression, sondern eigentlich nicht einmal eine Idee entspricht, so wäre es naheliegend gewesen, in Verfolg des gelegentlich geäußerten Gedankens, daß es sich in dieser ganzen Frage nur um einen „Wortstreit" handle, es mit der Ablehnung dieser Scheinvorstellung bewenden zu lassen. Hume kann sich aber doch dem Umstande nicht entziehen, daß zumindest der Glaube an unsere persönliche Identität in allem Wechsel der Vorstellungen eine nicht wegzuleugnende

Tatsache ist. In diesem Glauben sieht er die Grundlage jener Täuschung und fühlt sich daher verpflichtet, ihn in gewohnter Weise psychologisch zu erklären. Er knüpft dabei wieder an den Glauben an die Identität der Körper an. Die Hinzufügung oder Wegnahme eines beträchtlichen Teiles hebt die Identität eines Körpers auf; erfolgt diese Veränderung aber allmählich und unmerklich, so sind wir trotzdem weniger geneigt, seine Identität als aufgehoben zu betrachten. Ein Schiff, das durch wiederholte Reparaturen zum größten Teil eigentlich ein anderes geworden ist, wird doch immer als das gleiche Schiff betrachtet; noch auffälliger ist dieser Umstand bei Tieren und Pflanzen, deren substantielle Beschaffenheit sich in wenigen Jahren vollkommen ändert und die besonders wegen des wechselseitigen Zusammenhangs ihrer Teile gleichwohl als die gleichen gelten. Diese im Grunde nur fingierte Identität ist, so vermutet Hume, ähnlich jener, die wir von uns selbst aussagen. Denn auch unsere Perzeptionen wechseln ja beständig und jede neu auftretende ist von jeder vorhergehenden und nachfolgenden real verschieden. In ihnen gibt es daher so etwas wie Identität schlechterdings nicht. Daher kann das Persönlichkeitsbewußtsein nur auf einer Impression beruhen, welche das Auftreten der Perzeptionen im allgemeinen begleitet. Ihre Grundlage wird keine andere sein als bei der Annahme einer Identität von Tieren und Pflanzen. Der Strom unseres Bewußtseins rauscht eben sehr gleichmäßig und ununterbrochen dahin; überdies sind die einzelnen Perzeptionen teils durch die Assoziationsgesetze, teils dadurch miteinander verknüpft, daß die Eindrücke entsprechende Ideen hervorrufen und diese wieder andere Eindrücke, nämlich solche der Reflexion, erzeugen. Dieser stetige Zusammenhang unter unseren Perzeptionen ist es also, der (vermöge des leichten Übergangs von einer zur anderen) den Glauben an die Identität unserer Person erzeugt. Hume hat wiederholt versucht, diese Lösung des Problems von verschiedenen Seiten zu beleuchten, ohne davon selbst ganz befriedigt zu sein, so daß er zuletzt den Leser darauf vertröstet, daß er selbst oder andere bei reiflicher Überlegung vielleicht noch eine bessere finden werde. Wollte man seinen Gedankengang im Sinne seines psychologischen Kritizismus auf eine einfache und durchsichtigere Formel bringen, so

wäre etwa zu sagen: So verschieden und wechselnd unsere
Perzeptionen auch sein mögen, so haben sie doch alle das
gemeinsam, daß sie eben als Perzeptionen, also als Bewußtseinsvorgänge,
von uns in gleicher Weise erlebt werden.
Alle Perzeptionen werden somit bei
ihrem Auftreten von dem qualitativ gleichen
inneren Eindruck begleitet. Dabei spielt, wie
Hume ausdrücklich bemerkt, auch die Erinnerung eine wichtige
Rolle, insofern sie die vergangenen Perzeptionen immer
wieder reproduziert, so ihre Vergleichung ermöglicht und
sie nach der Regel der Ähnlichkeit assoziiert. Die Einbildungskraft
objektiviert dann jene bei allen Perzeptionen
gleichartig wiederkehrende Impression der inneren Erfahrung
zur Identität der in aller Veränderung seines Bewußtseinsinhaltes
sich selbst gleichbleibenden „Person" oder eines
„Ichs", das selbst unverändert verharrt und so gleichsam
den Schauplatz abzugeben scheint, auf dem sich jener
Szenenwechsel der Perzeptionen vollzieht. Die „Seele" ist
dann eine nachträgliche Erfindung, zur Rechtfertigung dieser
natürlichen Täuschung, um die Identität der Person auch
dort festzuhalten, wo, wie in der Ohnmacht oder bei tiefem
Schlaf, der Vorstellungsablauf selbst unterbrochen ist. Gerade
so wie bei der Annahme beharrender Körper erklärt
auch hier die Verwechslung von qualitativer mit
numerischer Identität den Ursprung der Täuschung.
Die Kritik der körperlichen und geistigen Substanz findet
sich nur im Erstlingswerk, während sie Hume, wohl aus
Besorgnis wegen ihrer scheinbaren Paradoxie, später nicht
mehr behandelt. Gerade sie bildet aber vielleicht seine
originellste Leistung, welche seiner vielgerühmten Kritik
des Kausalbegriffes mindestens ebenbürtig ist [89].

5. DIE KAUSALITÄT

Die reine Erfahrung bietet nichts anderes dar als eine
unaufhörliche Sukzession disparater und unter sich verschiedener
Perzeptionen. Wären wir in unserem Denken
ganz allein auf sie angewiesen, so müßten wir streng genommen
bei der Feststellung der augenblicklichen Erfüllung
unseres Bewußtseins stehen bleiben. Denn auch die
Erinnerungsvorstellungen sind immer gegenwärtige Perzeptionen,
nur mit dem gefühlsmäßigen Index des „Glaubens"
versehen; ihre Deutung auf Vergangenes ist im Grunde

schon eine sekundäre Auslegung dieser sie begleitenden inneren Impression. Von Zukünftigem zu reden, läßt sich vom Standpunkt reiner Erfahrung aber überhaupt nicht rechtfertigen, (geschweige denn) eine Voraussage des Eintrittes bestimmter Tatsachen in der Zukunft. Dem widerspricht nun der subjektive Befund unseres Weltbildes. Dieser zeigt nicht nur, daß wir überall einen Zusammenhang zwischen unseren Perzeptionen voraussetzen, demzufolge eine die andere nach sich zieht — Hume selbst hat in seinen bisherigen Erklärungen davon reichlich Gebrauch gemacht —, sondern auch, daß wir kühnlich (aus der vergangenen Erfahrung) Schlüsse auf die zukünftige ziehen. Das psychologische Prinzip, auf Grund dessen beides geschieht, ist das Assoziationsgesetz der Verknüpfung unserer Vorstellungen (nach Ursache und Wirkung.) Daß es dessen Wirksamkeit ist, welche ein Band um die an und für sich isolierten Bewußtseinselemente schlingt, Vergangenes mit Zukünftigem verbindet und jeder „Erklärung" zugrunde liegt, ist eine psychologische Tatsache. Die erkenntnistheoretische Grundlage dieser Tatsache und die logische Berechtigung jener Verknüpfung steht jetzt in Frage. Worauf stützt sich dieses Hinausgreifen über den unmittelbaren Erfahrungsbefund? Was legitimiert eigentlich unser kausales Denken und alle jene Schlüsse, die sich daraus auf Unerfahrbares ergeben? Die Kritik des Kausalbegriffs ist somit die letzte Aufgabe, die unser harrt. Sie gilt als Humes größte Tat.

Analysieren wir den Kausalbegriff und die Fälle seiner tatsächlichen Anwendung, so ergibt seine Zerlegung zwei Faktoren. Die erste Voraussetzung seiner Anwendbarkeit ist die räumliche und zeitliche Berührung zweier Erscheinungen. Nichts kann, so nehmen wir an, an einem Orte oder zu einem Zeitpunkt wirken, der, sei es auch noch so wenig, von dem Orte oder Zeitpunkt entfernt wäre, in dem es sich gegenwärtig befindet. Die Fälle sogenannter Fernwirkung lassen sich immer auf Nahwirkung zurückführen oder zumindest setzen wir diese Möglichkeit voraus. Zur Kontiguität in Raum und Zeit kommt ferner die Bedingung, daß der „Ursache" genannte Vorgang der „Wirkung" zeitlich vorhergeht, also die Priorität der Ursache. Aber nicht in allen Fällen von Kontiguität setzen

DIE KAUSALITÄT

wir eine kausale Relation zwischen den betreffenden Erscheinungen voraus, sondern nur dann, wenn uns die Erfahrung eine beständige Verbindung zwischen ihnen zeigt, also im Falle einer **konstanten Regelmäßigkeit** ihrer Sukzession. Aber auch damit ist der subjektive Befund unseres Kausalbegriffes noch nicht erschöpft. Zu ihm gehört ferner als sein wichtigstes Moment die Annahme, daß die vorausgehende Erscheinung die nachfolgende **zwangsweise nach sich zieht**, also die Vorstellung einer **notwendigen Verknüpfung** (*necessary connexion*) beider. Wenn die drei erstgenannten Momente als Tatsachen der Erfahrung gelten können, so entbehrt dieser letzte Bestandteil unseres Kausalbegriffes einer unmittelbar einleuchtenden empirischen Grundlage. Auf ihn geht daher Humes Fragestellung. **Diese vermeintliche Notwendigkeit wird nun allgemein in zweifachem Sinne behauptet:**

1. In dem Sinne, daß **jede** Erscheinung eine Ursache haben müsse, also im Sinne einer durchgängigen Gesetzmäßigkeit des Naturlaufs überhaupt oder als **Kausalsatz:** „Alles was geschieht, hat eine Ursache." Es ist leicht einzusehen, daß gerade darauf unsere Schlüsse auf die gleichsinnige Wiederkehr ähnlicher Tatsachenkonstellationen in der Zukunft beruhen. Denn nur diese allgemeine Geltung des Kausalgesetzes würde verbürgen, „daß Fälle, die uns nicht in der Erfahrung gegeben waren, denjenigen gleichen müssen, die Gegenstand unserer Erfahrung waren, daß also der Lauf der Natur jederzeit unverändert derselbe bleibe".

2. Im Sinne des notwendigen Zusammenhangs einer **bestimmten** Erscheinung oder Erscheinungsgruppe mit **bestimmten** anderen, also die Behauptung einer unlösbaren Beziehung zwischen Ursache und Wirkung im einzelnen Falle oder die Notwendigkeit im einzelnen **Kausalurteil.**

Im „Treatise" hat Hume diese beiden Fragen strenger auseinandergehalten als in der „Enquiry"; seine Untersuchung erstreckt sich aber sinngemäß auf beide. Da sowohl dem allgemeinen Kausalsatz als auch dem einzelnen Kausalurteil Erfahrungen über die Anordnung der Impressionen in Raum und Zeit zugrunde liegen, so setzt seine Fragestellung erst dort ein, wo wir diese Erfahrungsgrundlage verlassen. Daher lautet sein Problem in kürzester

167

Formulierung: „**Was ist die Grundlage von allen Schlüssen aus der Erfahrung**[90]?" Es ist das Problem der Induktion, das hier in seiner ganzen Wucht erfaßt und aufgeworfen wird.

Das Moment der „Notwendigkeit", das unser subjektiver Kausalbegriff noch über den objektiven Erfahrungsbefund hinaus enthält, müßte sich, um legitimiert zu sein, entweder auf die reine Logik stützen, wo in der Beziehung von Ideen aufeinander tatsächlich Denknotwendigkeit herrscht, oder es müßte sich aus der reinen Erfahrung ableiten lassen. Weder das eine noch das andere will aber gelingen. Ersteres nicht: denn wäre der Zusammenhang von Ursache und Wirkung ein solcher wie der von Grund und Folge im Urteil, so müßte ein ursachloses Geschehen einen Widerspruch (in sich schließen). Das ist aber durchaus nicht der Fall. Zeitlicher Anfang einer Existenz und kausaler Ursprung dieser Existenz sind nicht dasselbe und können daher in Gedanken sehr wohl voneinander getrennt werden. Wollte man dagegen einwenden, daß dann diese Existenz entweder sich selbst hervorbringen oder aber aus nichts entstehen müßte, so genügt die Bemerkung, daß diese Einwände eben schon den Kausalsatz voraussetzen und daß ein ursachloser Beginn einer Geschehniskette ebensogut denkbar bleibt, wenn dies auch unserer Denkgewohnheit widerspricht. Ebensowenig lassen sich die einzelnen Kausalurteile logisch, also in diesem Sinne a priori, begründen. Im Begriff einer bestimmten Naturerscheinung liegt an und für sich keinerlei Hinweis auf eine andere Naturerscheinung, welche mit ihr notwendig verbunden sein sollte. Wenn ich z. B. mit ansehe, daß eine bewegte Billardkugel auf eine ruhende stößt, so kann ich zwar vielleicht vermuten, daß die Bewegung der letzteren die Folge des Zusammenstoßes sei; rein logisch genommen läßt sich aber in keiner Weise vorausbestimmen, was auf den Zusammenstoß tatsächlich folgen wird; Ruhe, geradlinige Bewegung und seitliches Abspringen sind a priori gleich möglich. Die verschiedensten Annahmen sind hier gleich denkmöglich, keine einzige ist als logisch notwendig beweisbar. Das wird besonders deutlich beim Auftreten neuer, noch ungewohnter Erscheinungen. „Gesetzt den Fall," sagt Hume, „Adam hätte anfänglich durchaus vollkommene Vernunftkräfte besessen, so hätte er doch aus der Flüssigkeit und Durchsichtigkeit des Wassers nicht schließen können, daß es ihn ersticken, noch aus dem Lichte und der Hitze des Feuers, daß es ihn verzehren würde." **Demonstrativ erkennbar oder a priori beweisbar sind also weder der Kausalsatz noch die einzelnen Kausalurteile.** Der Begriff der „Notwendigkeit", den sie enthalten, hat also mit der logischen Denknotwendigkeit nichts zu tun. Ebensowenig sind sie aber auch intuitiv oder durch unmittelbare Erfahrung einzusehen. Die Notwendigkeit, welche beide von der kausalen Verbindung aussagen, beruht letzten Grundes auf der Annahme einer K r a f t, welche, der „Ursache" innewohnend und von ihr ausgehend, das Auftreten der „Wirkung" genannten Erscheinung e r z w i n g t. Empirisch gerechtfertigt wäre diese Annahme aber nur dann, wenn es gelänge, in der Reihe der Perzeptionen eine Impression aufzuzeigen, als deren Kopie diese Idee einer Wirksamkeit (*efficacy*), eines treibenden Agens (*agency*), einer Macht (*power*), Kraft (*force*), Energie (*energy*), objektiven Notwendigkeit (*necessity*), inneren Verknüpfung (*connexion*) oder eines schöpferischen Vermögens (*productive quality*) angesehen werden könnte. Denn da die genannten Ausdrücke ungefähr synonym sind, würde sich jede Erklärung im Zirkel bewegen, welche einen von ihnen durch einen anderen erläutern wollte. Eine Impression der „Kraft" oder des „Wirkens" findet sich nun in der äußeren Erfahrung nirgends. Die Wahrnehmung zeigt uns immer nur die mit gewisser Regelmäßigkeit sich wiederholende räumlich-zeitliche Berührung bestimmter Phänomene, aber niemals das Band, das sie miteinander verknüpft. Wenn wir die Hand einer Flamme nähern, so folgt auf deren Berührung die Empfindung der Hitze; wenn eine bewegte Kugel auf eine ruhende aufstößt, folgt die Bewegung der letzteren; das ist alles, was uns die Beobachtung zeigt. Niemals aber nehmen wir wahr, wie es die eine Erscheinung anfängt, die andere hervorzurufen oder ihr Auftreten zu erzwingen. Nur das regelmäßige Verbundensein (*conjunction*) zweier Erscheinungen ist Sache der Erfahrung, nicht die Notwendigkeit ihrer Verknüpfung (*connexion*). Aber auch die i n n e r e Wahrnehmung bietet keine direkte Impression dieser Art. Denn auch jenes Kraft- oder Willensgefühl, das wir erleben, wenn wir eine Bewegung unseres Leibes auszuführen beabsichtigen, oder jenes Gefühl der

Anstrengung *(nisus)* bei Überwindung von Widerständen sind kein Urbild der Kraft in dem hier gemeinten Sinne. Sollten sie das sein, so müßten wir unmittelbar wahrnehmen, wie unser Wille es anfängt, den Arm zu bewegen, d. h. wir müßten die Impression seiner kausalen Wirksamkeit besitzen. Nichts ist aber dunkler und geheimnisvoller als der Zusammenhang von Seele und Leib, und auch die Herrschaft des Willens über unseren Geist ist um nichts begreiflicher. Daher mußten auch noch alle Naturphilosophen zugeben, daß das letzte Wesen der wirkenden Naturkräfte uns vollkommen verborgen bleibt. „Wir haben also keinen Eindruck," so schließt Hume diese Untersuchung, „der irgend etwas von Kraft oder Wirksamkeit in sich schlösse; wir haben also keine Vorstellung von Kraft." Da aber jene „Notwendigkeit" des Geschehens, welche das Kausalprinzip behauptet, an der Vorstellung einer Kraft hängt, welche das Erfolgen der Wirkung erzwingt, so fällt auch sie dahin: „**Notwendigkeit**" **ist weder demonstrativ noch intuitiv, und folglich gar nicht zu begründen.** Damit kommt auch unser Vertrauen in die Gleichmäßigkeit des Naturlaufs ins Wanken; denn da unser Wissen von ihm nur so weit reicht wie unsere bisherige Erfahrung, ist auch unsere Voraussetzung der Wiederkehr des Gleichen unter gleichen Umständen ihrer Grundlage beraubt. **Das Ergebnis ist also, daß sich das Kausalprinzip erkenntnistheoretisch nicht legitimieren läßt.** Die Assoziation nach Ursache und Wirkung wird damit nicht unterbunden, denn in ihr unterliegen wir einem psychologischen Zwange. Wir wissen aber nun, daß es sich auch hier nur um eine Täuschung der Einbildungskraft handeln kann, und daß daher allen „Erklärungen" und Voraussagen, welche sich auf dieses Prinzip stützen, selbst jede bindende Kraft abgeht [91].

Wie erklärt sich nun ihrerseits diese hartnäckigste und zugleich lebenswichtigste aller Illusionen? Denn wenn auch eine Notwendigkeit im Naturgeschehen theoretisch nicht begründet werden kann, so ist doch der Glaube an sie eine psychologische Tatsache. Die Entstehung dieses nachweislich grundlosen Glaubens bildet nunmehr das Problem, das noch seiner Lösung harrt. Es ist zur Beantwortung dieser Frage wichtig, sich vor Augen zu halten, daß dieser Glaube

DIE KAUSALITÄT

nur dort einsetzt, wo uns die Erfahrung eine immer sich gleichbleibende Beständigkeit in der Aufeinanderfolge der Erscheinungen zeigt. Die nur einmalige Beobachtung einer Verbindung von Erscheinungen besitzt (in dieser Hinsicht) so gut wie keine Überzeugungskraft; wiederholen sich aber gleichartige Erfahrungen, so stellt sich allmählich die Vermutung kausaler Beziehung ein, die sich nach und nach bis zu voller Sicherheit (assurance) steigert. Objektiv genommen hat aber eine Anzahl gleicher Fälle vor dem einzelnen Fall nichts voraus. Es ist daher anzunehmen, daß es nur die Rückwirkung dieser Gleichartigkeit auf unseren Geist ist, welche jenen Unterschied in der Stärke des Kausalglaubens bedingt. In der Tat ist nach den Regeln der Assoziationspsychologie eine solche Rückwirkung unausbleiblich. Je öfter sich ähnliche Fälle wiederholen, zwei Erscheinungen also in räumlicher und zeitlicher Nachbarschaft auftreten, desto fester muß nach dem Prinzip der Ähnlichkeit und der Kontiguität die Assoziation zwischen ihnen werden. Sie wird allmählich so innig, daß sie fast unlösbar erscheint. Wenn in der Erfahrung auf die Impression A jedesmal die Impression B gefolgt ist, so knüpft sich allmählich zwischen den entsprechenden Ideen ein so festes Band, daß sich beim Wiederauftreten der Impression A gewohnheitsmäßig die Idee B einstellt und wir daher fast zwangsweise auch die Wiederkehr der Impression B erwarten. Dies und nichts anderes ist die Grundlage unserer Schlüsse aus der Erfahrung. Sie beruhen somit nicht auf einer induktiven Verallgemeinerung, welche schon die Überzeugung von der Gleichmäßigkeit des Naturlaufs voraussetzen würde, sondern allein auf assoziativer Denkgewöhnung. Sie sind überhaupt keine „Schlüsse" in logischem Sinne, sondern nur das Spiel eines psychologischen Mechanismus. Daraus erklärt es sich auch, warum wir solche „Schlüsse" nicht schon nach einmaliger Beobachtung, sondern erst auf Grund vieler Fälle gleicher Art zu ziehen pflegen; die logische Sachlage ist nach der tausendsten Wiederholung keine andere als am Anfang, wohl aber hat sich durch sie die gewohnheitsmäßige Verknüpfung der betreffenden Vorstellungen in unserem Geiste immer mehr gefestigt, so daß sie zuletzt zu einer zwangsläufigen geworden ist. Assoziative Erwartungen dieser Art werden nun tatsächlich zumeist von der Erfahrung erfüllt und bestätigt; häufen sich nun im Laufe der Zeit Beobachtungen über die Wiederkehr gleicher Impressionsfolgen unter gleichen Umständen, so bildet sich ebenfalls (rein gewohnheitsmäßig) die Überzeugung, daß dies in allen, auch in den bisher nicht beobachteten und kontrollierten Fällen so sein werde. Daraus bilden dann die Philosophen die Regel, „daß die Verbindung zwischen Ursache und Wirkung in allen Fällen gleich notwendig sei, und ihre scheinbare Unsicherheit in gewissen Fällen in dem der Kenntnis sich entziehenden Gegeneinanderwirken einander widerstreitender Ursachen ihre Wurzel habe". So entsteht der Glaube an den allgemeinen Kausalsatz, der somit auch keine andere Grundlage hat als die gewohnheitsmäßige Erwartung, daß das unzähligemal Beobachtete, nämlich eine sich gleichbleibende Zusammenordnung gewisser Erscheinungen, auch in allen übrigen, bisher unbekannten Fällen statthaben werde. Die wahre, wenn auch nur psychologische Grundlage sowohl unserer Kausalurteile als des Kausalsatzes und somit unseres Kausalglaubens überhaupt ist daher die Gewohnheit (custom): Die Gewohnheit, gewisse Erscheinungen immer gesellt zu finden, begründet unsere Kausalurteile, die Gewohnheit, kausal zu denken, begründet den Kausalsatz. In der Gewohnheit wurzelt endlich auch die in der Reihe der äußeren Wahrnehmungen vergebens gesuchte Impression einer „Kraft" und der durch sie bedingten „Notwendigkeit". Die Gewohnheit ist eine starke Macht, und wenn sie einmal zwei Vorstellungen miteinander verknüpft hat, so unterliegen wir einem fühlbaren Zwange, von der einen zur anderen überzugehen, so daß es merklicher Anstrengung bedürfte, um diese Verbindung zu lösen. Dieses Gefühl innerer Nötigung, also das Zwangsgefühl der Gewohnheit, ist das allerdings recht unbestimmte Urbild unserer ja ebenfalls sehr unbestimmten Idee von Kraft und Notwendigkeit. Dort glauben wir eine wirkende Kraft unmittelbar zu erleben, das wirksame Agens, das unsere Vorstellungen zusammenzwingt, an uns selbst zu spüren, einer fühlbaren Zwangsläufigkeit des Geschehens unmittelbar inne zu werden. Dieses Erlebnis ist eine Impression der inneren Erfahrung. Aber auch hier spielt uns wie im Falle der Substanzen die Einbildungskraft einen Streich. Sie nämlich verleitet uns, diesen Eindruck der Reflexion in den Zusammenhang der äußeren Impression einzuschieben: das Erlebnis subjektiver Nötigung zu deuten als objektive Notwendigkeit, die Macht der Gewohnheit so anzusehen, als wenn sie eine den Dingen selbst innewohnende Kraft wäre. Was in Wahrheit nur die Rückwirkung der *,,constant conjunction"* gewisser Erscheinungen auf unseren Geist ist (*a determination of the mind*), wird vermöge einer natürlichen Täuschung der Einbildungskraft von uns so ausgelegt, als wäre es ein die Erscheinungen selbst zusammenhaltendes mystisches Band, das zwischen ihnen eine *,,necessary connexion"* bewirkte. Objektiv bleibt somit von der Kausalität nichts übrig als eine gewisse Regelmäßigkeit in der Aufeinanderfolge der Erscheinungen, die sich so weit, aber auch nur so weit, behaupten läßt, wie die bisherige Erfahrung reicht; was unser subjektiver Kausalbegriff darüber hinaus enthält, nämlich die Vorstellung kausaler Notwendigkeit im einzelnen und einer gesetzmäßigen Naturordnung im allgemeinen, läßt sich weder logisch noch empirisch rechtfertigen, wohl aber psychologisch als Produkt der Gewohnheit und Imagination verstehen [92].

6. VORGÄNGER HUMES

Die Kritik des Substanzbegriffes war bereits durch L o c k e eingeleitet, die der materiellen Substanz durch B e r k e l e y so gut wie vollendet worden. Für Locke war die ,,Substanz" nur mehr ein unbekanntes und unerkennbares Etwas geblieben, das den allein erfahrbaren sinnlichen Eigenschaften unterliegen sollte. Es bedurfte nur eines kleinen Schrittes, um diesen ,,Träger" ganz zu beseitigen und von den ausgedehnten Substanzen nichts übrig zu lassen als die metaphysikfreie Vorstellung der sinnenfälligen Körper. Diesen Schritt tat Berkeley. Hume blieb in dieser Hinsicht nur übrig, auch jene simultanen Empfindungskomplexe, als welche Berkeley die Körper noch hatte gelten lassen, in eine rein zeitliche Folge von Perzeptionen aufzulösen und nun zu zeigen, durch welche psychologischen Prozesse der Schein ihrer beharrenden Identität entsteht. Hingegen war Humes Kritik der seelischen Substantialität ohne unmittelbares Vorbild, ja sie erfolgte in direkter Polemik gegen Berkeleys Spiritualismus. Es ist aber interessant, daß auch sie durch die indische Spekulation schon in wesentlichen

Zügen vorweggenommen war, so wenig auch Hume und seine Zeit davon wissen konnten. Bereits im 6. J. v. Chr. lehrte der Buddhismus, daß das „Ich" nichts anderes sei als eine wandelbare Vereinigung (Hume würde sagen: ein „Bündel") von Vorgängen und Vermögen, den fünf „Zweigen" oder Skandhas, welche sich bei der Geburt des Menschen zu einem Komplex verschlingen und bei seinem Tode wieder trennen. Als solche werden angeführt: Körperlichkeit, Empfindung, Vorstellung, Begehrung und Denken. Mag es zweifelhaft sein, ob die damit verbundene Leugnung der Seele schon der ältesten Lehre angehört, im späteren Buddhismus gilt sie wie ein Dogma, das der Brahmanischen Behauptung eines „Atman" ausdrücklich entgegengestellt wird. Aus dieser späteren Zeit ist ein Dialog erhalten, der, unter dem Titel: „Fragen des Milinda" bekannt, geradezu als Illustration der Humeschen Theorie dienen könnte. Der Weise Nâgasena legt dem König Milinda, der hier als Vertreter des Griechentums auftritt, die Frage vor, was denn eigentlich der Wagen sei, auf dem er angekommen? Da zeigt sich, daß der Wagen nichts ist als die Summe seiner Bestandteile: der Deichsel und der Räder, der Achse und des Wagenkastens, die nur durch das Wort „Wagen" zusammengehalten werden, aber durch nichts außerdem. Ebenso, schließt der Weise, ist auch da, wo wir von einer menschlichen Person reden, nichts vorhanden als die fünf Elementengruppen, welche durch einen Namen vereint werden, aber kein Subjekt, kein Ich, keine Seele außer und neben ihnen [93]. In folgerichtiger Durchführung seines metaphysischen Systems hat auch Spinoza die Geschlossenheit der seelischen Individualität verneint, wenn er den „Geist" nur als „Idee des Körpers" auffaßt, die Seele also nur als Bewußtseinseite des Organismus gelten läßt, und sie so im Grunde in eine Abfolge von Vorstellungen des Leibes und seiner Affektionen auflöst [94]. Ein Einfluß auch dieser Lehre auf Hume ist bei der Verschiedenheit ihres Ursprungs kaum anzunehmen.

Auch die Kritik des Kausalbegriffes hat alte Vorbilder. Der arabische Denker des elften Jahrhunderts Al-Gazzâlî (Chazâlî, Algazel) bestritt, in der Absicht, der philosophischen Lehre von einer selbstgenügsamen Naturgesetzlichkeit den Boden zu entziehen, daß zwischen Ursache und Wirkung eine notwendige Verbindung bestehe. Die Bejahung eines von zwei Dingen schließt nicht die Bejahung des anderen, seine Verneinung nicht dessen Verneinung in sich, so daß die Existenz des einen auf die des andern notwendig folgen müßte. Wenn z. B. die Naturkenner sagen, daß das Feuer mit Notwendigkeit das Verbrennen bewirke, so haben sie dafür keinen anderen Beweis als das Zusammentreffen zweier Vorgänge, womit aber nicht gesagt ist, daß das Feuer die einzige und wahre Ursache des Verbrennens sei. Al-Gazzâlî zieht daraus weiterhin in okkasionalistischer Weise den Schluß, daß die Verbindung von Ursache und Wirkung nur auf der Macht Gottes beruhe, nicht aber, wie die ungläubigen Philosophen behaupten, auf einer unveränderlichen Naturnotwendigkeit [95]. Noch deutlicher tritt die innere Verwandtschaft mit der Lehre Humes bei einem heterodoxen Philosophen des Mittelalters hervor, bei Nikolaus von Autrecourt, der im vierzehnten Jahrhundert lebte und lehrte, von dem uns aber nur zwei Briefe und die Akten jenes Prozesses erhalten sind, in dem er zur eigenhändigen Verbrennung seiner philosophischen Schriften verurteilt worden war. Ausgehend von der These, daß nur das nach dem Satze des Widerspruchs Erkannte volle Gewißheit besitze, spricht auch er dem Kausalprinzip logische Evidenz ab. Aus dem Dasein eines Dinges läßt sich niemals mit Sicherheit die Existenz eines anderen ableiten, also nicht erkennen, „quod alia res sit". Wenn wir Werg einem Feuer annähern, so läßt sich auf Grund des Satzes vom Widerspruch keineswegs mit Sicherheit schließen, daß es in Brand geraten werde. Wir kennen in Wahrheit nichts wie die Aufeinanderfolge von Vorgängen, und auch die Gleichförmigkeit dieser Aufeinanderfolge ist für die Zukunft höchstens wahrscheinlich zu machen. Nikolaus hat seine Kritik aber auch auf den Substanzbegriff ausgedehnt. Von der Substanz kennen wir nichts als die Summe ihrer Akzidenzen, also nur soviel, als die Wahrnehmung uns zeigt. Ob diesen ein reales Sein in der Außenwelt entspricht, muß dahingestellt bleiben. Aber auch in der inneren Erfahrung sind uns wohl die Vorgänge und Tätigkeiten unseres Bewußtseins gegeben; allein von ihnen auf eine Seele und ihre Vermögen zu schließen, ist nicht mit Evidenz möglich. Man hat wegen dieser Lehren Nikolaus de Ultricuria nicht mit Unrecht als den „mittelalterlichen Hume" bezeichnet [96]. Von Einfluß auf unseren Philosophen waren diese seine Vorgänger so wenig wie die antike Skepsis (obwohl er Sextus Empiricus mehrmals erwähnt), da deren Bemerkungen über die Kausalität viel zu unbestimmt waren, um ihm nennenswerte Anregung bieten zu können. Hingegen darf wohl angenommen werden, daß die Unterscheidung von Grund und Ursache bei Hobbes und die Ausführungen Berkeleys [97] nicht ohne Eindruck auf ihn geblieben sind. Auch kannte Hume ohne Zweifel das Hauptwerk von Nicolas Malebranche: „Recherche de la vérité" (1674/75), in dem dieser, ausgehend von dem durch Descartes ungelösten Problem der Wechselwirkung zwischen Leib und Seele, das Wirken überhaupt als unbegreiflich erklärte und sowohl seine logische Begreiflichkeit als auch seine unmittelbare Erfahrbarkeit leugnete. Dasselbe hatte auch der englische Geistliche Joseph Glanvil bereits vorher in seiner „Scepsis scientifica" (1665) getan. Dieser gleichfalls von Descartes stark beeinflußte Denker richtet seine skeptische Auffassung des Kausalprinzips besonders gegen den naturalistischen Weltbegriff des Hobbes. Die Beziehung von Ursache und Wirkung, meint er, kann nicht unmittelbar wahrgenommen, sondern nur erschlossen werden: *„Hoc est post illud, ergo est propter illud."* Die bloße Folge wird so in ein Erfolgen umgedeutet. Diese Umdeutung ist aber logisch nicht begründet, und daher ruht die mechanistische Auffassung der Natur auf unsicherer Grundlage. Ihr stellt er die empirisch-induktive Methode Bacons als die erfolgversprechendere gegenüber. Hume scheint diesen ihm sachlich zunächst kommenden Vorgänger, der zu ihm in einem ähnlichen Verhältnis steht wie Collier zu Berkeley, aber nicht gekannt zu haben. Daß Hume im wesentlichen ganz selbständig an seine kritische Aufgabe herantrat, beweist schon die schwerfällige, an Wiederholungen und nochmaligen Ansätzen des Gedankens reiche Darstellung in seinem Erstlingswerk. In jeder Hinsicht sein unbestrittenes Eigentum ist aber der Versuch, die abgelehnten Vorstellungsweisen in ihrer Entstehung psychologisch zu begreifen. Mag im einzelnen gegen seine Erklärungen noch so viel einzuwenden sein, den kritischen Gesichtspunkt zum erstenmal mit solcher Energie und von seiner empiristischen Grundlage aus mit strengster Folgerichtigkeit angewendet und durchgeführt zu haben, bleibt sein unvergängliches Verdienst.

7. DAS ENDERGEBNIS DES KRITIZISMUS

Das Ergebnis des Kritizismus scheint uns den schwersten Verzicht in Hinsicht aller höheren Erkenntniswünsche aufzuerlegen; ja mehr noch: es scheint geradezu die Bedingungen unseres Daseins zu untergraben. Denn wollten wir mit der Ausschaltung alles Nicht-Empirischen völlig Ernst machen, so müßten wir uns auf das unmittelbare Zeugnis der Sinne und den instantanen Bewußtseinsinhalt beschränken. Damit wäre nicht nur jede theoretische Naturerkenntnis — auch jene der „menschlichen Natur" — unterbunden, sondern mit dem Wegfall jeder Voraussicht des Künftigen auch unsere Lebensführung bedroht. Aber gerade die Erfahrung, deren ausschließliche Geltung diese Gefahr heraufzubeschwören scheint, weist uns auch wieder einen Ausweg aus diesen Schwierigkeiten. Sie zeigt uns nämlich, daß auch der kritischste Philosoph, sobald er sich von der reinen Theorie abwendet, unbekümmert um seine skeptischen Bedenken fortfährt, Urteile zu fällen aus der Erfahrung Schlüsse zu ziehen, von den Dingen und seinem Ich zu reden und der Gesetzmäßigkeit der Natur zu vertrauen; kurz: so zu handeln, als wenn er ein von jedem Kritizismus unberührter naiver Mensch wäre. Das weist darauf hin, daß jenes seelische Verhalten in einer tieferen Schicht des menschlichen Wesens wurzelt als alle bloß theoretischen Untersuchungen. Es ist eine Art biologischer Instinkt, der uns hier über alle Zweifel hinweghebt und dort, wo uns das Wissen im Stich läßt, einen unerschütterlichen, wenn auch theoretisch nicht zu rechtfertigenden Glauben in uns erzeugt: „Die Natur nötigt uns mit absoluter und unabwendbarer Notwendigkeit, Urteile zu fällen, ebenso wie sie uns nötigt zu atmen und zu empfinden." Dieser Glaube ist nun nicht etwa ein niedrigerer Grad des Fürwahrhaltens, sondern „viel eigentlicher ein Akt des fühlenden als des denkenden Teils unserer Natur". Anders ausgedrückt: dieser Glaube ist nicht intellektuellen, sondern emotionalen Ursprungs. Diese seine Verwurzelung in elementaren Lebensinstinkten schafft darum auch für uns einen Denkzwang, an den keine skeptische Kritik heranreicht. Diesen Glauben zu zerstören, ist gar nicht Humes Absicht. Er anerkennt ihn vielmehr als eine nützliche Einrichtung unserer

12 Reininger, Locke

Natur, als eine unzerstörbare Gewohnheitsmacht, der auch
der Philosoph im Leben sich nicht entziehen kann, weil
ohne ihn unser Weltbild in zusammenhanglose Atome zer-
fallen und damit auch jede praktische Orientierung im Leben
unmöglich werden müßte: „Die Natur hat uns eben in
dieser Hinsicht keine Wahl gelassen; sie hat diesen Punkt
ohne Zweifel für eine Sache von zu großer Wichtigkeit gehalten, um ihn unseren unsicheren Schlußfolgerungen und
Spekulationen preiszugeben." Wir können daher gar nicht
anders, als die Begriffe „Ding", „Ich", „Ursache", „Gesetz" immer wieder von neuem zu bilden und zu verwenden,
mag uns auch die kritische Erfahrungsphilosophie noch
so eindringlich belehren, daß sie auf einer Täuschung durch
die Einbildungskraft beruhen. Hume selbst hat ja von
ihnen in seiner Darstellung reichlich und unbedenklich Gebrauch gemacht: er spricht von „uns" und unserem „Geiste",
von „Dingen" und „Naturvorgängen", von den Impressionen
als „Grundlage" der Ideen, von der Gewohnheit als „Ursache" unseres Kausalglaubens. Er mußte es tun, weil
sonst seine Untersuchung der menschlichen Natur und seine
Erklärung der psychologischen Täuschungen gar nicht
möglich gewesen wäre. Er mußte sich auch, um sich
überhaupt verständlich zu machen, der Sprache bedienen,
welche, ursprünglich selbst biologischen Bedürfnissen ent-
wachsen, in ihren Worten und Formen jenem natürlichen
Glauben angepaßt ist. Was wir einzusehen haben, ist nur,
daß dieser Glaube weder logisch noch empirisch begründbar ist, sondern einer ganz anderen
Sphäre entstammt als unsere theoretischen Überlegungen.
Aber: „Die Natur wird immer ihr Recht behaupten und
zuletzt die zu tiefen Betrachtungen jeder Art überwinden"[98].

Hume hat sich als „Skeptiker" bezeichnet. Er meint
das aber selbst nur in relativem Sinne, nämlich im Verhältnisse zu dem alle Erfahrung überfliegenden Erkenntniswillen, wie er sich im rationalistischen Wissensideal aus-
prägt. Humes Skepsis richtet sich aber nicht gegen jene
Art von Erkenntnis, welche sich bei dem Erreichbaren be-
scheidet und nichts anderes anstrebt, als über das Erfahrbare sich zu orientieren und dessen Umkreis nicht weiter
zu verlassen, als es die praktischen Bedürfnisse erheischen.
Darum lehnt er auch den radikalen Skeptizismus, wie er im
Altertum durch Pyrrhon und seine Schule vertreten war, ab,

weil er mit der Tatsache wirklicher Erkenntnis in Widerspruch stehe und praktisch ohne jeden Nutzen sei. Er nennt ihn eine „philosophische Melancholie" und eine „hypochondrische Laune", von der man sofort geheilt sei, sobald man sich vom Studiertisch weg wieder dem Leben mit seinen Beschäftigungen und Vergnügungen zuwende. Ja, er sagt von seinen eigenen Untersuchungen, daß sie ihm nach ein paar vergnügten Stunden „kalt, überspannt und lächerlich" erscheinen, so daß er sich nur schwer ein Herz fassen kann, zu ihnen zurückzukehren. Humes Philosophie will eine Philosophie des Lebens sein und nur diesem dienen, was ihn als echten Philosophen, der er war, nicht gehindert hat, seinen von unmittelbarer Lebensnotdurft sehr weit abliegenden und oft recht abstrakten Untersuchungen mit aller Hingebung zu obliegen. Er bekennt sich daher zur milden und gelassenen Art der „mittleren Akademie", wie sie durch Arkesilaos, Karneades und Cicero vertreten war, welche die radikalen Zweifel des Pyrrhonismus auf ihr rechtes Maß zurückgeführt habe. Wahrhaft vernichtend ist seine Kritik nur für die Ansprüche des Rationalismus, vorausgesetzt natürlich, daß sie in allen Punkten zu Recht besteht. Von dem, was über die Beziehung von Vorstellungen und die Feststellung von Tatsachen hinausgeht, gibt es kein absolutes Wissen, das sich theoretisch begründen ließe. Unmöglich ist so die ätiologische Naturwissenschaft und jene Naturphilosophie, welche die Erscheinungen aus unfaßbaren Kräften und geheimen Eigenschaften der Dinge erklären will. Unmöglich ist vor allem jede Metaphysik, welche ja durchwegs auf Schlüssen beruht, die über alles irgendwie Erfahrbare hinausgehen. „Können wir doch nicht einmal einen genügenden Grund angeben, weshalb wir nach tausend Proben glauben, daß der Stein fallen und das Feuer brennen wird! Wie können wir darum hoffen, irgend eine zufriedenstellende Erkenntnis über den Ursprung der Welt und den Zustand der Natur von Anfang an bis in alle Ewigkeit erreichen?" Daher halte sich der Philosoph an ein fruchtbareres Gebiet: an die Tatsachen des Lebens, deren „Berichtigung" und „Regelung" seine wichtigste Aufgabe bildet! Was darüber hinausgeht, sei den Dichtern und Rednern oder den Künsten der Priester und Politiker überlassen. „Wenn wir", so schließt die ‚Enquiry', „von diesen Grundsätzen durchdrungen, die Bibliotheken durchlaufen, welche Verwüstungen müßten wir da nicht anrichten! Wenn wir einen Band zur Hand nehmen, etwa aus Theologie oder Schulmetaphysik, so laßt uns fragen: Enthält er abstrakte Untersuchungen über Größe und Zahl? Nein! Enthält er empirische Untersuchungen über Tatsachen und Wirklichkeit? Nein! Nun, so werft ihn ins Feuer, denn er kann nichts enthalten als Sophisterei und Blendwerk [99]."

V. MORALPHILOSOPHIE

1. EINLEITUNG

Die Einstellung des Denkens auf das Praktische und biologisch Wichtige, welche den Abschluß seiner theoretischen Philosophie kennzeichnet, mußte Humes Interesse frühzeitig den ethischen Fragen zuwenden. „Ich kann nicht umhin", so beschreibt er seine Stimmung in Stunden der Sammlung, „Verlangen zu tragen nach der Erkenntnis der Grundlagen des moralisch Guten und Schlechten, nach der Erkenntnis des Wesens und der Bedingungen des Staates, nach einer Einsicht in die Ursache der verschiedenen Affekte und Neigungen, die mich bewegen und beherrschen. Es ist mir unbehaglich, zu denken, daß ich eine Sache billige, eine andere mißbillige, ein Ding schön und ein anderes häßlich nenne . . . ohne zu wissen, aus was für Gründen ich den Entscheid fälle." Daher sind das zweite und dritte Buch des „Treatise" moralphilosophischen Untersuchungen gewidmet, welche Hume dann später als dritten Band seiner „Essays" unter dem Titel: „Untersuchung über die Prinzipien der Moral" (Enquiry concerning the principles of morals) in knapperer und faßlicherer Gestalt, aber auch mit Weglassung manches Wichtigen 1751 nochmals der Öffentlichkeit vorlegte. Er selbst hielt diese Schrift für seine beste. Zur Grundlegung der Ethik gehört auch die ebenfalls in den „Essays" erschienene „Dissertation on the passions" vom Jahre 1757. Die Methode Humes ist in der Ethik dieselbe wie in der theoretischen Philosophie: ein genaues Analysieren und vorsichtiges Abwägen der moralischen Phänomene vom strengen Erfahrungsstandpunkte aus. Hume will weder Moral predigen noch neue Moralgesetze aufstellen; seine Absicht ist allein, auf Grund gewonnener Einsicht in den inneren Zusammenhang menschlichen Trieb- und Affektlebens die wahren Grundlagen der moralischen Urteile bloßzulegen. Daher fehlt ihm auch jedes Pathos des „Moralisten". Historisch kann Hume als Fortsetzer, aber auch als Berichtiger der Moralphilosophie Francis H u t c h e s o n s gelten. Dieser, selbst im Grunde nur ein Systemisator der Gedanken Shaftesburys, ist ein Vertreter des moralischen Intuitionismus und hatte in einem angeborenen „moralischen Sinn" *(moral sense)*, der uns unmittelbar zur Billigung des Richtigen und zur Mißbilligung des Unrechten anhalten sollte, das Prinzip der Moral erblickt. Mochte darin ein Fortschritt in der empiristischen Behandlung der ethischen Probleme gelegen sein, so forderte doch dieses sehr unbestimmte und seiner Existenz nach fragwürdige Prinzip zu einer weiteren Analyse geradezu heraus; auch wurde die Einschränkung der moralischen Werte auf das Verhältnis zu den Mitmenschen nicht allen Seiten des sittlichen Bewußtseins gerecht. Hier setzte nun Hume ein. Seine Moralphilosophie zeigt dieselben Vorzüge und Schattenseiten wie seine Erkenntnistheorie: geistige Helle und erfreuliche Klarheit, aber auch große Nüchternheit und ein Ausweichen vor den letzten Problemen. Humes eigentlich ethische Ansichten ruhen auf einer eingehenden Untersuchung des menschlichen Gemütslebens. Ihr sei als Erledigung einer notwendigen Vorfrage für jede Ethik seine Erörterung der Willensfreiheit vorausgeschickt [100].

2. DAS PROBLEM DER WILLENSFREIHEIT

Humes Meinung über diesen wichtigen Punkt ist die, daß es sich in der ganzen Frage im Grunde nur um einen Wortstreit handle, dem mit einigen bündigen Definitionen ein Ende gemacht werden könne. Der ganze Streit um Determinismus und Indeterminismus entspringt, um es kurz zu sagen, der Verwechslung und Vermengung der Begriffspaare N o t w e n d i g k e i t - F r e i h e i t und Z w a n g - W i l l k ü r (Z u f a l l). Die ganze Überlegung ruht natürlich auf der Grundlage des kritischen Kausalbegriffs der theoretischen Philosophie Humes. Diese anerkennt bekanntlich keine zwingende Notwendigkeit, sondern nur eine beständige Verbindung der Erscheinungen und einen auf Erfahrung sich stützenden Glauben an die Gleichförmigkeit des Naturlaufes.

„Notwendigkeit" in diesem Sinne gibt nun auch jedermann für die menschlichen Willenshandlungen zu. Beweis dessen ist, daß man ganz allgemein von einer weitgehenden Gleichförmigkeit des menschlichen Handelns bei allen Völkern und zu allen Zeiten überzeugt ist. Ebenso setzt jeder voraus, daß sich die Taten der Menschen aus ihren Beweggründen in Verbindung mit bestimmten Neigungen, also aus der Einwirkung bestimmter Motive auf einen bestimmten Charakter, herleiten lassen. Darauf beruht ja jede Menschenkenntnis, darauf auch die Deutung historischer Persönlichkeiten aus der Erfahrung der Gegenwart, darauf auch jede politische Theorie, die doch voraussetzt, daß gewisse Gesetze und Verwaltungsformen einen sich gleichbleibenden Einfluß auf die Gesellschaft ausüben. Allerdings zeigen sich da individuelle Verschiedenheiten nach Zeit und Volk, zwischen Mann und Frau, Mensch und Mensch, ja sogar im Verhalten desselben Individuums zu verschiedenen Zeiten. Aber so wie wir das Kausalgesetz nicht preisgeben, weil die Verbindung der Erscheinungen nicht immer ganz gleichmäßig zu erfolgen scheint, sondern nur neuerdings nach Ursachen dieser Abweichung vom Gewohnten suchen, so dürfen wir auch dort annehmen, daß die scheinbaren Ausnahmen von der Regel in „geheimen Gegenwirkungen entgegengesetzter Ursachen" ihren Grund haben. Gleiche Ursachen erzeugen im menschlichen Willensleben ebenso gleiche Wirkungen wie in der Natur: „Es gibt einen allgemeinen Naturverlauf in den menschlichen Handlungen, so gut wie in den Wirkungen der Sonne und des Klimas." Wie erklärt sich dann aber der heftige Widerstand der Indeterministen gegen die Leugnung der „Notwendigkeit" menschlichen Handelns? Er beruht, so erklärt Hume wieder psychologisch die Entstehung einer Illusion, daß sie von einem falschen Begriff der Notwendigkeit ausgehen und voraussetzen, daß die Verbindung der Erscheinungen in der Natur eine zwangsweise sei, was ja Hume bereits hinreichend widerlegt hat. Da sie nun zwischen Motiv und Handlung in der eigenen Seele eine solche zwangsweise Verknüpfung nicht fühlen, sind sie geneigt, sie als vom Naturlauf ausgenommen zu betrachten: sie leugnen dann mit dem Zwang, den es weder in der Natur noch im Seelenleben gibt, auch die Verursachung ihrer Handlungen überhaupt. Es ist der falsche Begriff der Kausalität, der sich hier rächt und Verwirrung anrichtet.

Mit der „Notwendigkeit" im Sinne Humes, d. i. der Voraussetzung einer konstanten Folge von Beweggrund und Handlung, ist aber der richtige Begriff von „Freiheit" wohl vereinbar. Hume versteht darunter die Handlungsfreiheit: die Macht zu handeln oder nicht zu handeln je nach Beschluß unseres Willens. Auch diese Art Freiheit ist kein Gegenstand des Streites, denn sie wird allgemein jedem zuerkannt, der nicht gerade als Gefangener in Ketten liegt. Die Indeterministen aber wollen an Stelle dieser natürlichen Freiheit die Ursachlosigkeit unseres Entschließens und Handelns setzen, also zuletzt nichts anderes als den Zufall, mit dem keine Wissenschaft und also auch nicht die Ethik etwas anzufangen weiß. Hingegen ist der Determinismus in dem ausgeführten Sinne und auf Grundlage eines kritisch geläuterten Kausalbegriffs mit jeder vernünftigen Moral wohl verträglich, ja er ist zu ihrer Aufrechterhaltung geradezu unentbehrlich, da ja jede Beurteilung menschlicher Handlungen eine gesetzmäßige Verbindung von Motiv, Entschluß und Tat voraussetzt. Nur die sinnlose Anwendung theologischer und juristischer Gesichtspunkte hat mit ihrem Messen der menschlichen Handlungen an ein für allemal feststehenden Gesetzen jedes Verdienst an ursachlose Freiwilligkeit geknüpft. Aber auch Schönheit und Talente finden Beifall und gelten als „verdienstlich", obwohl sie ganz ohne Zweifel der Willkür entzogen sind. Daher werden auch durch den richtig verstandenen Determinismus die moralischen Werte nicht geschmälert. Humes Determinismus ist also rein empirisch begründet, d. h. er reicht nur so weit, wie uns die Erfahrung eben tatsächlich auch im moralischen Leben eine Beständigkeit der Folgen zeigt. Da er ein zwangsweises Determinieren des Willens überhaupt nicht kennt, so kommt er auch jenem Indeterminismus, der sich allein auf das innere Erlebnis der Freiheit gründet, tatsächlich so nahe, daß Hume insofern das Recht hatte, nur von einem Wortstreit zu sprechen. Er leidet aber immerhin an dem Fehler, zwischen Freiheit des Entschlusses und Freiheit in dessen Ausführung nicht unterschieden zu haben. Daher ist auch das eigentliche Problem, das sich an die Willensfreiheit, nicht an die Handlungsfreiheit knüpft, durch ihn nicht in seiner ganzen Tiefe erfaßt und darum auch nicht endgültig gelöst worden [101].

3. VERNUNFT UND GEFÜHL

Es ist für die weitere Erörterung der moralischen Fragen von Wichtigkeit, sich klar zu machen, was es eigentlich ist, das den Willen bestimmt. Die Moralphilosophen alter und neuer Zeit sind sich zumeist darin einig, daß nur Handlungen, die aus Vernunft geschehen, ethisch wertvoll sind, daß also die Menschen nur insoweit tugendhaft sind, als sie den Geboten der Vernunft folgen. Daraus ziehen sie dann ferner den Schluß, daß es die vornehmste Aufgabe des Menschen sei, die Affekte zugunsten der Vernunft zu bekämpfen und zu unterdrücken. Weder das eine noch das andere ist aber in Wahrheit möglich. Die Leistung der Vernunft erschöpft sich in ihren Erkenntnisfunktionen: in der Vergleichung von Ideen und in der Feststellung von Tatsachen. Beides ist sehr wenig geeignet, unseren Willen in Bewegung zu setzen. Das bloße Denken kann zwar dem Willen wertvolle Dienste leisten, indem es ihm bei der Auswahl der Mittel für einen bestimmten Zweck behilflich ist und ihn insofern leitet; aber zwecksetzend zu sein, liegt nicht in seinem Charakter der Passivität, und daher vermögen vernünftige Überlegungen als solche auch niemals als Motive zu wirken. Das tätige Prinzip in uns sind vielmehr immer unsere Neigungen und Affekte. Lust und Unlust sind die letzten Triebfedern unseres Handelns; die Reflexion setzt erst hinterdrein ein und zeigt uns die Wege, auf denen wir am sichersten Lustbefriedigung erreichen und Unlust abwehren. Die Vernunft ist insofern nur die „Sklavin der Affekte"; ihre Stellung ist ihnen gegenüber eine dienende, keine herrschende. Gemütsbewegungen sind auch an und für sich weder vernünftig noch unvernünftig, sondern sie sind eben wie sie sind: ursprüngliche Äußerungen der menschlichen Natur. Daher kann auch keine Rede davon sein, daß die Vernunft die Affekte im Zaum zu halten habe. Es kann immer nur ein Affekt den anderen auslöschen oder hemmen, wie Hume in fast wörtlicher Übereinstimmung mit Spinoza lehrt. Was den Anschein des Gegenteils erweckt, ist der Umstand, daß die Menschen oft wissentlich gegen ihr Interesse handeln und bei Verfolgung entfernter Absichten manchmal heftige Leidenschaften unterdrücken. Was man in solchen Fällen der „Vernunft" zuzuschreiben pflegt, ist in Wahr-

VERNUNFT UND GEFÜHL / PHÄNOMENOLOGIE DER AFFEKTE

heit aber nur der Sieg eines ruhigen und beständigen
Affektes über einen augenblicklichen und heftigen. Diesen
Unterschied pflegt man oftmals zu übersehen. Ein Mann,
heißt es, ist aus „Vernunft" in seinem Geschäfte fleißig:
das will aber nur sagen, aus einem ruhigen und anhaltendem Verlangen nach Reichtum; ein anderer hängt der Gerechtigkeit aus „Vernunft" an: das bedeutet nur, aus einer
ruhigen Achtung vor einem Charakter bei sich und anderen.
Das, was man gemeinhin „Vernunft" nennt,
ist gar nichts anderes als die Gesamtheit
dieser stilleren und sanfteren Affekte im
Gegensatz zu den stürmischen Erregungen
der Seele, welche jene oftmals in Verwirrung setzen,
aber zumeist nur bei räumlicher und zeitlicher Nähe ihres
Reizgegenstandes auftreten. Jene erweisen sich auf die
Dauer oft stärker als diese; besonders der Gewohnheit
kommt auch hier eine große Macht zu. Geistesstärke
(strength of mind) und Selbstbeherrschung sind gar nichts
anderes als ein andauerndes Überwiegen der starken, aber
ruhigen Affekte über die ungestümen, aber weniger anhaltenden. So tritt bei Hume auch auf praktischem Gebiete das Intellektuelle gegenüber dem Emotionalen zurück.
Im übrigen würde man Hume mißverstehen, wenn man ihm
die Leugnung „praktischer Vernunft" schlechthin zuschreiben wollte; er hält nur einen unmittelbaren Einfluß der
Reflexion auf den Willen für unmöglich, nicht aber einen
durch emotionale Faktoren vermittelten. Er nimmt eine
„Empfänglichkeit für abstrakte Motive" an, also doch auch
ein Einwirken der Vernunft i. e. S. auf den Willen, nur
daß ihm dieser Einfluß nur auf dem Umwege durch eine
Gefühlsregung möglich erscheint. In jener Zeit übertrieben
intellektualistischer Moralphilosophie ist Humes Stellung
in dieser Frage besonders bemerkenswert [102].

4. DIE PHÄNOMENOLOGIE DER AFFEKTE

Eine genaue Kenntnis des menschlichen Gemütslebens
wird daher für die Moralphilosophie unentbehrlich sein.
Der Ausdruck „passion", hier durch „Affekte" wiedergegeben, umfaßt bei Hume (der Sprachgewohnheit seiner Zeit
gemäß) alle Triebe, Leidenschaften, Gefühle und Neigungen,
kurz die gesamte emotionale Seite des Seelenlebens. Auch
zwischen „Empfindung" und „Gefühl" pflegt Hume nicht

genau zu unterscheiden: beide sind *„impressions"*. Seine Aufgabe sieht Hume in einer ganz unbefangenen Beschreibung und Gliederung dieser Affekte. Ein Vorbild besitzt er in dieser Hinsicht in Descartes, der in seinem „Traité des passions de l'âme" es als seine Absicht bezeichnet hatte, ‚nicht als Redner, auch nicht als Moralist, sondern nur als Physiker über die Affekte zu handeln'; ferner in Spinozas meisterhafter Behandlung dieses Themas. Dementsprechend meint auch Hume am Schlusse seiner „Dissertation", „daß es im Erzeugen und Wirken der Affekte einen regelrechten Mechanismus gibt, der einer ebenso genauen Untersuchung fähig ist wie die Gesetze der Bewegung, der Optik, Hydrostatik oder irgend eines anderen Teiles der Naturwissenschaft". Gleichwohl unterscheidet ihn von seinen Vorgängern, daß er in der Tat nicht sowohl eine erklärende Mechanik der Gemütsbewegungen gibt, als vielmehr deren Naturgeschichte im Sinne einer genetisch-deskriptiven Psychologie, wie das ja auch ganz dem Geiste seiner Philosophie entspricht.

Die eigentliche Grundtatsache unseres Gemütslebens ist der Gegensatz von Lust und Unlust. Dasjenige, was unmittelbar angenehme Empfindungen erregt, nennen wir dann ein Gut, was unmittelbar unangenehm auf uns wirkt, ein Übel. So ist mäßige Wärme angenehm und gut, übermäßige Wärme schmerzhaft und übel. Alle unsere Affekte sind nun nach diesem Grundschema orientiert. Bezieht sich dessen Wertungsweise auf uns selbst, so ergeben sich die direkten Affekte, wie Freude und Kummer, Furcht und Hoffnung, Wunsch und Abscheu. Der Wille tritt dann in Tätigkeit, wenn ein solches natürliches Gut durch eine Handlung des Geistes oder Körpers erreichbar erscheint oder ein Übel durch sie abgewendet werden kann. Setzt jene Wertung eine Beziehung auf andere voraus, so ergeben sich die indirekten Affekte, wie Stolz und Kleinmut, Liebe und Haß, Achtung und Verachtung. Die Grundlage bildet in allen Fällen die Erfahrung über die lustbetonten oder schmerzlichen Wirkungen jener Gegenstände, auf welche die Affekte sich richten. Nur ausnahmsweise können Affekte auch unmittelbar einem „natürlichen Antriebe oder Instinkte" entspringen, wie Rachgier, der Wunsch nach Glück für unsere Freunde, Hunger und andere körperliche Begierden, in welchem Falle die

Affekte selbst erst das Gute und Üble hervorbringen, statt wie sonst von ihnen abzuhängen. Man hat in jener Ableitung auch der elementarsten Gemütsregungen aus sekundären Erfahrungen über den Erfolg gewisser Handlungen und (Unterlassungen) mit Recht eine Schwäche des einseitig empiristischen Standpunktes in der Ethik erblickt. Auch Humes Lehre, daß sich Affekte direkt, also ohne Vermittlung von Vorstellungen zu assoziieren vermöchten, hat starken Widerspruch erregt. (Die von scharfer Beobachtungsgabe und psychologischem Feinsinn zeugenden Bemerkungen) Humes über die einzelnen Affekte wiederzugeben, fehlt es hier an Raum [103].

5. DIE PHÄNOMENOLOGIE DES SITTLICHEN BEWUSSTSEINS

Es ist eine Tatsache der Erfahrung, daß wir zwischen den Gesinnungen und Taten der Menschen Wertunterschiede machen, indem wir die einen billigen und die anderen mißbilligen. Dabei ist zu beachten, daß wir Handlungen als solche nicht um ihrer selbst willen loben, sondern immer nur als Zeichen für die innere Beschaffenheit des Gemütes, also der Charaktereigenschaften wegen, welche sie verraten. Auch diese moralische Beurteilung gründet sich zuletzt nicht auf Vernunft, sondern auf das Gefühl, auf eine Art inneren Sinnes für das Liebenswerte und Hassenswürdige (*some internal sense or feeling*), der allen Menschen gemeinsam ist. Verstandesurteile vermöchten den moralischen Schätzungen niemals jene Wärme, Lebhaftigkeit und Eindringlichkeit zu verleihen, welche für sie so charakteristisch sind. Fragen wir nun, worauf sich jene Billigung und Mißbilligung richten, so zeigt sich, daß, entsprechend dem Grundtriebe unserer Natur, alles dasjenige positiv eingeschätzt wird, was unmittelbar oder mittelbar lusterregend ist und darum für ein Gut gehalten wird. Die Erfahrung zeigt nun, daß in Hinsicht dieser Wertung vier Gruppen bevorzugter Eigenschaften unterschieden werden können: Erstens solche, die für ihren Besitzer unmittelbar angenehm sind, wie Frohsinn, Mut, Würde, Selbstvertrauen; zweitens solche, welche für die Mitmenschen unmittelbar wohlgefällig wirken, wie Bescheidenheit, Artigkeit, Witz, gute Sitten; drittens solche, die für uns selbst nützlich erscheinen, wie Willenskraft, körperliche Stärke und Gewandtheit,

Fleiß, Sparsamkeit, Klugheit; endlich solche, welche anderen nützlich sind, wie Wohlwollen und Gerechtigkeit. Solche Eigenschaften pflegen wir Tugenden zu nennen und ihre Gegensätze Laster. Von den erwähnten Tugenden sind die zuletzt genannten, die sozialen Tugenden, die wichtigsten, weil ihr Nutzen der allgemeinste ist. Hume bekämpft nachdrücklichst die Meinung, daß auch das Wohlwollen für andere nur eine versteckte Selbstsucht sei, und sucht mit Glück zu zeigen, daß es ein durchaus uninteressiertes Wohlwollen gebe. Jene falsche Ansicht, als deren Vertreter er Epikur, Hobbes und Locke nennt, beruht auf einer Verwechslung von Folge und Motiv: daß altruistischen Handlungen die Selbstbilligung und die Achtung anderer folgen, berechtigt nicht, die Aussicht auf diese angenehmen Folgen für die einzigen Beweggründe jener Handlungen zu halten. Zeigen doch sogar Tiere, denen wir keine eigensüchtigen Berechnungen zutrauen werden, daß sie einer aufrichtigen Zuneigung sowohl zu ihresgleichen als auch zu Menschen fähig sind. Wenn so der Nutzen, den diese Gesinnungen bringen, auch der einzige Grund ihrer Verdienstlichkeit ist und bleibt, so ist ihr Motiv doch nicht der eigene Nutzen, sondern der der Gesamtheit, ein Umstand, der seiner Möglichkeit nach noch weiterer Untersuchung bedarf. Auch die Gerechtigkeit hat das allgemeine Wohl zum Gegenstande. Aber im Gegensatze zu den altruistischen Neigungen ist sie ein Produkt der Reflexion und hat sich erst im Laufe der Geschichte fortschreitend entwickelt. Humes Begriff des Rechtssinnes ist übrigens ein sehr enger, da er als dessen einziges Objekt das Eigentum und dessen Schutz bezeichnet. Das Bedeutsame an diesen Ausführungen Humes ist, daß er im Gegensatz zur Ethik seiner unmittelbaren Vorgänger neben den sozialen Tugenden auch egozentrische Tugenden anerkennt, indem er persönliche Tüchtigkeit im Sinne der antiken Ethiken, auf die er sich auch ausdrücklich beruft, als Wert um ihrer selbst willen schätzt. Die harmonisch vollendete Persönlichkeit gilt ihm als eigentliches Ideal. Daraus folgt aber auch, daß im Grunde keiner anders handelt und handeln kann, als eben seine Natur von ihm verlangt. Moralische „Verdienstlichkeit" hat in Humes Ethik streng genommen keine Stelle. Das hindert natürlich nicht, daß wir uns angetrieben fühlen, differenzierende Werturteile über den moralischen

Habitus der Menschen abzugeben. Aber sie vermögen das Naturgegebene nicht zu ändern, sondern höchstens nur mittelbar, nämlich durch Erregung gewisser Gefühle zu beeinflussen. Humes Ethik steht so ihrer Tendenz nach „jenseits von Gut und Böse" und verrät deutlich den Einfluß der ästhetisierenden Moralphilosophie Shaftesburys [104].

6. DIE SYMPATHIE ALS MORALISCHES GRUNDPHÄNOMEN

Würden sich die Impressionen der Billigung und Mißbilligung nur bei der Wahrnehmung solcher Handlungen einstellen, die uns selbst unmittelbar oder durch die Rückwirkung aus der Förderung allgemeinen Wohls mittelbar Nutzen oder Annehmlichkeit versprechen, so würde das Prinzip der Selbstsucht vollkommen hinreichen, um sie zu erklären. Von einem „moralischen" Verhalten würde dann aber gar nicht die Rede sein dürfen. Nun zeigt aber die Erfahrung, daß sie mit gleicher Unwiderstehlichkeit auch dort auftreten, wo eine solche egoistische Beziehung gänzlich fernliegt; so bei der Vergegenwärtigung historisch weit abliegender Geschehnisse oder bei den Erzählungen der Dichter; ja sogar bei unseren Feinden können wir nicht umhin, gewisse Eigenschaften zu bewundern und zu loben. Dieser merkwürdige Umstand setzt ein Vermögen des Geistes voraus, sich selbst an die Stelle der anderen zu versetzen und so ihre Leiden und Freuden mitzufühlen. Ähnliches bemerken wir schon im gewöhnlichen Leben, wenn Tränen uns unwillkürlich rühren und fröhliche Gesichter uns fröhlich stimmen; auch das Wohlgefallen an der Schönheit gehört hierher. Dieses natürliche Mitgefühl nennt Hume S y m p a t h i e (*sympathy*). Es beruht seinem Wesen nach darauf, daß die Einbildungskraft gegebene Vorstellungen in Impressionen verwandelt, so daß wir sie in ihrer Ursprünglichkeit in uns selbst wiedererleben. In moralischem Sinne nun bedeutet Sympathie ein instinktives und gefühlsmäßiges, also nicht auf Überlegung beruhendes Einbeziehen des fremden Wohls und Wehes in die eigene Lebenssphäre. Auch die fremdes Wohl fördernden Handlungen erscheinen uns als „gut", d. h. sie sind mit einer Impression der Billigung verbunden, weil das fremde Wohl eben durch sympathetische Einfühlung zu unserem eigenen geworden ist. Was andere mißmutig, freudig oder stolz macht, erfüllt uns mit gleichen Gefühlen, weil die Sympathie uns unwillkürlich in die

Lage der anderen versetzt. Auf ihr beruht jenes uninteressierte Wohlwollen, das vom Standpunkt des reinen Egoismus unbegreiflich, ja paradox erscheinen müßte. Daher scheitert das Prinzip der bloßen Selbstsucht, wie es Hobbes vertrat, an den erfahrungsgemäßen Tatsachen des moralischen Bewußtseins, die uns zwingen, ihm ein anderes, unmittelbar auf soziales Mitgefühl eingestelltes an die Seite zu setzen. Die Sympathie ist somit das eigentlich moralische Grundphänomen. Das sympathetische Gefühl ist aber auch noch einer Reflektierung fähig. Haben wir uns einmal daran gewöhnt, die Gesinnungen anderer unter dem Gesichtswinkel der Sympathie zu betrachten und auch unser eigenes Verhalten von ihnen so betrachtet zu finden, so gewöhnen wir uns auch allmählich, unser eigenes Tun von vornherein unter dem Gesichtspunkte fremder Sympathie zu beurteilen, es also in der Art zu billigen oder zu mißbilligen, wie es andere sympathetisch Mitfühlende tun müßten. Diese Gewohnheit, der Ruhmesliebe verwandt, ist das Gewissen: es ist die Gewohnheit, die eigenen Handlungen vom Standpunkte eines fremden Beobachters aus zu überprüfen. Eben darauf beruht die Billigung solcher Handlungsweisen an uns selbst, die nur für andere angenehm oder nützlich sind.

Auch Humes Vorgänger Hutcheson hatte vom Prinzip der Sympathie gelegentlich Gebrauch gemacht, ohne es aber zur Erklärung der wohlwollenden Neigungen für ausreichend zu halten; auch Spinoza hatte von einer „*affectuum imitatio*" andeutungsweise gesprochen. Der wissenschaftliche Entdecker dieses Moralprinzips ist aber Hume. Seine ziemlich unsystematischen Ausführungen über diesen wichtigen Hauptpunkt seiner Lehre wurden dann von seinem um zwölf Jahre jüngeren Freunde Adam Smith zu einem durchgebildeten System der Reflexethik ausgebaut, das in dem „unparteiischen Zuschauer in unserer Brust" das letzte Forum sittlicher Beurteilung erblickt. Humes Moralphilosophie ist so zwar eudaimonistisch, insofern sie das Gefühl der Lust und Unlust zum letzten Maßstab des menschlichen Verhaltens macht, aber nicht im gewöhnlichen Sinne hedonistisch, da sie auch das fremde Wohl und Wehe ausdrücklich in die sittliche Beurteilung einbezieht und diese auf einen allgemeinen Naturinstinkt zu gründen sucht. An die letzten Fragen der Moral-

190

philosophie reicht allerdings auch sie nicht heran. Der Begriff der Pflicht ist ihr z. B. vollständig fremd, und auch die höchste Frage jeder Ethik, die nach dem Sinn des Lebens, findet in ihr keine Beantwortung. Im übrigen arbeitet seine praktische Philosophie mit denselben Konstruktionselementen wie seine theoretische: primäre Erfahrung, Gewohnheit, instinktives Gefühl, Einbildungskraft. Da sie sich völlig metaphysikfrei streng innerhalb des Erfahrbaren hält, fehlt ihr auch jener skeptische Einschlag, der für Humes Erkenntnistheorie so charakteristisch ist. Es ist nur als ironische Redewendung zu werten, wenn Hume auch hier den Zweifel nicht ganz unterdrücken zu können angibt, weil „eine so klare Hypothese, falls sie wahr gewesen, längst durch die einmütige Zustimmung aller Menschen angenommen worden wäre"[105].

7. HUMES ANSICHTEN ÜBER RECHT UND STAAT

Hume teilt weder die Lehre des Hobbes von einem ursprünglich ungeselligen, rechtlosen und feindseligen Urzustande der Menschheit noch die im Zuge der Gefühlsphilosophie Shaftesburys gelegene Ansicht von einem einstigen goldenen Zeitalter. Gegen jene spricht schon der Umstand, daß jeder Mensch zumindest in die Gemeinsamkeit einer Familie hineingeboren wird, und daß die Menschen keine furchtbarere Strafe kennen als die Vereinsamung. Der letzteren gegenüber ist wieder geltend zu machen, daß in einem paradiesischen Zustande Gerechtigkeit eine überflüssige Tugend sein würde und die Entstehung des Rechtsstaates somit unbegreiflich bliebe. Beides sind bloße Fiktionen. In Wahrheit sind die Menschen zwar von Natur aus gesellige Wesen, ihre Selbstsucht in Verbindung mit der Spärlichkeit der Lebensbedingungen bringt aber mancherlei Übelstände mit sich, die nach einer Abhilfe verlangen. Nicht durch einen Vertrag, wie Hobbes und Locke meinten, sondern durch eine auf dem Gefühl gemeinsamer Interessen beruhende stillschweigende Übereinkunft *(convention)* entsteht schon im ursprünglichen Gesellschaftszustande die „künstliche" Tugend der Gerechtigkeit und das öffentliche Recht, das Hume, wie bereits erwähnt, allein zur Aufrechterhaltung der Eigentumsverhältnisse und gegebener Versprechen bestimmt erscheint. Durch Einsetzung einer Regierung wird die Gesellschaft zum S t a a t e, der durch seine Gesetze zwar das Recht sichert und schützt, aber nicht erst schafft. Als beste Staatsform erscheint Hume eine Verbindung von erblichem Königtum, Adel und Volksvertretung. Der Staat ist daher nach ihm nicht eine äußere Macht oder fremde Autorität, sondern eine gemeinsame Lebensform der durch gesellige Neigungen und Sympathie verbundenen Bürger. Sein Hauptzweck ist die Aufrechterhaltung des gewordenen Rechtes zum Wohle des Ganzen. Da aber dieses Wohl in den besonderen Bedingungen des Zusammenlebens der Menschen wurzelt, so kann es auch kein absolutes, abstraktes und für alle Zeiten verbindliches Recht geben, sondern jede Rechtsverfassung ist das Ergebnis einer bestimmten geschichtlichen Entwicklung. Mit dieser Lehre, daß die Staaten und ihre Formen in der Geschichte wurzeln, und daß das Recht aus den konkreten Bedürfnissen der Gesellschaft herauswächst, bewährt Hume seinen gesunden historischen Sinn, der ihn auch als Geschichtschreiber Englands auszeichnet und ihn vorteilhaft von der Ansicht seiner Zeitgenossen, daß der Staat und die Gesellschaftsordnung sich willkürlich machen oder ändern ließen, abhebt. In seinen nationalökonomischen Abhandlungen, welche die Erweckung des Erwerbstriebes zum Hebel wirtschaftlichen Fortschritts machen und im Mittelstand die zuverlässigste Stütze der öffentlichen Freiheit erblicken, ist Hume wie in der Ethik ein Vorgänger A. Smiths und ein Wegbereiter für den nationalökonomischen Liberalismus [106].

VI. RELIGIONSPHILOSOPHIE

1. HUMES ALLGEMEINER STANDPUNKT

Humes allgemeiner Standpunkt der Religion gegenüber ist kein anderer als der gegenüber anderen Lebensmächten: ein vorurteilsloses Prüfen und kritisches Abwägen am Maßstabe der reinen Erfahrung ohne das Bedürfnis einer endgültigen Entscheidung. Für Hume ist die Religion ein psychologisches und historisches Phänomen, das seiner Lebenswichtigkeit wegen einer eingehenden Untersuchung bedürftig ist, die aber selbst außerhalb des religiösen Erlebenskreises sich halten muß, um das Ergebnis nicht von vornherein zu fälschen. Dieses Ergebnis läßt sich leicht voraussehen: der reine Empirismus, der den letzten Fragen der

Metaphysik gegenüber skeptisch zu verhalten sich gezwungen sah, wird auch gegenüber den positiven Religionslehren keine andere Haltung gewinnen können. Nur daß diese skeptisch-ablehnende Stellung eine doppelseitige ist: sie richtet sich nicht nur gegen den Dogmatismus der Volksreligion, welche Hume einmal den „Träumen eines Fieberkranken" vergleicht, sondern gleichermaßen auch gegen den Dogmatismus der Religionsleugnung. Auch in dieser Hinsicht ist Hume ein Vorläufer Kants.

Hume unterscheidet zwischen der Frage, ob die Religion im Sinne des Deismus seiner Zeit vernunftgemäß begründet werden könne, und der Aufgabe, die vorhandenen positiven Religionen ihrer Entstehung nach psychologisch zu erklären und ihrem Gehalte nach historisch aus ihrer Entwicklung zu begreifen. Dem ersten Problem sind seine „Dialoge über die natürliche Religion", dem zweiten ist seine „Naturgeschichte der Religion" gewidmet. Hume selbst legte auf das erstgenannte Werk das größte Gewicht, und hatte seinen Neffen verpflichtet, es nach seinem Tode herauszugeben; heute werden wir geneigt sein, der „Naturgeschichte" die größere Bedeutung zuzuschreiben. Heranzuziehen sind ferner die Abschnitte „Über die Wunder" und „Über die besondere Vorsehung und ein künftiges Leben", in der „Untersuchung über den menschlichen Verstand" und der Aufsatz „Über die Unsterblichkeit der Seele", welcher der Übersetzung der „Dialoge" durch Paulsen angefügt ist.

2. DIE VERNUNFTRELIGION

In seinen „Dialogen" führt Hume drei Teilnehmer des Gespräches ein: Demea vertritt den Offenbarungsglauben in Verbindung mit einer skeptischen Einschätzung der wissenschaftlichen Erkenntnis, Kleanthes die rationalistische Naturreligion, Philo den religiösen Skeptizismus. Obwohl die Unterredung ohne eindeutige Entscheidung endet, so ist doch kein Zweifel, daß Hume, wie auch aus Briefstellen erhellt, im wesentlichen auf Philos Seite steht und sich hier mit skeptischen Einwänden gegen die natürliche Theologie wendet. In der Tat kann Hume den Versuch der Deisten, die religiösen Grundvorstellungen theoretisch zu beweisen, von seinem Standpunkte nicht gelten lassen: es ist eben kein Wissen möglich, das über Vorstellungsbeziehungen und Tatsachenbeschreibung hinausginge. Im besonderen stützen sich die Beweise der Deisten entweder auf die substantielle Wesenheit Gottes oder auf seine kreatorische Tätigkeit: „Substanz" und „Kausalität" sind aber als Illusionen ohne theoretische Tragfähigkeit erkannt! Im kosmologischen Gottesbeweis soll noch dazu der Schluß von einer endlichen Wirkung auf eine unendliche Ursache gewagt, also Unvergleichliches miteinander in Beziehung gesetzt werden. Will man aber schon ein „notwendiges" Urwesen annehmen, so kann man ebensogut bei der von Ewigkeit her bewegten Materie stehen bleiben, welche — im Sinne der Epikureischen Lehre — ohne jedes Eingreifen übernatürlicher Mächte im Laufe unendlicher Zeiten notwendig alle möglichen Konstellationen einnehmen müßte, darunter auch die jetzt bestehende Weltordnung. Ebensowenig läßt sich der teleologische Gottesbeweis aus der Zweckmäßigkeit der Welt aufrechterhalten, denn aus einer vielfach so mangelhaften und mit Elend aller Art erfüllten Welt läßt sich nicht auf ein allgütiges und dabei allmächtiges Wesen als ihren vollkommensten Urheber schließen. Überdies wäre ein Weltordnungsplan im Geiste Gottes ein ebenso zusammengesetztes und uns unerklärliches Gebilde wie diese Weltordnung selbst es für unseren beschränkten Verstand ist. Wollte sich aber der Offenbarungsgläubige auf geschehene Wunder berufen, so wäre dem entgegenzuhalten, daß alle unsere Schlüsse auf eine Ursache sich einzig und allein auf die Beobachtung einer regelmäßigen und beständigen Verbindung gewisser Erscheinungen stützen, welche gerade hier fehlt, wo eine Durchbrechung des gewohnten Zusammenhanges durch einen übernatürlichen Willen behauptet wird. Zudem ist kein einziges Wunder von gebildeten und einwandfreien Zeugen so sicher beglaubigt, daß wir dieser Zeugnisse wegen unsere in langer Erfahrung bewährte Voraussetzung der Regelmäßigkeit des Naturlaufs aufgeben müßten. Das größte Wunder ist es, wenn Menschen sich durch blinden Glauben bestimmen lassen, etwas allen Denkgesetzen sowohl wie der Gewohnheit und Erfahrung zuwider für wahr zu halten. Ebensowenig wie das Dasein Gottes läßt sich auch die Unsterblichkeit der Seele vernunftgemäß beweisen. Ganz abgesehen davon, daß die reine Erfahrung überhaupt kein beharrendes Ich, geschweige denn ein substantielles Seelenwesen kennt, spricht auch die Beobachtung des regelmäßigen funktionellen Zusammenhangs von Körper und Geist gegen die Fortdauer des einen bei Zerstörung des anderen. Warum erregt es keinen Anstoß die Seelen der Tiere für vergänglich zu halten, obwohl sie doch der unseren in so vielen Stücken ähnlich sind? Zudem müßte man folgerichtig der Seele auch eine Präexistenz vor ihrer Geburt im Leibe zuschreiben; unsere Empfindungslosigkeit in diesem Zustande läßt aber das gleiche auch nach Auflösung jener Verbindung vermuten. Der moralische Beweis für die Unsterblichkeit, nämlich aus der Notwendigkeit jenseitiger Strafen und Belohnungen für das Böse und Gute, führt erst recht zu Unverträglichkeiten. Ewige Höllenstrafen für zeitliche Vergehen eines von Natur unvollkommenen Geschöpfes widersprächen allen unseren Begriffen von Gerechtigkeit. Himmel und Hölle setzen zwei ganz verschiedene Arten von Menschen voraus: gute und böse; die übergroße Mehrzahl der Menschen bewegt sich aber lebenslänglich in einer Mittellage von Tugend und Laster. Die Verdammnis eines einzigen Menschen, sagt Hume, wäre ein unendlich größeres Übel in der Welt, als der Sturz von tausend Millionen Königreichen. So stützt sich auch diese Lehre weder auf Vernunft noch auf Erfahrung, sondern allein auf vermeintliche göttliche Offenbarung. Aus alledem ergibt sich, daß religiöse Überzeugungen, welcher Art immer, in keiner Weise auf Wissen beruhen, wie die Vertreter der Vernunftreligion behaupten, sondern allein auf einem blinden Glauben. Da aber auch der Atheist zugestehen muß, daß vieles in der Welt ihm unbegreiflich bleibt, und umgekehrt der Theist nicht leugnen kann, daß sein Gottesbegriff in menschlichen Analogien nur eine schwache Stütze findet, so kommt die ganze Frage zuletzt auf einen Wortstreit hinaus: sie gehört, wie das Humes skeptischer Geisteshaltung entspricht, zu jenen unlösbaren Problemen, die wir lieber beiseite lassen sollten, um uns näherliegenden und fruchtbareren Aufgaben zuzuwenden [107].

3. DER URSPRUNG DER POSITIVEN RELIGIONEN

Wenn so der religiöse Glaube auch keine theoretische Erkenntnis bedeutet und alle Versuche zu seiner rationalen Begründung vergeblich bleiben, so ist er doch als Tatsache im Bewußtsein der Menschheit nicht zu leugnen und bedarf als solcher einer natürlichen Erklärung. Wir suchen aber hier von vornherein am falschen Ort, wenn wir den Ursprung der Religionen auf den Erkenntnistrieb oder auf spekulative Wißbegierde zurückführen wollen. Hoffnung und mehr noch Furcht, die angsterfüllte Sorge um das eigene Wohl und Wehe, Todesschrecken und Entsetzen über unheilvolle Begebenheiten, kurz: Gefühle und sinnliche Bedürfnisse sind an ihrer Wiege gestanden. Jene innere Bedrängnis läßt den Menschen unsichtbare Lenker seiner Geschicke erdenken, die er nach seinem eigenen Bilde menschenähnlich gestaltet, weil menschenähnliche Wesen im Gegensatz zu blinden Naturkräften Aussicht geben, sich durch Bitten und Geschenke günstig stimmen zu lassen. Daher finden sich auch in allen Religionen Versuche, die Gunst der Götter durch Gebete, Opfer und Unterwerfung zu gewinnen, ähnlich wie man sich mächtigen Fürsten gegenüber verhält. Derselbe Trieb zu menschenähnlicher Personifikation, der uns im Monde ein menschliches Antlitz und in den Wolken Heerscharen erblicken läßt, der in der Dichtung die bewußtlose Natur mit Denken und Fühlen ausstattet, ist es auch, der hier im Dienste von Furcht und Hoffnung die Göttergestalten schafft. Diese selbstgeschaffenen Bilder verschmelzen dann weiterhin vielfach mit der Erinnerung an hervorragende Artgenossen, welche sich bei Lebzeiten durch ein ungewöhnliches Maß von Kraft, Mut und Verstand ausgezeichnet hatten. Gerade diese Verbindung der Göttervorstellungen mit der Heroenverehrung bietet mannigfachen Anlaß zur Entstehung sagenhafter Überlieferungen und abenteuerlicher Vorstellungen, wie sie nur eine ungezügelte Phantasie aushecken mag. Die grobsinnliche Gestalt, in welcher die doch ursprünglich naturüberlegen gedachten Götter vielfach in Form von Götzenbildern verehrt zu werden pflegen, erklärt sich aus der natürlichen Gebundenheit primitiver Menschen an die handgreifliche Anschaulichkeit.

Es entspricht nur diesem Ursprung der Göttervorstellungen aus den mannigfachen Anlässen zu menschlicher Sorge und Beängstigung, daß die anfängliche und natürliche Form der Religion der Polytheismus ist. Die wechselvollen und widerstreitenden Schicksale des Menschenlebens legen die Anerkennung einer Mehrheit in ihrer Macht begrenzter und unvollkommener Götter nahe, die mit den bösen Dämonen im Kampfe liegen ohne immer Sieger zu bleiben. Diese Naturgötter werden ursprünglich keineswegs als Weltschöpfer oder Weltbaumeister betrachtet, sondern gelten selbst, wie z. B. die Theogonie des Hesiod beweist, als naturentstanden und durch eine über ihnen thronende Notwendigkeit bedingt. Nach Analogie menschlicher Ständegliederung bildet sich dann allmählich die Vorstellung einer Rangordnung unter diesen Göttern heraus, der zufolge einer von ihnen als der mächtigste und gleichsam als der Häuptling der übrigen erscheint und zum Gegenstande bevorzugter Verehrung und Anbetung wird. Dieser oberste Gott, meistens zugleich der nationale Schutzgott, reißt dann immer mehr alle Macht an sich, so daß seine ursprünglichen Genossen ihm gegenüber ganz in den Hintergrund treten, und wird so schließlich zum einzigen wahren Gott und zum Schöpfer und Regierer der Welt. Der Monotheismus entwickelt sich so, wie Hume richtig gesehen hat, auf dem Umwege über den Henotheismus aus der Vielgötterei. Der Monotheismus ist zwar an sich die annehmbarste Form des Götterglaubens und zugleich jene, die sich noch am ehesten philosophisch rechtfertigen läßt; aber er ist weder die ursprünglichste noch auch die in jeder Hinsicht moralisch günstigste. Denn während polytheistische Religionen in der Regel duldsam zu sein pflegen, neigt der Eingottglaube dazu, die Verehrung anderer Götter als gottlos und frevelhaft zu verurteilen und daher mit Feuer und Schwert zu verfolgen. So pflegten die Römer die Götter überwundener Völker in ihr eigenes Pantheon aufzunehmen, während die religiöse Engherzigkeit des Judentums und der blutige Fanatismus des Islam jeden Andersgläubigen mit unversöhnlichem Haß verfolgten. Auch verleitet der Theismus durch die noch größere Unbegreiflichkeit der Dogmen im Zusammenhang mit der Unbegreiflichkeit der Existenz des Bösen und des Übels zu überaus gekünstelten Auslegungsversuchen, welche dann wieder ihrerseits seinen Anhängern einen noch unnatürlicheren Glauben zumuten. Infolge des schroffen Gegensatzes, der im Monotheismus zwischen Gott und Welt besteht, erhält er sich auch im Volksglauben selten in voller Reinheit, sondern biegt hier mehr oder weniger zu einer Art Polytheismus zurück, indem zwischen Gott und die Menschen eine Anzahl von Halb-

göttern und Vermittlern eingeschoben werden, die der
menschlichen Natur verwandter und vertrauter erscheinen
als die reine Geistigkeit eines überweltlichen Schöpfers aller
Dinge.

Mochte auch Humes Religionsphilosophie den tieferen
Zügen religiösen Erlebens nicht gerecht werden, so hat
sie doch in den wesentlichsten Punkten das Richtige ge-
troffen, was bei dem noch sehr unvollkommenen Zustande
der Religionsforschung seiner Zeit besonders bemerkenswert ist. Gegenüber den seichten Aufklärungstendenzen
der „Freidenker", welche die Religion auf willkürliche
Erfindung und Priesterbetrug zurückzuführen suchten, ohne
zu bedenken, daß diese eine willige Empfänglichkeit auf
seiten der Betrogenen voraussetzen, bedeutet Humes erster
Versuch einer psychologisch-historischen Entwicklungsgeschichte der religiösen Vorstellungsweisen einen kaum hoch
genug anzuschlagenden Fortschritt. Sein methodischer Gesichtspunkt wurde im neunzehnten Jahrhundert von
L. Feuerbach wieder aufgenommen und noch gründ-
licher aber mit den gleichen Vorzügen und Fehlern durchgeführt[108].

4. HUMES PERSÖNLICHE STELLUNG ZUR RELIGION

Humes Äußerungen, soweit sie als Bekenntnis seiner eigenen Stellung zur Religion in Betracht kommen, sind sehr
zurückhaltend. Er will nicht das Dasein Gottes leugnen,
sondern nur dartun, daß es sich theoretisch nicht beweisen
läßt, wie es ja auch in der Natur einer bloß psychologischen
Untersuchung liegt, daß sie über Wahrheit oder Unwahr-
heit des Untersuchten keine Entscheidung fällen kann. Es
ist aber kein Zweifel, daß Hume innerlich auch dem
Christentum gegenüber eine ablehnende Stellung einnahm,
wenn er es auch aus Gründen einer zu seiner Zeit sehr
nötigen Vorsicht nirgends unterläßt, das anglikanische Bekenntnis von seiner Kritik auszunehmen. Er besuchte auch
regelmäßig die Kirche, hierin dem Beispiel Ciceros folgend,
der auch bei aller Freiheit seiner philosophischen Überzeugung im Alltagsleben darauf bedacht gewesen sei, den Verdacht des Unglaubens von sich fernzuhalten[109]. Einem
jungen Manne, der, von religiösen Zweifeln gequält, Hume
um Rat anging, ob er es mit seinem Gewissen vereinen
könne, ein Predigeramt anzunehmen, erwiderte der Philo-

soph: es heiße dem Aberglauben der Menge zuviel Respekt erweisen, wenn man sich ihm gegenüber mit Offenheit quäle; mache man es denn zu einem Ehrenpunkte, Kindern und Narren die Wahrheit zu sagen? Wenn es früher scheinen konnte, daß sich Hume zum Deismus bekenne, so zeigen die posthumen „Dialoge", daß es ihm auch damit nicht ernst gewesen ist. Am nächsten mag ihm noch eine pantheistische Religionsauffassung gestanden sein, welche er auch nirgends ausdrücklich in seine Kritik einbezieht. „Wäre ich genötigt", sagt Philo im sechsten Dialog, „ein bestimmtes einzelnes Weltsystem zu verteidigen (was ich freiwillig nie tun würde), so erachte ich keines annehmbarer als das, welches der Welt ein ewiges, ihrem Wesen angehöriges Prinzip der Ordnung... zuschreibt." Und in der Abhandlung über die Unsterblichkeit meint er, hierin mit späteren Äußerungen Lessings, Kants und Lichtenbergs übereinstimmend, daß die Metempsychose das einzige System dieser Art sei, dem die Philosophie Gehör geben könne. Im übrigen fiel für ihn echte Religion genau so wie später für Kant mit echter Moralität zusammen: „Warum nicht das Erreichen dieser Vollkommenheiten (,Tugend und Rechtschaffenheit') zur ganzen Religion oder wenigstens für deren Hauptinhalt erklären [110]?" Was darüber hinausgeht, gehörte für ihn in das Gebiet des gröberen oder feineren Aberglaubens: „Unwissenheit ist die Mutter der Frömmigkeit." Aber Hume war keine Kampfnatur: der Rückzug in die ruhigeren, wenn auch weniger anspruchsvollen Regionen philosophischen Denkens bei Enthaltung von einem abschließenden Urteil in religiösen Fragen schien ihm allezeit vorzuziehen.

VII. ZUR WÜRDIGUNG HUMES

1. ALLGEMEINER CHARAKTER SEINER LEHRE

Die Philosophie Humes bedeutet den großartigen und in seiner Art klassischen Versuch, den strengsten Empirismus auf allen Gebieten menschlichen Geisteslebens zu folgerichtiger Durchführung zu bringen. Dabei sind seine Moral- und Religionsphilosophie durchaus bestimmt von den grundsätzlichen Ergebnissen seiner Erkenntnistheorie. Diese letzteren gewann Hume auf dem schon von Locke betretenen Wege einer Übertragung der methodischen Gesichtspunkte naturwissenschaftlicher Analyse auf das Geistesleben. Kein Wunder, daß sich ihm (bei strenger Durchführung dieses Prinzips) zuletzt alle Zusammenhänge lösen und nur ein Strom atomisierter und gegeneinander isolierter Bewußtseinselemente — Impressionen und vereinzelte Ideen — zurückblieb. „Fehlt leider nur das geistige Band", möchte man mit Mephistopheles in Goethes „Faust" ausrufen! Denn daß damit das tatsächliche Seelenleben des Menschen in zutreffender Weise beschrieben wäre, wird niemand behaupten wollen, und hat auch Hume selbst nicht behauptet. Seine Meinung ist nur, daß das Einigende und Zusammenschließende jener Perzeptionsindividuen weder rational deduziert noch empirisch begründet werden kann und daher nur auf den irrationalen Faktoren biologischer Instinkte und gefühlsmäßiger Denkgewohnheiten beruht. Die Einheits- und Beziehungsmittelpunkte aller Perzeptionen, wie „Ding", „Ich", „Gesetz", selbst wieder in der Reihe der Perzeptionen als Perzeptionen besonderer Art auffinden zu wollen, mußte ja (von Anfang an) ein vergebliches Bemühen bleiben. Da aber die Erfahrungsphilosophie nur das tatsächlich Aufzeigbare gelten lassen kann, so mußten sich ihr alle natürlichen Einheitsbeziehungen zu Illusionen verflüchtigen, deren entscheidende Wichtigkeit (für den Aufbau unseres Weltbildes) Hume ebensowenig zu leugnen als zu rechtfertigen vermag. Das Denken hat in Humes Psychologie überhaupt keine systematische Stelle. Seine Rolle ist die eines außenstehenden und passiven Zuschauers unseres Vorstellungsablaufes. Es tritt daher wie ein Fremdes an die Erscheinungen heran und weiß zuletzt nichts mit ihnen anzufangen. Daraus ergibt sich (der für seine Lehre so charakteristische) Relativismus und Probabilismus, der überall (bei vorläufigen Ergebnissen) stehen bleiben und jeder endgültigen Entscheidung ausweichen muß, weil er die Brücke zwischen Denken und Erfahrung, deren Pfeiler er selbst unterwühlt hat, nur zaghaft betreten darf.

Nun ist aber Humes kritische Untersuchung, um die Tatsache eines geordneten und zusammenhängenden Weltbildes und wissenschaftlicher Erkenntnis (von ihrem Standpunkte aus) begreiflich zu machen, selbst genötigt, die Beschränkung auf reine Erfahrung und bloße Tatsachenbeschreibung vielen Ortes zu verlassen. Dazu gehört die Einführung von mancherlei psychologischen Prozessen, wie die der Vergleichung aufeinanderfolgender Perzeptionen, der Verschiebung und Unterschiebung von Ideen, der Einmischung der Einbildungskraft, gewohnheitsmäßiger Deutungen usw., von denen wir erst durch Hume selbst Kenntnis erhalten und die sich somit für gewöhnlich im Unbewußten abspielen müßten. Für unser Bewußtsein gruppieren sich ja die sinnlichen Eindrücke ganz von selbst zu körperhaften „Dingen", unsere Innenerlebnisse zu einem „Ich", und auch die Verkettung von Ursache und Wirkung scheint sich ohne unser Zutun zu ergeben. Daß „wir" dabei allerlei Tätigkeiten, noch dazu recht verwickelter Art, ausüben, davon merken wir nichts. Wo ist, so möchte man fragen, die Impression für diese Ideen psychischer Funktionen? Sie sind offenbar Erfindungen des Philosophen, nicht aufzeigbare Tatsachen der Erfahrung. Daß Hume mit ihnen „erklärt", also vom Kausalprinzip Gebrauch macht, wurde bereits erwähnt. Er durfte es auch, weil, wie schon Kant richtig bemerkte, nur die Rede von dem Ursprung dieses Begriffes, nicht von seiner Unentbehrlichkeit im Gebrauche gewesen war. Von einem noch höheren Standpunkte aus betrachtet hätte sich Humes Kritik zuletzt aber doch auch gegen sich selbst kehren und seine künstlichen Erklärungsversuche entwerten müssen. Sie hätte damit nur das Schicksal jedes reinen Psychologismus geteilt, der schließlich alles zu erklären vermag, nur sich selbst nicht. In besonderem Maße gilt das über die Einführung nicht-empirischer Prinzipien Gesagte von der „E i n b i l d u n g s k r a f t", deren „Macht" überall als letzte Ursache der psychologischen Täuschungen angesetzt wird. Ihr fällt die Aufgabe zu, die spontane Seite im Erkenntnisprozeß zu vertreten und jene Stelle auszufüllen, die in anderen Erkenntnislehren das „Subjekt" einnimmt. Aber, so muß man fragen, w e s s e n Vermögen ist diese Einbildungskraft eigentlich, da es doch weder eine Seele noch ein Ich gibt? Wo ist der Schauplatz ihres Wirkens? In dem Bereich rein rezeptiver Geistigkeit und passiven Geschehens muß dieser Begriff stets ein Fremdling bleiben: ein unentbehrliches Konstruktionselement des empiristischen Philosophen, das sich aber in seine sonstige Lehre nicht organisch einfügt. Alle diese erfahrungsgemäß nicht nachweisbaren Erkenntnisfaktoren faßt der Begriff „m e n s c h l i c h e N a t u r" zusammen, über die Hume sein Hauptwerk schreibt. Er setzt eine festgefügte menschliche Erkenntnisorganisation, ja eine Vielheit gleich organisierter Individuen voraus und steht eben dadurch mit der Auflösung des Bewußtseins in Elementarperzeptionen nicht in Einklang. Jene menschliche Natur steht aber bei Hume noch vor dem Hintergrunde eines umfassenderen, beinahe mystischen Naturbegriffs, in dem die metaphysikfeindliche Philosophie Humes ihre metaphysische Verankerung findet. Es ist das jene „Natur", welche nach Art einer Vorsehung mit zweckvoller Absichtlichkeit in uns wirkt, deren „Weisheit" uns in zielsicheren Instinkten einen zuverlässigeren Führer auf den Lebensweg mitgegeben hat, als es die stets unsichere Reflexion sein könnte, die „blinde Unterwerfung" von uns verlangt und gleichsam die Verantwortung für die vom Standpunkte der Vernunft nicht zu rechtfertigenden, aus Lebensnotwendigkeit aber nicht zu vermeidenden Denk- und Willensentscheidungen übernimmt. Diese metaphysische und metapsychische Natur, welche unter dem Namen einer „unveränderlich wirkenden Naturordnung" auch in der Religionsphilosophie den abergläubischen Vorstellungen entgegengestellt wird, unterscheidet sich, wie man mit Recht bemerkt hat, vom Gott des Deismus nur dem Namen nach. Ganz ähnlich wie bei Descartes und Berkeley wird die letzte Verantwortung für die Richtigkeit unseres Denkens und Verhaltens auf ein außerhalb der menschlichen Sphäre stehendes Prinzip abgewälzt, dessen überragende Stellung der skeptischen Kritik nicht mehr ausgesetzt ist. Eben damit beweist aber der reine Empirismus, daß seine eigenen Voraussetzungen nicht zureichen, um auch nur die erfahrbaren Tatsachen des Bewußtseins ohne Zuhilfenahme nicht-empirischer Faktoren begreiflich zu machen. Hume ist so, ohne es zu wissen und zu wollen, zum Kritiker des Empirismus selbst geworden, insofern sich aus seiner eigenen Lehre die Unzulänglichkeit des reinen Erfahrungsstandpunktes in der Philosophie als unabweisbare Folgerung ergeben mußte.

2. UNGELÖSTE PROBLEME

Wenn Humes Kritik überall in Skeptizismus endet, so hat dies, abgesehen von der persönlichen Veranlagung und Neigung des Philosophen, darin seinen Grund, daß er, hierin weniger entschieden als Berkeley, die Beziehung unserer Perzeptionen auf eine transzendente Wirklichkeit nicht ausdrücklich verneint, sondern als unentscheidbar (in

Schwebe läßt. Da aber die menschliche Denkgewohnheit, auf die er so großes Gewicht legt, nach jener Richtung hinweist, und auch Hume selbst sich deshalb oft so ausdrückt, als würde er (eine unseren Vorstellungen irgendwie entsprechende transmentale Realität) stillschweigend voraussetzen, so kommt seine schließliche Urteilsenthaltung in dieser Frage dem Eingeständnis eines Unvermögens der Entscheidung gleich und gibt so, ähnlich wie bei Locke, dem grundsätzlichen Zweifel Raum. In diesem Punkte war eine klärende Stellungnahme notwendig. Entweder muß dem Hinschielen auf eine metaphysische Welt radikal ein Ende gemacht, oder aber, wenn man an einem transzendenten Sein festhielt, dessen Verhältnis zur Welt unseres Bewußtseins eindeutig bestimmt werden. Das erste lag im Zuge der Humeschen Lehre selbst, welche sich mit der für sie so charakteristischen Verwandlung kosmischer Prinzipien in psychische Phänomene von vornherein eine Beschränkung auf das Diesseits des Bewußtseins auferlegen mußte und ihrer Grundrichtung nach nicht Skeptizismus, sondern P o s i t i v i s m u s war. Das zweite geschah zunächst durch K a n t s transzendentalen Idealismus.

Eine Klärung und systematisch befriedigende Einordnung verlangte ferner jene unentbehrliche Voraussetzung Zusammenhang stiftender seelischer Funktionen, vor allem der „Einbildungskraft". Hume war sich selbst darüber klar, daß sie nicht bloß die große Lügnerin ist, welche die Erinnerungsvorstellungen durcheinanderwirft und uns zu haltlosen Vorstellungsweisen verführt, sondern auch die große Künstlerin, welche aus fragmentarischen Eindrücken das geordnete und zusammenhängende Ganze unserer Vorstellungswelt schafft. Er unterscheidet in dieser Hinsicht ausdrücklich zwischen Antrieben (*principles*) der Imagination, welche d a u e r n d, u n w i d e r s t e h l i c h und a l l g e m e i n wirken, und solchen, die v e r ä n d e r l i c h, s c h w a c h und u n r e g e l m ä ß i g auftreten[112]. Jene vertreten die feststehende, allgemein menschliche Erkenntnisorganisation und sind zum Aufbau unseres Weltbildes unentbehrlich; diese entsprechen der Eigenart der Individuen und bedingen ebenso viele Störungen der natürlichen Auffassung. Bei Hume treten sie als seelische Funktionen ohne Seele auf. Darin liegt das Unhaltbare seiner Konstruktion und zugleich ein Problem. Die Zerlegung des Bewußtseins in atomisierte Elemente verlangt gebieterisch ihre Wiedervereinigung zur Einheit, die aber nicht selbst wieder eine Funktion dieser Elemente sein kann: **wie ist diese Einheitsfunktion zu denken?** Auch hier setzte Kant mit seinem Begriff der „Synthesis" als eines überindividuellen Gesetzes der Apperzeption ein. Dieser Begriff hat die Analyse des einheitlichen Bewußtseinserlebnisses in ein Mannigfaltiges der Anschauung (im Stile Humes) zur Voraussetzung; er steht und fällt mit ihr.

Humes Philosophie ist somit keineswegs so voraussetzungslos, wie es auf den ersten Blick scheinen könnte und wie sie ihrer Absicht nach selbst sein will. Aber nicht nur ein recht verwickelter psychologischer Mechanismus wird von ihr vorausgesetzt, sondern auch vorweg eine bestimmte Beschaffenheit der primären Erfahrung selbst. Daß Assoziation und Imagination imstande sind, aus zufälligen Bruchstücken der Wahrnehmung ein zusammenhängendes Weltbild zu weben, hängt nicht allein von ihnen ab, sondern auch von einer gewissen Regelmäßigkeit im Auftreten der jeder subjektiven Beeinflussung entzogenen Impressionen. Diese Regelmäßigkeit wirkt ja gleichsam erst als Anreiz für das Einsetzen jener psychologischen Kräfte. Nur die stets gleichartige Wiederholung gewisser Erscheinungsfolgen vermag die Assoziation so zu festigen, daß sie zu einer gewohnheitsmäßigen wird und sich an sie bestimmte Erwartungen für die Zukunft zu knüpfen vermögen. Und nur die Bestätigung dieser Erwartung in der Mehrzahl der Fälle kann der kausalen Denkgewohnheit Bestand und allgemeine Geltung sichern, andernfalls sie bald als trügerisch erkannt und wieder aufgegeben werden würde. Die Gleichförmigkeit des Naturlaufs bildet so nicht nur den **Inhalt** unseres Kausalitätsglaubens, sondern auch dessen wichtigste **Voraussetzung**. Hume selbst spricht wiederholt von einer „wahrgenommenen Gleichförmigkeit in der Natur" und einer „voraus bestimmten Harmonie zwischen dem Lauf der Natur und der Folge unserer Vorstellungen"[113]. Diese Harmonie bleibt aber für den Empirismus ein geheimnisvolles Rätsel. Ohne sie gäbe es für uns aber gar keine „Natur", keine zusammenhängende Erfahrung, keine Erfahrungswissenschaft. Daher erhebt sich am Abschluß der folgerichtig zu Ende gedachten Erfahrungsphilosophie die gewichtige Frage: Wie ist ihr erstes und vermeintlich einziges Prinzip — wie ist Erfahrung selbst möglich? Sie bildet das tiefste Problem der Transzendentalphilosophie Kants [114].

3. GESCHICHTLICHE WIRKUNG

Ganz abgesehen von den Orthodoxen, welche nach Erscheinen der posthumen „Dialoge" das Andenken des großen Mannes mit glühendem Hasse überschütteten, war es auch sonst nicht jedermanns Sache, jene starke Spannung zwischen Theorie und Praxis, Wissen und Leben, die ein Hume mit heiterem Gleichmut auf sich zu nehmen wußte, auf die Dauer zu ertragen. Man wollte wieder sicheren Boden unter den Füßen wissen und war im Suchen nach einem Prinzip von überzeugender Kraft nicht wählerisch. Eine Reaktion dieser Art trat vor allem in England zutage, wo das Haupt der von ihm begründeten „Schottischen Schule", Thomas Reid, eine Philosophie des „gesunden Menschenverstandes" (common sense) als Heilmittel gegen alle skeptischen Anwandlungen anpries. Der Idealismus Berkeleys und der Skeptizismus Humes sind, so sagte sich Reid, die natürliche Folge aus Lockes empiristischen Voraussetzungen und seiner Lehre von der Seele als einem „weißen Blatte Papier". Da nun jene an und für sich unbestreitbaren Folgerungen, durch welche die Grundlagen der Wissenschaft, Religion und Moral erschüttert würden und die zudem unseren natürlichsten Überzeugungen, wie denen von der Existenz der Außenwelt oder der Geltung des Kausalgesetzes widersprächen, unerträglich sind, so ist damit die Unrichtigkeit des Ausgangspunktes bewiesen. Die unbefangene und unverdorbene Selbstbeobachtung zeigt uns vielmehr eine ganze Reihe selbstgewisser Wahrheiten („Axiome"), welche dem gemeinen Menschenverstand entspringen, der älter und ehrwürdiger ist als alle Philosophie und dem gewöhnlichen Manne ebenso eignet wie dem tiefsten Denker. Die Wahrheit dieser Grundsätze, zu denen u. a. die Existenz körperlicher und geistiger Substanzen, die Naturgesetzlichkeit und das Dasein Gottes gerechnet werden, beruht darauf, daß wir uns durch unsere Natur genötigt fühlen sie anzuerkennen, daher sie eines weiteren Beweises nicht bedürfen. Dieser empiristische Apriorismus, wie man die Lehre Reids nennen könnte, fand viele Anhänger. Noch im neunzehnten Jahrhundert zeigt sich ein bedeutender

Denker wie William Hamilton durch ihn beeinflußt. Daß andererseits ein Hume kongenialer Geist, Adam Smith, seine moralphilosophischen Gedanken zu einem System der Sittenlehre ausbaute, wurde bereits erwähnt. In **Frankreich** hingegen wurde Humes Lehre mit Begeisterung aufgenommen. Den atheistischen Aufklärern war Humes Skeptik in Sachen einer theoretischen Begründung von Moral und Religion ebenso willkommen wie seine Ablehnung der Metaphysik. Entsprechend dem Charakter des französischen Geistes verdichtete sich diese Sympathie für die Lehre zu einem förmlichen Personenkultus. Als Hume nach Paris kam, wurde er in den geistreichen Kreisen der Hauptstadt als Held des Tages gefeiert. Er verdunkle, schrieb Hume scherzend an seinen Freund Smith, in den Salons die Herzoge und Marschälle. Und M. Grimm berichtet darüber ironisch: „Die Damen reißen sich geradezu um den ungeschlachten Schotten; sie glauben nicht an Gott, sie glauben nur an Hume und lauschen begeistert seinen Worten, die sie wegen der schlechten Aussprache nicht verstehen." Gleichwohl täuschten sich die französischen Bannerträger der Aufklärung, wenn sie in Hume einen Bundesgenossen erblickten. Denn gerade die Entthronung der Vernunft und Wissenschaft zugunsten des Gefühls und biologischer Instinkte trug viel zur Erschütterung der Alleinherrschaft der Aufklärung bei, die ja ganz auf Rationalisierung des Denkens und Lebens eingestellt war. Die mächtigste und historisch wichtigste Wirkung war aber Hume in **Deutschland** beschieden, als seine Gedanken hier auf einen zwar weniger freien, aber noch tieferen und scharfsinnigeren Denker zu wirken begannen: auf Immanuel **Kant**. Dieser hatte sich von innen heraus bereits dem Standpunkte Humes genähert, als ihm „der kühne Angriff des schottischen Denkers" die ganze Tragweite der aus dem Empirismus sich ergebenden Folgerungen zu Bewußtsein brachte und sein Denken in völlig neue Bahnen lenkte. Obwohl Kant wahrscheinlich nur die „Untersuchung über den menschlichen Verstand" und die „Dialoge über die natürliche Religion" kannte, begrüßte er in Hume seinen geistigen Erwecker, weil sein weitausschauender Geist, in so vielen Punkten er ihm auch zustimmen mochte, sich nicht verhehlen konnte, daß Humes Kritik nicht nur die baufällige Metaphysik seiner Zeit bedrohe, sondern auch das stolze Gebäude der Physik Newtons, ja die Fundamente der Wissenschaft und, wie er wohl auch meinte, notwendige Voraussetzungen der Moral ins Wanken bringe. Dieser uns heute mehr nebensächlich scheinende Denkanreiz bedingte in Kant nach Überwindung des dogmatischen Rationalismus nun auch die Abkehr vom dogmatischen Vertrauen in die Erfahrung als Erkenntnisprinzip und die entscheidende Wendung zum Kritizismus der Transzendentalphilosophie. Aber auch in der späteren Zeit ist Humes Einfluß nicht erloschen. Der Positivismus von J. St. Mill bis zur Gegenwart kann sich auf ihn berufen und ist als Weiterbildung Humescher Gedanken anzusehen.

BIBLIOGRAPHISCHER WEGWEISER

Gesamtausgaben und Übersetzungen.

Locke: „Works", zuerst 1714; London, 1853, in neun Bänden; die philosophischen Schriften, herausgeg. von St. John, in zwei Bänden, 1867—68.

Berkeley: „The works of G. B.", London, 1784, 1820, 1843; „Works including many of his writings hitherto unpublished, with preface, annotations, life and letters, and account of his philosophy", by A. C. Fraser, vier Bände, London, 1871, neu bearbeitet Oxford, 1901.

Hume: „Works", Edinburg, 1827, 1836; London, 1856; herausgeg. von Green & Grose, London, 1874 und 1898.

Gute Übersetzungen der meisten philosophischen Hauptwerke sind in der „Philosophischen Bibliothek" erschienen.

Auswahl der Darstellungen des Gesamtgebietes in deutscher Sprache.

1. Cassirer, E., Das Erkenntnisproblem in der Philosophie und Wissenschaft der neueren Zeit, 2. Band, Berlin, 1907.
2. Fischer, K., Francis Bacon und seine Schule, Entwicklungsgeschichte der Erfahrungsphilosophie, 3. Aufl., Heidelberg, 1904.
3. Grau, K. J., Die Entwicklung des Bewußtseinsbegriffes im 17. und 18. Jahrhundert, Halle, 1916.
4. Grimm, E., Zur Geschichte des Erkenntnisproblems, von Bacon zu Hume, 2. Aufl., Leipzig, 1890.
5. Richter, R., Der Skeptizismus in der Philosophie und seine Überwindung, 2. Band, Leipzig, 1908.
6. Riehl, A., Der philosophische Kritizismus, Geschichte und System, 1. Band: Geschichte des philos. Kritizismus, 2. Aufl., Leipzig, 1908.

Vom Verfasser:

7. Philosophie des Erkennens, ein Beitrag zur Geschichte und Fortbildung des Erkenntnisproblems, 2. Teil: Die Erkenntnisphilosophie des Empirismus, Leipzig, 1911.

Die Spezialliteratur ist in den Anmerkungen angeführt.

ANMERKUNGEN

1. Darüber ausführlich 7, 137 f.
2. Ebenso urteilt K. Fischer, 2, 349, während Cassirer, 1, 135, anderer Ansicht ist.
3. „An essay concerning human understanding", IV., chap. 2, § 9, 12; § 8, 15. Über Lockes Verhältnis zu Descartes: E. Fechtner, J. Locke, Ein Bild aus den geistigen Kämpfen Englands im 17. Jahrhundert, 1898; 2, 376; 3, 99.
4. An Molyneux, 8. März 1695, s. Fechtner, 219.
5. Vollständiges Verzeichnis sämtlicher Veröffentlichungen bei Fechtner, 295.
6. Ess. I, 1, § 8; II, 1, § 1.
7. 1, 167. Wie G. v. Hertling (J. Locke und die Schule von Cambridge; 1892) wahrscheinlich macht, hatte Locke gleichwohl vor allem die Cartesianische Schule im Auge, in deren Lehren er den gefährlichsten Gegner des Empirismus erblickte und die er typisierend seiner Absicht gemäß auslegte und ergänzte. Ess. I, 3, § 15, bezieht sich Locke übrigens ausdrücklich auf Herbert von Cherbury.
8. Ess. II, 1, § 2.
9. Ess. II, 1, § 5, 10; 24.
10. Von Locke in seiner Entgegnung auf Burnets Bemerkungen zum Essay ausdrücklich hervorgehoben. Darüber Riehl, 6, 35 f.
11. Ess. I, 1, § 25.
12. Ess. II, 2, § 3; II, 9, § 15; IV, 18, § 3.
13. Ess. IV, 3, § 6.
14. Ess. II, 25, § 1.
15. Ess. II, 10, § 1—10.
16. Ess. II, 33, § 6.
17. Ess. II, 11, § 1—11. Darüber, daß die Beziehung dieser Einteilung zu den erwähnten Geisteskräften der logischen Klarheit ermangelt, vgl. 4, 216 u. 348.
18. Ess. II, 30, § 3.
19. Ess. IV, 21. Über Lockes Logik die ausgezeichnete Darstellung bei E. Martinak, Die Logik J. Lockes, 1894.
20. Ess. IV, 1, § 2; 4, § 7; 5, § 1, 2; 13, § 2.
21. Ess. II, 29—32.
22. Ess. IV, 5—8; 2, § 1.
23. Ess. IV, 17, § 4—8; 16, § 6, 12.
24. Ess. IV, 6, § 3.
25. Ess. IV, 2, § 1; 17, § 14.
26. Ess. IV, 2; 16, § 1, 5, 6, 13, 14.
27. Ess. IV, 1, § 1—7. Über die dreifache Bedeutung des Wortes „reality" bei Locke vgl. 4, 286 u. 351.

ANMERKUNGEN

28. Einige Gedanken über Erziehung (Some thoughts concerning education), § 194. Conduct of understanding, § 6, 7, 21.
29. Ess. IV, 4, § 6; 8, § 8.
30. Ess. IV, 3, § 1—6; 12, § 10; I, 1, § 5.
31. Ess. IV, 3, § 30; 12, § 1, 7, 9.
32. Das Realitätsproblem wird der Hauptsache nach an vier Orten behandelt: in der Unterscheidung der primären und sekundären Qualitäten (Ess. II, 18), im Kapitel von wirklichen und eingebildeten Vorstellungen (II, 30), im Abschnitt über die Wirklichkeit des Wissens (IV, 4), und dort, wo er über das Wissen von der Existenz handelt (IV, 9). Vgl. 7, 211 f.
33. Ess. II, 23; III, 6, § 21; IV, 4, § 11, 12, 13; 6, § 14, 15.
34. Für Lockes eigene Ansichten über diesen Punkt ist der Briefwechsel interessant, den er mit dem Bischof Stillingsfleet darüber führte, besonders Brief I und II.
35. Ess. IV, 10, § 3. Über die Existenz einer höheren Geisterwelt: Ess. III, 6, § 12; IV, 3, § 27; 11, § 12; 16, § 12.
36. Ess. IV, 27, § 9—26. Dazu Grimm 4, 117.
37. Ess IV, 11. Dazu 7, 218 f.
38. Ess. II, 8, § 9—26; 31, § 31, § 1—2.
39. Über Raum und Zeit: Ess. II, 13—15; über Antinomien: II, 17, § 7, 8, 12; über Kausalität: II, 26; über Kraft: II, 21; über die Korpuskulartheorie: IV, 3, § 16; über Solidität: II, 4.
40. Ess. I, 4, § 16; II, 23, § 33—35; IV, 10, § 1—8.
41. Ess. IV, 16, § 14; 17, § 23—24; 18, § 3—8; 19, § 2. Über Lockes frühere Stellung zum Katholizismus vgl. Fechtner, 25.
42. Ess. II, 28, § 4; III, 11, § 17; IV, 3, § 18; 4, § 7, 12. Darüber F. Jodl: „Geschichte der Ethik", Bd. I, 153 f.
43. Ess. II, 21, § 14, 52, 53, 56, 60, 71.
44. Ess. II, 20, § 2; 21, § 42—43; 28, § 5, 6.
45. Ess. II, 28, § 6—14. Jodl I, 145 f.
46. Treatise of civil gouvernement bes. Book II; über das Eigentum II. chap. 5. In dem Fragment: „Betrachtungen über den römischen Freistaat" (Reflection upon the Roman commonwealth), c. 1660 entstanden, hatte Locke die staatlichen und kirchlichen Verhältnisse seiner Zeit kritisiert.
47. Some thoughts conc. education 3, § 167; „Of the conduct of the understanding."
48. Zur Kritik Lockes vgl. **1**, 199; **4**, 344 f; **6**, 98 f; **7**, 225 f.
49. Über das persönliche Verhältnis Lockes zu Leibniz vgl. Fechtner 248 f.
50. Darüber B. Erdmann: Berkeleys Philosophie im Lichte seines wissenschaftlichen Tagebuches, Abh. der Preuß. Akademie d. Wiss. 1919, phil.-histor. Kl. VIII.
51. A treatise conc. the principles of human knowledge § 101—102.
52. Princ. Introduction.
53. Zur Kritik von Berkeleys Nominalismus vgl. A. Meinong: „Hume-Studien", I, 1877, 10 f.; E. Husserl: „Log. Untersuchungen", 1913, II, 2. Aufl., 153 f.; A. Messer: „Empfindung und Denken", 1908, 130 f.; J. Volkelt: „Gewißheit und Wahrheit", 1918, 510; **7**, 230.
54. Princ. § 5—14. Dialogues I.

ANMERKUNGEN

55. Berkeleys Erstlingsschrift: New theory of vision. Berkeley darüber später: Princ. § 42—44.
56. Princ. § 1—30.
57. Princ. § 1. Dial. I, III.
58. Princ. §§ 2, 3, 6, 16, 19, 77. Dial. I, II.
59. Princ. § 30, 33, 41, 45—47. Dial. I—III.
60. Princ. §§ 16—17, 50, 74, 76—77, 101—102, 130—131. Dial. II, III.
61. Princ. § 51—56, 58. Dial. II, III. Im Tagebuch (Erdmann 72) ist der natürliche Realismus und die Ablehnung skeptischer Folgerungen noch stärker betont als in den späteren Schriften.
62. Princ. §§ 2, 39, 86, 89, 135, 139, 142, 148. Dial III. Siris § 264, 294.
63. Princ. § 146—149. Dial. II., III.
64. Princ. § 48, 90, 146. Dial III. Siris § 289. vgl. 4, 400.
65. Dial. III.
66. Princ. § 30—32, 62, 101—110, 151—152. Siris § 249, 252, 256. G. R. Kirchhoff: Vorlesungen über theoretische Physik, 1876, Vorr.
67. Princ. § 49; Hume: Enquiry conc. human understanding sec. 12.
68. Princ. § 92; H. Höffding: Geschichte der neueren Philosophie (übers. v. Bendixen), 1895, I. 469.
69. Über Berkeley als „Egoist" vgl. Erdmann, 40. Princ. § 53. Dial. II. Zur Kritik Berkeleys vgl. 4, 426 f.; 7, 245.
70. Kurz vor seinem Tode verfaßte Hume eine Autobiographie, die von seinem Freunde A. Smith 1777 herausgegeben wurde. Vgl. Burton: Life and correspondence of D. Hume 1846.
71. Dieser Vergleich bei Richter, 5, 244.
72. So A. Thomsen: D. Hume, sein Leben und seine Philosophie. I. 1912, 7 f.
73. 5, 244.
74. „An attempt to introduce the experimental method of reasoning into moral subject", wobei „experiment" bei Hume jede einzelne Beobachtungstatsache, „moral" soviel wie „geisteswissenschaftlich" bezeichnet.
75. Treatise on human nature I. 1, sec. 1, 3, 8. Enquiry conc. human understanding II.
76. **6**, 111 f.
77. Treat. I. 1, sec. 1, 2, 7; 3, sec. 5. Enqu. II. Über Humes Abstraktionstheorie vgl. Meinong I. 59, 61.
78. Treat. I. 1, sec. 4. Enqu. III.
79. Treat. I. 4, sec. 2, 3; 1, sec. 5. Enqu. XII.
80. Treat. I. 1, sec. 3; 3, sec. 5, 7; 4, sec. 1.
81. Darüber H. Hasse: Das Problem der Gültigkeit in der Philosophie D. Humes, 1920, 30 f.
82. Treat. I. 3. Enqu. IV, VII, XII sec. 3.
83. Treat. I. 2, sec. 4. Enqu. IV. Die Ansicht, daß die Geometrie es nur zu Ergebnissen von approximativer Geltung auf induktiver Grundlage zu bringen vermöge, wurde später von J. St. Mill („Logic" II. chap. 4—7) wieder aufgenommen.
84. Enqu. II. Vgl. Hasse 68.
85. **6**, 176. Über visible Minima: Cassirer, **1**, 256; Thomsen 228.
86. Treat. I. 2, sec. 1—5. Enqu. XII, sec. 2.

ANMERKUNGEN

87. Treat. I. 4, sec. 3, 4. Enqu. XII. In Hinsicht dessen, was die natürliche Weltansicht eigentlich meint, schwankt Hume zwischen der Auffassung Berkeleys (Treat. I. 2, sec. 6) und der Annahme einer Doppelexistenz der Wahrnehmungsinhalte (Enqu. XII), womit es zusammenhängt, daß hier wieder das im Wasser gebrochene Ruder im Gegensatz zu Berkeley als Sinnestäuschung gilt. Im allgemeinen ist die Darstellung des „Treatise" idealistischer gehalten als die der „Enquiry" (gegen Riehl, **6**, 107), was vielleicht dadurch bedingt ist, daß Hume in früherer Zeit noch unmittelbar unter dem Einfluß Berkeleys stand, während die späteren Fassungen sich ganz allgemein mehr dem Verständnisse des philosophisch ungeschulten Lesers anzupassen bemüht sind. Hume ist aber zweifellos auch manchmal selbst, ohne es zu wissen und zu wollen, in die realistische Ausdrucksweise zurückgefallen. Eine Gegenüberstellung von Stellen der ersten und zweiten Art bei Grimm, **4**, 521 Anmkg.

88. Treat. I. 1, sec. 6; 2, sec. 6; 4, sec. 2, 3, 5, 6. Cassirer, **1**, 275: „Das Substanzproblem wird gleichsam aus der Sprache des Raumes in die der Zeit übertragen."

89. Treat. I. 4, sec. 2, 4, 5, 6 und Appendix II: Zum Begriff der Identität der Persönlichkeit.

90. Treat. I. 3, sec. 2, 14. Enqu. IV.

91. Treat. I. 3, sec. 6, 14. Enqu. IV, VII.

92. Treat. I. 3, sec. 8, 12, 14. Enqu. V, VII, sec. 2. Darüber Riehl, **6**, 124; Cassirer, **1**, 259 f.; Thomsen 288; Richter, **5**, 291 f.; Meinong II. 114 f.; Reininger, **7**, 260 f. und in „Das Kausalproblem bei Hume und Kant" (Kant-Stud. VI. 1901), 427 f.

93. P. Deussen: Allgem. Geschichte der Philosophie I, 3, 157 f.; H. Oldenberg: Buddha, 5. Aufl., 1906, 297 f.; R. Garbe: Der Milindapañha, ein kulturhistorischer Roman aus Altindien, in den Beiträgen zur indischen Kulturgeschichte, 1903, 95 f.

94. Ethica P. II: De natura et origine mentis.

95. Über ihn J. Obermann: Der philosophische und religiöse Subjektivismus Chazâlîs, 1921.

96. J. Lappe: Nikolaus von Autrecourt. Sein Leben, seine Philosophie, seine Schriften, 1908. „Mittelalterlicher Hume" bei M. Baumgartner in Überwegs Grundriß der Gesch. der Philos. der patrist. und scholast. Zeit, 10. Aufl., 1915, 616.

97. Hobbes: „Elements of Law." Darüber Thomsen 274 f.

98. Treat. I. 4, sec. 1, 7. Enqu. V. sec. 2.

99. Treat. I. 4, sec. 7. Enqu. XII, sec. 2, 3.

100. Treat. I. 4, sec. 7. Über Humes Verhältnis zu Hutcheson: Jodl 228 f. Zum ganzen: G. v. Gizycki: Die Ethik D. Humes in ihrer geschichtlichen Stellung, 1878.

101. Enqu. VIII. Treat. II. 3, sec. 1, 2. Über das Problem der Willensfreiheit in diesem Zusammenhange verweise ich auf mein: Das psycho-physische Problem, 1916, 187 f.

102. Treat. II. 3, sec. 3, 8. „Enquiry conc. the principles of morals" I. Gizycki darüber 47 Anmkg. Spinoza Ethica P. IV. Prop. 7: Affectus nec coërceri nec tolli potest, nisi per affectum contrarium et fortiorem affectu coërcendo.

103. Darüber Höffding a. a. O. 489 und Gizycki 40 f.

104. Treat. III. Enqu. I—VIII. Jodl 230.

ANMERKUNGEN

105. Treat. II. 1, sec. 5, 11; III. 3, sec. 1. Enqu. V. sec. 2 und a. O.
106. Treat. III. 2, sec. 1—11.
107. Dialogues on Natural Religion. Enqu. conc. hum. underst. X, XI.
108. Natural History of Religion 1—15.
109. Nat. hist. sec. 12.
110. Nat. hist. sec. 14.
111. 6, 280: „Den Glauben der empiristischen Philosophie an ihr eigenes Prinzip zerstört zu haben ist der Gewinn von Humes Skepsis." Ausführlich darüber 7, 280 f.
112. Treat. I, 4, sec. 4.
113. Enqu. conc. hum. understanding V. sec. 2, VIII.
114. Darüber ausführlich in meiner „Ph. d. Erk.", 7, 284 f. und in „Das Kausalproblem" 433 f.

VERLAG VON ERNST REINHARDT IN MÜNCHEN

Das Problem der Gültigkeit in der Philosophie David Humes

Ein kritischer Beitrag zur Geschichte der Erkenntnistheorie
von HEINRICH HASSE
Privatdozent an der Universität Frankfurt

192 S. Gr.-8°. 1919. Preis z. Z. broschiert M. 40,—, geb. M. 60,—

Literar. Zentralblatt, 1922, Nr. 10:

Diese gründliche Arbeit stellt keine bloß philosophiegeschichtliche Studie dar, sondern sie will oft latente systematische Voraussetzungen der Humeschen Problemstellungen aufdecken und immanente Kritik an Humes Theorien üben.

Frankfurter Universitätszeitung, 1920, 18. Juni:

Dem Verfasser kommt die Gabe zustatten, die darin besteht, sich in den Gedankengang eines Philosophen liebevoll zu vertiefen, allen Verzweigungen seines Denkens zu folgen und gerecht zu werden, die dem Philosophen selbst unbewußten Voraussetzungen seines Denkens ans Tageslicht zu ziehen und sie aus den eigenen Voraussetzungen des Philosophen einer kritischen Prüfung zu unterziehen. In dieser ihrer Eigenart kann die Arbeit als vorbildlich bezeichnet und besonders den Studierenden aufs wärmste empfohlen werden ...

So liefert das Buch bei dem klarsten aller Denker einen Beleg für die auffallende Tatsache, daß die antilogischen Elemente im Denken eines großen Philosophen nicht selten erfolgreicher sind und eine tiefere Wirkung in der Geschichte der Philosophie ausüben als die rationalen und logisch richtigen Bestandteile seiner Lehre.

Kantstudien, 1921, S. 184:

Die gründliche Arbeit Hasses liefert, trotz aller Vorbehalte, einen wertvollen Beitrag zur Kritik des Humeschen Skeptizismus. Sie gibt eine kurze Darstellung aller erkenntnistheoretischen Lehren des Treatises und des Essays und prüft die in ihnen enthaltenen Kriterien unter einem an R. Richter und H. Cornelius orientierten Gesichtspunkt ...

Nach all dem kann die Lektüre des Hasseschen Buches insbesondere den zeitgenössischen Denkern empfohlen werden, die in der philosophischen Entwicklung von Hume über Kant einen Rückschritt sehen und eine positivistische Erkenntnislehre mit dem Motto „Zurück zu Hume" begründen wollen.

VERLAG VON ERNST REINHARDT IN MÜNCHEN

Die Grundlagen der Denkpsychologie
Studien und Analysen
von
RICHARD HOENIGSWALD
Professor der Philosophie an der Universität Breslau

358 Seiten in Autographiedruck. 4°. Preis M. 100,—.

Dieses Werk enthält das Wichtigste von dem, was der Verfasser an methodischen Gedanken gegenwärtig zu sagen hat, es enthält die geistige Arbeit vieler Jahre und ist auch von der fachmännischen Kritik demgemäß beurteilt worden.

* * *

Transcendentale Systematik
Untersuchungen zur Begründung der Erkenntnistheorie
von
HANS CORNELIUS

272 Seiten. Gr.-8°. Preis broschiert M. 70,—, geb. M. 90,—

Deutsche Literaturzeitung, 1920, Nr. 51/52:

Unter den modernen Untersuchungen zur Begründung der Erkenntnistheorie nimmt der Versuch von Cornelius eine hervorragende Stellung ein, formell wegen der streng philosophischen Diktion und Methode, inhaltlich wegen der auf alle Fälle ergebnisreichen Auseinandersetzung mit Kant . . . . . Das Buch ist eine der wertvollsten Erscheinungen auf philosophischem Gebiet unserer Zeit.

Vierteljahrsschrift für wissenschaftl. Philosophie, 1917, Heft 4:

Das Buch scheint mir eine hervorragende Erscheinung in der modernen philosophischen Literatur zu sein.

Literar. Zentralblatt, 1918, Nr. 7:

Die wesentlichste literargeschichtliche Bedeutung des neuen Werkes von Cornelius sehe ich in der Vereinigung der phänomenologischen Tendenzen unserer Zeit mit den bleibenden Ergebnissen des Kritizismus.

Druck: Münchner Buchgewerbehaus M. Müller & Sohn, München.